D1719871

Michael Jeinsen

Apotheker

Status, Bedarf und Lösungen:
Chancen zur Spezialisierung

Zweite, neu bearbeitete und erweiterte Auflage

[handschriftliche Widmung und Unterschrift]

VersicherungsJournal-Zielgruppenanalyse

VersicherungsJournal Verlag GmbH
Rathausstraße 15, 22926 Ahrensburg, Deutschland
Telefon: +49 (0)4102 7777880
E-Mail: kontakt@versicherungsjournal.de
www.versicherungsjournal.de

VersicherungsJournal-Zielgruppenanalyse

Michael Jeinsen
Apotheker
Status, Bedarf und Lösungen: Chancen zur Spezialisierung

Zweite, neu bearbeitete und erweiterte Auflage

ISBN dieser Version: 978-3-938226-55-1

Lektorat und Gestaltung: Myrto Anna Rieger

Titelbild: © Robert Kneschke / Fotolia.com
Bild Seite 175-177: © Nerthuz / Fotolia.com
Porträt des Autors: Renate Lorenz, Berlin
Porträt Karin Wahl: privat
Alle Illustrationen in diesem Buch: Susanne Schubert, Berlin
Grafiken: Guido Schröpel, Frankfurt am Main
Grundrisse: Michael Höferlin, Detmold

Meinen bedeutendsten beruflichen Lehrern mit Dank und Anerkennung.

Lüder Mehren
Alexander Christiani
Gerhard Bachthaler

Die Inspiration durch diese drei Vorbilder trägt dieses Buch.

Vorwort zur ersten Auflage

Versicherungen sind für einen Apotheker ein notwendiges, aber unabdingbares Übel, wenn er eine Apotheke betreiben will. Die gesetzlich vorgeschriebenen und notwendigen Versicherungen werden vor der Eröffnung einer Apotheke abgeschlossen, denn bei der *Eröffnungsrevision*[1] müssen sie dem hauptamtlichen Kontrolleur vorgelegt werden. Ohne Versicherungen keine Apothekeneröffnung!

In der Regel wird dazu ein Ordner in der Apotheke angelegt (hoffentlich alles säuberlich abgelegt). Die für gewöhnlich jährlich anfallenden Prämien werden zähneknirschend überwiesen – und das war es dann. Man widmet sich lieber anderen Themen und Aufgaben, die vermeintlich wichtiger für das laufende Geschäft sind als Versicherungen.

Michael Jeinsen hat nun in dem vorliegenden, sehr launig und flott geschriebenen Fachbuch mit hohem Unterhaltungswert die „Zielgruppe Apotheker" für seine Maklerkollegen aufbereitet. Als langjährige Apothekenleiterin musste ich beim Lesen oft schmunzeln, häufig zustimmend nicken und wurde mir wieder einmal mehr der Schrulligkeiten meines Berufsstandes bewusst.

Dieses Buch ist einerseits eine „Gebrauchsanweisung", wie man am besten mit der Spezies „Apotheker" umgeht; aber es ist auch für Apotheker eine leicht lesbare Lektüre und ein Update über das ungeliebte Thema Versicherungen, das im Ernstfall jedoch über Sein oder Nichtsein einer Apothekerexistenz entscheiden kann.

Offensichtlich konnte ich dem Autor mit meinen Apothekengeschichten viele Aufhänger für Versicherungsthemen bieten. Apotheken sind heute hochkomplexe Betriebe, die ohne eine aufwendige EDV nicht mehr zu führen sind. Jeder Verkaufsvorgang und jede Rezeptabgabe sind nur noch mit Hochleistungsrechnern abrechnungssicher zu bewerkstelligen. Apotheker bedienen sich immer

---

1 Alle kursiv gesetzten Wörter sind Fachbegriffe aus der Apothekerwelt, die im „Wörterbuch der Apothekersprache" erklärt werden (siehe hierzu Seite 309).

mehr technischer Hilfsmittel, angefangen von der barrierefreien Automatiktüre bis hin zum *Kommissionierautomaten*, der die Laufstrecken für das Apothekenpersonal zu den Ziehschränken minimiert. Aber wehe, der Computer oder der Kommissionierer streiken oder der Strom fällt aus! In Zeiten von Hightech sind Apotheken verwundbar geworden durch externe Abhängigkeiten, auf die sie keinen Einfluss mehr haben. Also sollten Versicherungen, die Verluste abdecken, nicht wie Stiefkinder behandelt werden, sondern bei den Apothekern einen ganz anderen Stellenwert haben, als ein „notwendiges Übel" zu sein.

Somit kann ich dieses kurzweilig geschriebene, aber sehr informative Fachbuch den Apothekern sowohl als Quelle über alle möglichen und nötigen Versicherungen, als auch als vorzuhaltenden Spiegel empfehlen.

Die Versicherungsbranche erhält eine umfangreiche Gebrauchsanweisung für Apotheker und viele Hintergrundinformationen, wie man sich als kompetenter Versicherungsvermittler unentbehrlich machen kann.

Somit wünsche ich beiden Branchen viel Freude beim Lesen und dem Buch viel Erfolg!

Karin Wahl[2]
Stuttgart, im März 2015

---

2 Karin Wahl begann ihre Apothekerin-Karriere in einer kleinen Apotheke im Stuttgarter Bohnenviertel, in der sie als Praktikantin arbeitete. 1970 schloss Wahl ihre Lehre mit dem Vorexamen ab. Anschließend studierte sie in Karlsruhe und Heidelberg. 1977 machte sie sich als Apothekerin selbstständig. Ab 1976 engagierte sich Wahl ehrenamtlich im Apothekerverband Baden-Württemberg, von 1980 bis 1984 war sie im Vorstand des Verbands. 1998 wurde sie als erste Frau Präsidentin der Landesapothekerkammer Baden-Württemberg und hielt dieses Amt bis 2002 inne. Von 2000 bis 2004 war sie Vorstandsmitglied der Bundesapothekerkammer. 2005 verkaufte sie ihre Apotheke. Heute ist sie als Unternehmensberaterin tätig und hilft anderen Apothekern in Management- und Marketingfragen. Zu diesen Themen hat sie bereits zwei Sachbücher verfasst. (Vgl. Apotheke Adhoc, Newsletter vom 11. August 2013.)

Vorwort zur zweiten Auflage

In Deutschland gibt es trotz spürbarer Konzentrationsprozesse über 20.000 öffentliche Apotheken, die im Schnitt 2,3 Millionen Euro Umsatz jährlich erwirtschaften und 7,5 Mitarbeiter beschäftigen. Damit ist jede Apotheke ein kleines Wirtschaftsunternehmen, das jedoch im Gegensatz zum Einzelhandelsbereich vielfältige Vorschriften beachten muss.

Die Regelungsdichte beeinflusst Strukturen wie Prozesse maßgeblich. Eine echte Herausforderung, die wenig Zeit für scheinbare Nebensächlichkeiten lässt. Dazu gehören leider auch Beratungsgespräche zu Versicherungsprodukten, die im besten Fall als ‚notwendig' angesehen werden und wenig Zeit und kaum Aufmerksamkeit erhalten. Um als Vermittler dennoch eine Chance bei der ‚Zielgruppe Apotheker' zu haben und dort nachhaltig präsent sein zu können, muss daher mehr geboten werden als sinnvolle Produkte und gute Preise. Gefragt sind echte ‚Apothekenversteher'.

Hierfür liefert das Buch von Michael Jeinsen eine sehr wertvolle Unterstützung. In eingängiger, kurzweiliger und pointierter Form wird eine Fülle wertvollen Wissens vermittelt. In einigen Passagen ironisch scharf gezeichnet und mit einem Schuss Sarkasmus, immer aber praxis- und lebensnah, führt das Buch einen sehr besonderen Exkurs durch die spezielle Welt der Apotheken. Der Autor schafft es auf vorzügliche Weise, ein Sach- und Fachbuch mit erzählerischen Elementen so zu verbinden, dass Lesen zum echten Genuss wird.

Dr. Thorsten Heberlein [3]
Kreut, im April 2017

---

3 Dr. med. Thorsten Heberlein ist Inhaber einer Unternehmensberatung und Serviceagentur für Medizin und Pharmazie. Seit 2004 betreut und unterstützt er mit einem von ihm entwickelten Konzept bundesweit Apotheken. Seitdem hat Heberlein einen Kundenstamm von über 4.000 Apotheken aufgebaut, die er regelmäßig beratend begleitet (www.medconsult-heberlein.de).

Inhalt

Zur Einstimmung: eine Hinleitung

„Verschenktes Gewerbegeschäft: Viele Makler bieten Sachversicherungen nur auf ‚privater Ebene' an. Dabei könnten
sie mit Gewerbepolicen bei ihrer Klientel offene Türen ein-
rennen und so den Einstieg in weiterführendes Geschäft generieren." (VersicherungsJournal.de vom 7. Juli 2014)

Gerade zu Beginn der Vermittlerlaufbahn brauchen die meisten Kollegen zunächst das Lebens-, Kranken- oder Rentenversicherungs-
geschäft. Gewöhnlich kommen Sachversicherungen oder komplexe
Angebote erst später hinzu.

Wenngleich ich persönlich genau umgekehrt angefangen habe,
erklärt das zumindest das Phänomen, warum auch Apotheker – die
im Gegensatz zu bspw. Zahnärzten nicht in das präferierte Beute-
schema der Versicherungsbranche passen – in aller Regel mit Blick
auf die betriebliche Altersversorgung (bAV), Altersvorsorge- oder
Kapitalanlagethemen angesprochen werden.

„Meine" Apothekerinnen und Apotheker sind sich einig: „Wenn
es nicht die *ApothekenRente* ist, dann wollen sie [die Vermittler,
Anmerkung des Autors] entweder meine Krankenversicherung
verbessern, mir eine Berufsunfähigkeitsversicherung verkaufen
oder es gibt ein großartiges Übersee-Investment…". Alles wichtige
Themen, jedoch in einer Apotheke deplatziert. Dort stehen Werte, Inhalte, der dort besonders wichtige Ertragsausfallschutz oder
Haftpflichten im Fokus. Nur kommt damit in aller Regel so gut
wie niemand daher.

Kein Wunder also, dass sich die meisten Versicherungtarife,
die man bei Apothekern vorfindet, inklusive der damit zusammenhängenden Risiken und *Nebenwirkungen*, den Jahrgang mit dem
Apothekeninventar teilen. Und das gilt selbstredend auch für ihre

Risikoeinschätzung im privaten Bereich. Denn Apotheker sind auch nur Menschen, die ohne penetrante Werbebotschaften nicht auf die Idee kommen, ihren Generalagenten oder Makler zu befragen.[4]

Das hierin zum Ausdruck kommende, allen sicher wohlbekannte Vermeidungsverhalten „never change a signed agreement" ist jedoch im Apothekerbereich nach all den aktuellen Veränderungen, die die Arbeit eines Apothekers berühren, nur als grob fahrlässig zu bezeichnen. Allein in den vergangenen zwei Jahren seit dem Abschluss der Arbeiten an der ersten Auflage dieses Buches haben sich unendlich viele Themen neu ergeben (oder sie wurden erheblich präzisiert), so dass diese zweite Auflage ohne Frage als ein neues Buch angesehen werden kann.

Insbesondere die neu hinzugekommenen Beiträge zu den existenziellen Stichworten EuGH-Urteil, Anti-Korruptionsgesetz oder Qualitätsmanagement-Richtlinie belegen, wie dynamisch der Wandel in der Branche ist.

Aber auch die einschneidenden Änderungen der Versicherungslage selbst durch die neue *Reinraum*verordnung und Cyberrisiken – sicher für die nächsten Jahre das brandaktuelle Versicherungsthema schlechthin – zeigen, dass sich der spannende Teilmarkt sowohl für die Apotheker als auch die Versicherungsberater quasi über Nacht verändert hat. Zudem bergen neue Arbeitsprozesse und Technologien wie die Zytostatikaherstellung oder das *NIR-Spektrometer* und der Internethandel immer zugleich neue versicherungstechnische Herausforderungen.

Last but not least liefern das allgemeine Thema Apothekensicherheit, die aus Hygienegründen gravierende Frage der Schadensanierung sowie die verkäuferischen und sozialen Aspekte des Apothekenalltags unendlich viele Ansätze, mit denen sich ein Vermittler bei seinem Apothekenkunden als Experte unersetzlich machen kann. All diese Themen werden in dieser zweiten Auflage nunmehr tiefer gehend behandelt.

---

4 Vgl. VersicherungsJournal.de vom 5. März 2015.

▶ **Hinweis für den Vermittler**

Dieses Buch dient weder der Fachausbildung von Vermittlern noch einer Alibi verschaffenden, mit Weiterbildungspunkten verbrämten Tarifschulung. Erwarten Sie also keinen profunden Fachlehrgang oder Schnellkurs in Versicherungsgrundlagen und erst recht keinen vergnüglichen Klausel-Lesezirkel im Kollegenkreis.

Wer das sucht, dem empfehle ich von Herzen und ausdrücklich die fachlichen Aus- und Weiterbildungsprogramme der Deutschen Maklerakademie (DMA) oder des Bildungsdienstleisters Perspectivum. Was Sie in diesem Buch jedoch sehr wohl finden werden und jederzeit gern für sich nutzen sollten, das sind:

- alle notwendigen Grundlagen, um die Zielgruppe der Apotheken und Apotheker erfolgreich betreuen zu können.
- Einen derart tiefen Einblick in den Apothekenalltag und die Apothekersprache, dass Sie sich bereits vor dem ersten Besuch den notwendigen „Stallgeruch" aneignen können. Beachten Sie zu Letzterem insbesondere die im Text kursiv gedruckten Begriffe – auch schon im Vorwort von Apothekerin Karin Wahl. (Tipp: Zur Leseerleichterung können Sie das Apotheker-ABC auf www.apotheke-versicherung.de downloaden.)
- Haufenweise praxiserprobte Ansätze, um sich zum gegenseitigen Nutzen fachlich, mental und vertrieblich einer interessanten Zielgruppe anzunähern.
- Ein Füllhorn passender Leistungen und nützlicher Services für Apotheker. Mit reichlich Tipps zum Türen-Öffnen – ohne durch dieselbe postwendend wieder hinauszufliegen.
- Und Einblicke in die Strategien und Erfahrungen vieler Kollegen, die jeden entschlossenen Vermittler in Apotheken die entscheidenden Vorteile bringen.

Das Buch hätte den Untertitel „Erfahrungen eines Apotheker-Helfers" tragen können, denn das kennzeichnet im Wesentlichen seinen Inhalt. Nach der Lektüre wird jeder wissen, ob diese

Kunden für ihn interessant sind und was in diesem Fall zu beachten wäre. Zu wem diese Zielgruppe nicht passt, der kann zumindest die Apothekenmitarbeiter besser verstehen und versichern, die er privat kennt oder betreut. Alle anderen mögen prüfen, welche Ideen und Tipps für die eigenen Zielgruppen taugen – etwas Brauchbares nimmt jeder mit. Verspochen! ◀

Das (Überlebens-) Motto erfolgreicher Vermittler ist altbekannt und hat sich tausendfach bewährt: „Leben fürs Leben, Sach für den Betrieb". Zum dauerhaften Erfolg braucht es beides. Warum jedoch, frage ich mich manchmal, nutzen Kollegen nicht beide Chancen, statt die offenkundigere von beiden einfach liegen zu lassen?

Unter vertrieblichen Aspekten betrachtet sind Apotheker ein perfektes „Pflaster". Etwas eigen, gelegentlich gar skurril. Dafür aber ermöglichen homogene apothekenspezifische Risikobilder eine klare Ansprache von Apothekern.

Apotheker haben nicht selten erlesene Versicherungsleichen im Keller und sind – den Willen dazu vorausgesetzt – durchaus mit hinreichend Liquidität ausgestattet, um erkannte Mängel umgehend zu ändern oder zu heilen. Mit Lebensthemen erfüllten Jungs und Mädels müsste es doch ein Fest sein, hier über einfachste Sachleistungen zu informieren. Allein, es passiert so gut wie nie.

Warum das so ist, und vor allem wie man das ändern kann, darauf will dieses Buch praxisnahe, schlüssige und auf den Vermittleralltag adaptierbare Lösungen bieten. Sie werden darunter Ansätze finden, von denen einige besser zu Ihnen passen als andere. Zwei Dinge jedoch werden Sie hier vergeblich suchen: Patentrezepte, die immer funktionieren, und Ratings zu den Produktanbietern. Beides wäre (nicht nur) hier – mit Verlaub – Unsinn.

Stattdessen gibt es unendlich viele Wege zum Ziel. Und auch wenn der Apothekenbereich insgesamt etwas kompliziert zu erfassen ist, gibt es doch – neben einigen sich eher aufdrängenden – noch viele andere Produktlösungen, die ebenfalls in Frage kämen.

Das herauszufinden und zu entscheiden, ist vielleicht die einzige Arbeit, die Maklern nicht abgenommen werden darf.

► Hinweis für Apotheker

Falls Ihnen das Buch in die Hände fällt – was ich sehr hoffe –, dann lesen Sie es bitte anders als üblich: Fangen Sie hinten an! Denn Kapitel VI.3. mit den apothekenspezifischen Risiken und hier insbesondere die „Must-haves" sowie das Service-Kapitel VI.4. haben für Sie mit Abstand den größten Wert.

Den Rest – alles was Apotheker und Apotheken angeht – dürften Sie eh zur Genüge kennen. Seien Sie trotzdem dazu eingeladen, später dann auf den vorderen Seiten schmökernd, Apotheken mit den Augen derjenigen Störenfriede zu betrachten, die Sie in Ihrer Offizin so gern „nur von hinten sehen".

Betrachten Sie es als gelebte Integration. Denn Sie und Ihre Apotheke können von einer engeren Vernetzung unserer beiden hochspezialisierten Professionen nur profitieren. Sie als der Experte für die Wirkstoffe, die schützen und helfen – wir als Ihre Helfer mit dem Versicherungswissen, das dem Universum Apotheke etwas mehr Sicherheit bietet.

Wie bei Ihnen selbstverständlich, so hat auch für uns Assekuranzexperten die Beratung auf solider Fachkenntnis zu fußen. Empfohlene Lösungen haben bedarfsgerecht zu sein, denn Versicherungsvermittler haften Ihnen gegenüber für die Qualität, die ohne profunde Kenntnis apothekenspezifischer Risiken nicht zu erzielen ist.

Deshalb fühlen Sie uns ruhig fachlich auf den Zahn. Ob Neuwertersatz, Rezeptverlust, PhR-Klausel, Nachhaftung, Heimbelieferung, NIR-Spektrometer, *ellaOne* oder Dienstreisekasko: Das zu beherrschende Themenspektrum ist groß. Wenn Ihnen gegebene Antworten konstruktiv und kompetent erscheinen, gönnen Sie dem Kollegen die Chance, Ihnen seine fachliche Kenntnis beweisen zu dürfen. ◄

Dieses Buch richtet sich vor allem an Versicherungsmakler, die in der beruflichen Partnerwahl freie Hand haben. Es ist insbesondere für jene gedacht, die ihre Zukunft in der Ausrichtung auf eine homogene Kundschaft sehen und sich deshalb auf einen konkreten Versicherungsbedarf spezialisieren.[5]

Hier geht es um Apotheker, ein zweites Zielgruppenbuch über Zahnärzte ist im Januar 2017 erschienen. Weitere Zielgruppen sollen in dieser Verlagsreihe folgen. Damit niemand warten muss, bis die Analyse zur eigenen Wunschkundengruppe erschienen ist, bietet dieses Buch wertvolle Hinweise dazu, was grundsätzlich bei einer Spezialisierung zu beachten ist.

Meinen drei Mentoren, denen ich dieses Apotheker-Buch widme, verdanke ich die Einsicht, dass im Vertrieb jederzeit drei Dinge im harmonisch-effektiven Gleichklang stehen müssen: ein verlässliches Netzwerk, das alle Partner trägt. Des Weiteren neue, außergewöhnliche Wege, die konsequent gegangen werden, und schließlich als solider Unterbau eine fachliche Kompetenz, die das Ganze jederzeit trägt.

Beim Thema „Anrede" sei an Ihr Verständnis dafür appelliert, dass im Folgenden nicht durchgehend „Apothekerin" und „Apotheker" geschrieben steht und auf ermüdende Kunstformen wie „ApothekerIn" oder „Apotheker/innen" fast gänzlich verzichtet wird. Zur Leseerleichterung steht bei allgemeiner Ansprache die männliche Form für alle Apothekerinnen und Apotheker.

In diesem Sinne wünsche ich jedem Leser und jeder Leserin viel Vergnügen bei der Lektüre und genau den Erfolg bei der Umsetzung, den er oder sie sich in der Vermittlungstätigkeit zum Ziel gesetzt hat.

Ihr
Michael Jeinsen
Berlin, im April 2017

---

5 Dass dies kein brandneuer Ansatz ist, zeigt ein Beitrag auf VersicherungsJournal.de vom 12. Juli 2014.

I. „Kannitverstan" – eine Einleitung

> „Ein junger Versicherungsbursche besucht zum ersten Mal in seinem Leben die Welt der Apotheke und betrachtet dort mit Erstaunen ein besonders prächtiges Haus und große Auslagen, die mit den kostbarsten Waren beladen sind. Mit kindlicher Neugier fragt er den Besitzer, was dieser denn hier täte und verkaufe und ob er etwas Zeit für ihn habe. Immer lautet die Antwort ‚Kannitverstan.'" (Frei nach Johann Peter Hebel)

Die Erzählung „Kannitverstan" des Dichters Johann Peter Hebel lehrt, dass Menschen mit dem zufrieden sein sollen, was sie haben.[6]

Dieses Buch ist für alle, die dies gerade nicht wollen, sondern neue Türen aufstoßen und sich auf den Weg zu einer hochinteressanten Zielgruppe machen wollen. Ein Spaziergang wird es nicht. Denn sonst befände sich längst jeder auf diesem Weg – doch bisher ist es lediglich eine kleine wackere Schar.

Wo genau startet Ihre Reise? Testen Sie am besten gleich auf der nachfolgenden Seite, wie viel „apothekerisch" Sie heute schon beherrschen. Wahrscheinlich begegnen Sie dabei gleich dem guten alten Kannitverstan. Aber bitte nicht verzagen und die Flinte ins Korn werfen. Gemeinsam schaffen wir das!

Dazu werden Ihnen in einem gesonderten Lexikon die wichtigsten Vokabeln aus der Apothekersprache erklärt. (Die im Text kursiv hervorgehobenen Begriffe sind dort näher erläutert. Diese sollten Sie kennen und aktiv anwenden können, um so die fachliche Kompetenz zu zeigen, die für das Apothekengeschäft unabdingbar ist.) Und zweitens verspreche ich Ihnen aus eigener praktischer Erfahrung:

---

6 Vgl. Hebel, Johann Peter: Schatzkästlein des Rheinischen Hausfreundes, hrsg. von Winfried Theiss. 1981 Stuttgart, Reclam.

Hat man Apotheker einmal für sich gewonnen, gehören sie zu den interessantesten, freundlichsten und dankbarsten Kunden, die man sich nur wünschen kann. Der Weg lohnt sich also.

> Apotheker und Versicherung: Zwei Welten begegnen sich erstmals in einem Buch, das den konkreten Versicherungsbedarf für Apotheken systematisch erklärt. Da Versicherungsberater in der Regel den Apothekenalltag kaum oder gar nicht kennen und Apotheker sich in der Regel wenig für Versicherungen interessieren, ist die Gefahr einer falschen, unzureichenden oder gar überteuerten Versicherung latent gegeben." (Thomas Hieble, Apotheker und Inhaber der St. Alto Apotheke in Unterhaching)

Auf der nachfolgenden Seite finden Sie eine Auswahl an Fragen, die vor dem ersten Apothekentermin beantwortet sein sollten. Verinnerlichen Sie den Herzschlag und Tidehub im Apothekenalltag. Werden Sie sicher im Umgang mit den Vorgaben dieses Berufes. Und vor allem: Verstehen Sie, warum Apotheker so schwer zu akquirieren sind und wie es dennoch geht. Die entscheidenden Fakten dazu finden Sie in diesem Buch. Dessen Intention erhellt ein weiteres Zitat von Thomas Hieble, des Apothekers aus München:

„Gut versichert heißt: apothekengerechte Klauseln, sachkundige Berater und maximaler Service im Schadenfall. Wenn Apotheker nicht wissen, wie sie wirklich versichert sind, gehen sie ein hohes Risiko ein, im Schadenfall auf Kosten, Arbeit oder mit verunsicherten Mitarbeitern ‚sitzen zu bleiben‘. Apotheker wollen einen ‚Kümmerer‘, der ihnen diese Arbeit abnimmt, denn sie haben im Schadenfall wahrlich andere Sorgen und Pflichten."

Sie sehen: Vor uns liegt eine längere Reise in ein unbekanntes Land und unsere Kunden wollen sich voll und ganz auf unsere Dienste verlassen können. Dieses Handbuch möge Ihnen dabei als

---

Exkurs

Die Apothekenwelt

Willkommen im Reich der Apotheke und des Pharmazierats. Erleben Sie die Offizin mit ihrer Frei- und Sichtwahl. Staunen Sie über die Wunder des Labors und des Kommissionierers. Schauen Sie beim Verblistern ebenso zu wie beim Stellen, Auseinzeln und dem Portionieren von Drogen aller Art. Lernen Sie, Defekturen von Rezepturen und BTM von Opiaten zu unterscheiden. Machen Sie sich vertraut mit Allopathie und Homöopathie sowie deren Abgabe. Und Achtung: Das Aut-idem-Feld sollte möglichst leer, das Generalalphabet aber voll sein.

Reimporte dürfen sein, Retaxationen aber tunlichst nicht. Bei der Revision muss immer alles stimmen, während man bei der Zyto-Lotterie erstmal das richtige Krankenkassen-Los ziehen muss. Warum wird Mehrbesitz gesucht, Fremdbesitz aber verteufelt? Warum teilen sich Apotheken ein NIR-Spektrometer aber niemals das Laborbuch? Wieso wissen Einkäuferin und Erste Dame immer sofort, dass ich kein Rezeptbesitzer bin? Und überhaupt – warum darf ich nicht hinter den HV?

Wegweiser dienen; als Hilfe zur Selbsthilfe für mehr Zielgruppen-Vertriebserfolg in Apotheken.

- Wir beschäftigen uns mit Apotheken und Apothekern. Wir streifen durch ihre Welt und erkunden ihr Revier. Denn ohne Branchenwissen ist „Akquise-Frust" vorprogrammiert.
- Wir lernen eine fremde Sprache, gewachsen in einer beruflichen Nische. Denn Apotheker bilden – ähnlich Jägern, Berg- oder Seeleuten – seit jeher eine Gruppe für sich. Mit all ihren Eigen- und Sonderheiten, die zu beachten sind, wenn ein Apotheken-Bestand aufgebaut werden soll.

▸ Wir begutachten und erläutern den Alltag in der Apothekenwelt aus versicherungstechnischer Sicht. Denn ohne das Wissen um die Besonderheiten stehen Vermittler bei der Absicherung von Apotheken und von deren Inhabern mit mindestens einem Bein in der Haftungsfalle.

▸ Wir begutachten den Versicherungsmarkt und prüfen, was Versicherer bieten müssen, damit Vermittler Apotheker und Apotheken bedarfs-, fach- und sachgerecht versichern und betreuen können.

▸ Hinweis für den Vermittler

Vor uns liegen knapp 300 Seiten, auf denen wir uns richtig „verstan" sollten. Zu Recht erwarten Sie für Ihr Investment einen individuellen Nutzen. Aber: Wie könnte ich ohne Detailkenntnis für die jeweilige konkrete Situation eine Lösung bieten? Das mag zu einem Dilemma führen. Das Buch kann nur bei generellen, aber richtungsweisenden Aussagen bleiben. Sie, der Leser, suchen Antworten für den speziellen Fall. Dieses Werk entwirft einen Grundriss; erwartet werden brennglasscharfe Bilder.

Die Lösung liegt in einer Vereinbarung zwischen Autor und Leser. Es darf übertrieben, wenn es dem Zwecke dient auch kräftig schwarz-weiß gemalt werden. Sie jedoch nehmen die gegebenen Hinweise ganz bewusst nicht als bare Münze, sondern importieren sie in Ihren Vertriebsalltag. Damit werden sie Ihnen vertraut und deshalb nutzbar.

Zur Kraftübertragung wird nur noch der passende Transmissionsriemen benötigt. Der besteht, je nach Ihrem aktuellen Startpunkt, aus Erfahrung, Kreativität, Spontaneität, einem tragenden Netzwerk, einem guten Schuss vertrieblicher Chuzpe oder dem Vertrauen in Ihre gute Vorbereitung. All das kann, will und wird dieses Buch stärken. Das Umsetzen liegt dann allein in Ihren Händen. Von der Sicherheit des Generellen über die Flexibilität des Augenblicks hinzuführen zur Vertrautheit des Speziellen: Das ist die Kunst des Vermittlers. ◂

II. Besser noch enger – eine Zielgruppendefinition

Die Ausgangslagen selbstständiger Versicherungsmakler sind sehr unterschiedlich. Dem vielfach noch anzutreffenden Anspruch, alle denkbaren Kunden (privat/gewerblich) mit den passgenauen Lösungen, ausgewählt aus der Bandbreite des Marktes, versorgen zu können, werden möglicherweise Kollegen mit zehn bis 20 Mitarbeitern gerecht.

Kollegen mit wenig Manpower sind schnell überfordert. Die Konzentration auf Apotheken ergab sich eher zufällig, ist aber vom Aufwand-Nutzen-Verhältnis her bereits jetzt deutlich effektiver." (Karl-Heinz Keim und Peter Weibezahl, Versicherungsmakler in Coburg)

Wenn Versicherungsvermittler nach ihrer Zielgruppe gefragt werden, hört man oft die folgenden Aussagen: „alle, die eine Versicherung brauchen", „jeder, der Geld hat und es sinnvoll anlegen möchte", oder „Menschen im Umkreis von 20 km". Kurzum: Zur Zielgruppe gehört im Prinzip jeder.

Wie Kunden denken, ist jedoch bekannt. Sie suchen nach dem passenden Berater, dem einen Experten, dem bekanntesten Fachmann. Derjenige, der bei diesen Überlegungen dem Kunden als Erster in den Sinn kommt. Buchstäblich also der „Erste im Kundenkopf", wie Alexander Christiani es in seinem Marketing-Standardwerk „Magnet Marketing" ebenso einprägsam wie treffend formuliert hat,[7] ist mittel- und langfristig der ideale Lösungspartner. Nicht etwa derjenige, der gerade zufällig vorbeischaut.

Jeden Kunden mitzunehmen, mag am Anfang sicher nötig sein. Langfristig ist es für den Versicherungsvermittler jedoch besser, seine

---

7 Vgl. Christiani, Alexander: Magnet Marketing. 2001 Frankfurt/Main, Frankfurter Allgemeine Buch.

Zielgruppe präziser zu definieren. Wenn eine Vermittlerin sich also zunächst auf die Beratung weiblicher Kunden „von Frau zu Frau" konzentriert, so ist das gewiss eine bessere Idee, als „alle" zu beraten. Später jedoch sollte sie den nächsten Schritt machen und sich z. B. auf „Finanz- und Absicherungsberatung für Frauen nach der Scheidung" spezialisieren.

Mit Sicherheit wird sie damit mehr Erfolg haben, denn enge Zielgruppen sind leichter zu durchdringen als weite. Die Rahmenbedingungen sind identisch, es herrschen ähnliche Interessen und klare Organisations- und Kommunikationsstrukturen vor. Diese mit der eigenen Zielgruppenkompetenz zu verbinden und Kunden mit passgenauen Lösungen zu versorgen, ist der eine Weg zum Erfolg.

Der zweite grundsätzliche Weg geht über eine spezielle Lösungs- statt Zielgruppenkompetenz. Diese sollte zwingend ein Grundbedürfnis im Markt betreffen. Denn geht es nur um ein Verfahren wie z. B. „Bausparen", kann man bei Änderung der Rahmenbedingungen (hier z. B. Bausparförderung oder Zinsniveau) ruckzuck pleitegehen. Am besten ist es, auf einen kommenden Trend zu setzen, um auf dessen Bugwelle zum Erfolg zu reiten. Ein aktuelles Beispiel hierfür sind die Cyberrisiken.

Das Internet ermöglicht es Straftätern, schnell und interaktiv mit ihren potenziellen Opfern zu kommunizieren, mit wenig Aufwand scheinbar legitime Webseiten seriöser Unternehmen, Verbände oder Banken nachzubauen oder über Malware-Programme an geheime Daten heranzukommen. Cyberattacken sind inzwischen ein attraktives Geschäft geworden, weil sie – meist ohne großen finanziellen Aufwand – lukrative Gewinne versprechen.

Wenn sich ein Vermittler heute entscheidet, über dieses Thema seinen Markt anzugehen, stehen ihm internationale und erste deutsche Cyberschutzpolicen als Produktbasis zur Verfügung. Gleichzeitig dürfte er ein leichtes Spiel haben, in einer Vielzahl gefährdeter Zielgruppen – vom Industriekunden über fast alle Branchen bis zum privaten User – erfolgreich zu sein (mehr dazu in Abschnitt VI.3.5. Cyberrisk-Deckung).

Da das Thema auch in den Medien gerade erst anläuft, bieten sich diesem Lösungsspezialisten vielfältige Wege, seine Kompetenz breit zu streuen. In einer aktuellen KPMG-Studie wird der Cyberversicherung ein Milliardengeschäft prognostiziert, das die Bedeutung und Größenordnung des Kfz-Geschäftes erreichen könnte.

Dazu wird in einem Fachartikel kommentiert: „Durch die Zunahme von Hackerangriffen, die immense Schäden selbst bei vermeintlich gut geschützten Unternehmen verursachen, steigt der Bedarf an Cyberversicherungen, ebenso durch den Fortschritt der Technik hin zu komplexeren Systemen mit höherer Anfälligkeit. Der KPMG-Studie zufolge entwickelt sich Cyber mit einem jährlichen Prämienvolumen von bis zu 26 Mrd. Euro zur größten Versicherungssparte im Schaden- und Unfallgeschäft in Deutschland".[8]

Angesichts dieser Dimensionen bin ich mir ziemlich sicher, dass in zwei bis drei Jahren auch dieser neue Markt fest in der Hand der Großmakler und einiger unabhängiger Experten-Kollegen sein wird.

Praxistipp

Sie sollten das Thema Cyberschutz rechtzeitig auf Ihre Agenda setzen, denn noch sind die Prämien erschwinglich. Nach garantiert kommenden ersten Großschäden dürften diese sehr schnell stark steigen.

Kleine, weitgehend interessengleiche Gruppen werden Kommunikationsgemeinschaften genannt. Das sind homogene Einheiten innerhalb einer Zielgruppe, die von sich aus miteinander kommunizieren, über gemeinsame Eigenschaften verfügen und über klar zu definierende Medien anzusprechen sind. Im besten Fall weisen sie auch einzelne Alleinstellungsmerkmale im privaten und/oder beruflichen

---

8 AssCompact-Newsletter vom 13. Februar 2017 und AssCompact-Sonderthema Cyberversicherung, März. Heft 3/2017.

Kontext auf, die von versicherungstechnischer Relevanz sind. Letzteres ist ausschlaggebend dafür, ob es sinnvoll ist, für eine Kommunikationsgemeinschaft eigene Versicherungskonzepte zu entwickeln.

Für Versicherungsvermittler, die sich erfolgreich spezialisieren wollen, kommt es darauf an, die richtige Kommunikationsgemeinschaft auszuwählen. Dies wird in der Regel diejenige sein, die bereits zu ihm passt, zu der er Zugang hat oder zu der er sich diesen leicht beschaffen kann.[9]

Und (besonders wichtig) es sollten genügend potenzielle Kunden da sein, um darauf seine geschäftliche Zukunft aufzubauen. Zuspitzend lässt sich formulieren: Bergleute in Blankenese als Zielgruppe auszuwählen, wäre ebenso unsinnig wie Villenbesitzer mit Wassergrundstücken in Wanne-Eickel. So viel zu den soziodemografischen Vorbedingungen.

Idealerweise sollte von einem erfolgreichen Versicherungsmakler bei der Definition einer geeigneten Zielgruppe noch eine zweite Komponente beachtet werden. Es sollten nämlich mentale, fachliche, berufliche oder situative Besonderheiten vorhanden sein, die die Gruppe kennzeichnen und die sich versicherungstechnisch lösen oder zumindest optimieren lassen.

Solche Alleinstellungsmerkmale sind manchmal leicht zu entdecken, sie sollten idealerweise dauerhaft sein. Manchmal treten sie aber situationsbedingt auf und sind flüchtig, oft auch minimal und erst beim näheren Hinsehen erkennbar. Hier nur einige wenige Beispiele, die hierzulande als Zielgruppenfokussierung möglich sind:

- ▸ Ehepaar – Scheidung – Entflechtung steht an – Frau schätzt Hilfe und empfiehlt weiter.
- ▸ Familien – Immobilienwunsch – Bausparen – moderne Finanzierungen, die passen.
- ▸ Großstadt – viele Nationalitäten und Kulturen – Beratung in der Heimatsprache.

---

9 Vgl. www.pfefferminzia.de/vertrieb-so-koennen-sich-makler-als-experte-in-einer-zielgruppe-positionieren-1480063648/.

‣ Kraftfahrer – Auto-Freaks – Kfz-Versicherung – Oldi Car Cover (OCC) als neue Marke.

‣ Gesundheitssektor – Ärzte & Zahnärzte – Chirurgen – Einschluss kosmetischer Operationen.

‣ Handwerk – Baugewerke – Gerüstbauer – verbesserte Abstandsklausel.

Wer als Berater und Vermittler von Finanz- und Versicherungsprodukten beginnt, sollte eine Falle vermeiden, die schon vielen zum Verhängnis geworden ist: allen alles bieten zu wollen. Von Anfang an auf Spezialisierung zu setzen, ist auf den gesamten Berufsweg bezogen der einfachere Weg. Im Verbund mit anderen Experten, die dieselbe Zielgruppe mit ergänzenden Dienstleistungen und Produkten versorgt, wird ein Berater zum echten Problemlöser.[10]

Eine der spannendsten Kommunikationsgemeinschaften, die es in Deutschland zu versichern gibt, bilden – man ahnt es – die Apotheken und deren Inhaber. Hier treffen fast alle oben genannten Kriterien zu. Es dreht sich bei dieser Kundengruppe um eine durchaus erfolgreiche Branche mit langer Historie, vielfältigen Eigenheiten und hoher Spezialisierung.

Apotheken gibt es überall, sie sind inhabergeführt und gut zu recherchieren oder bezüglich ihres Bedarfs zu bewerten. Die Absicherungsbedürfnisse sind bekannt und werden z. T. gesetzlich geregelt. Damit sind Apotheker ein – wenn nicht sogar das – Paradebeispiel für die Bedeutung von Spezial-Versicherungskonzepten im Universum der Gewerbeversicherungen.

Zugegeben: Die Erstansprache erweist sich bei dieser Kundengruppe auch bei Befolgung aller guten Ratschläge nicht als Kinderspiel. Wer jedoch die ungeschriebenen Gesetze beachtet, die in dieser sehr besonderen Kommunikationsgemeinschaft herrschen, hat große Chancen auf ein erfolgreiches Geschäftsmodell.

---

10 Vgl. Jeinsen, Michael Gerwert, Nicole; Schmitz, Horst-Peter: Warum Kunden vernetzte Spezialisten suchen. In: Der Neue Finanzberater. Mai 2017.

III. Der Apotheker – das unbekannte Wesen

1. Eine attraktive Kundschaft, die nicht auf Sie wartet

Bereits im Jahr 2012 zeigte eine Studie zum Versicherungsverhalten, wie wichtig kompetente Beratung für Selbstständige und Freiberufler ist. 79 Prozent der Befragten gaben darin an, sich um Versicherungsangelegenheiten nur so viel wie unbedingt nötig zu kümmern. Besonders ausgeprägt war diese Einstellung ausgerechnet bei Apothekern, die ein besonders hohes Absicherungsbedürfnis haben.[11]

> „Apotheker sind meiner Überzeugung nach nicht besser oder schlechter geeignet als andere Zielgruppen. Aber sie haben ihre ganz individuellen Merkmale, die manche Maklerkollegen wohl eher davon abhält, Apotheken gezielt anzusprechen. So ist es meist schwer, einen Apotheker mit den marktüblichen Formen der Erstansprache erfolgreich zu kontaktieren.
>
> Weiter ist es in aller Regel unabdingbar, die Sprache des Apothekers nicht nur zu verstehen, sondern auch selbst gezielt anwenden zu können, um Kompetenz zu vermitteln." (Klaus Kelpinski, Apotheken-Berater aus Kaufbeuren)

Frei heraus gesagt: Wenn Sie Tipps aus der einschlägigen Vertriebsliteratur oder Lösungen, die in den gängigen Verkaufsveranstaltungen vorgestellt werden, in Apotheken anwenden, ja, selbst wenn Sie Ihre eigenen Erfahrungen nutzen und all das tun, was bei Ihren Firmenkunden und der gehobenen Privatklientel gut funktioniert, genau dann können Sie davon ausgehen, dass Sie in Apotheken mit

---

11 In: VersicherungsJournal.de vom 12. Juli 2012.

hoher Sicherheit scheitern werden. Denn Apotheker – um das generalisierend zusammenzufassen – erweisen sich von außen und mit Vermittleraugen betrachtet zunächst als höchst seltsame, ja unnahbare Klientel. Obwohl meist anwesend, sind sie in ihrer Apotheke schwer zu greifen, schenken Ihnen kaum Gehör und fast unmöglich ist es, einen Termin für ein Beratungsgespräch zu vereinbaren.

Kurzum: So elegant wie in Apotheken kann ein Vermittler sonst kaum auf Granit beißen.

„Ach, jemine", denken da wohl die meisten, „da lobe ich mir meine Handwerker, Kleinunternehmer und die Wohnbevölkerung in meinem Kiez", und bleiben bis auf Weiteres den Apotheken fern. Weshalb Apotheken im Sach-Bereich relativ selten auf ihre Risikosituation und ihren Versicherungsbedarf aktiv angesprochen werden. Deren Inhaber sind meist massiv fehlversorgt.

Hier das Portfolio an Beobachtungen, die typischerweise in Zusammenhang mit Apotheken gemacht werden können:

▸ Es gibt selten ein gelebtes Maklermandat, kaum eine bis keine Betreuung durch einen Vermittler. Und vor allem: viel zu selten den für Apotheker zwingend nötigen Vor-Ort-Service im Schadenfall.

▸ Entweder ist ein einziger Vermittler für alles zuständig – egal, was er wirklich kann; oder alle Verträge wurden wild durcheinander abgeschlossen, je nachdem, wer gerade da war. Oder man findet ein buntes Vertragspatchwork ohne Struktur vor.

▸ Der Inhaber ist höchst rudimentär abgesichert – Kranken- und Unfallversicherung, Tagegeld für Vertreterkosten. Selten wurde eine Berufsunfähigkeits- oder eine Erwerbsunfähigkeitsversicherung abgeschlossen.

▸ Es ist – jenseits von Immobilienbesitz – kaum private Altersvorsorge vorhanden. Der Apothekeninhaber baut auf das berufsständische Versorgungswerk und den Apothekenwert.

▸ Selten ist eine gezielte und umfassende betriebliche Altersversorgung erfolgt. Keymen-Policen sind unbekannt, obwohl diese gerade hier besonders sinnvoll sind.

▶ Oft arbeiten Ehepartner im Betrieb mit, ohne die Vorteile daraus zu nutzen.

▶ Apotheken-Policen sind meist genauso alt, wie die Apotheke selbst. Sie werden fast nie durchgesehen und selten angepasst.

▶ Privatpolicen laufen ebenfalls oft mit uralten Bedingungen.

▶ Häufig sind im Kfz-Bereich Kleinflotten-Lösungen möglich, aber weitgehend unbekannt.

▶ Vorhandene Werte sind meist deutlich unterversichert, oft in einer Spanne von 100.000 bis 300.000 Euro.

▶ Wenn der Apotheker nicht unterversichert ist, dann häufiger als sonst üblich doppelt oder heftig überversichert.

▶ Sehr selten sind die apothekenspezifischen Risiken rechtsverbindlich eingeschlossen.

▶ Betriebshaftpflicht ist oft mit zu geringen Deckungssummen versichert.

▶ Bei Mehrbesitz findet man höchst unterschiedliche Versicherungssituationen je Versicherungsort vor.

2. Apotheken im Wandel der Zeit

2.1. Von Quacksalbern und Marktschreiern

Im Mittelalter kümmerten sich Alchemisten, Quacksalber, Bader, Kräuterhexen sowie Hebammen und Mönche mehr oder weniger erfolgreich um Gesundheitsfragen. Mit den großen Entdeckungen und der Weiterentwicklung in der Medizin ging dann auch eine Veränderung des Apothekenwesens einher. Ein höchst attraktiver neuer Beruf entstand.

Als behördlich überwachte Einrichtung, die auch an amtliche Anweisungen gebunden ist, gibt es spätestens seit dem 12. Jahrhundert in Europa Arzneimittelgeschäfte. Die weltweit ältesten und heute noch immer betriebenen Apotheken sind die Klosterapotheke im

Kreuzgang des Franziskanerklosters von Dubrovnik aus dem Jahr 1317 sowie die „Tallinna Raeapteek" (circa 1400), klassisch direkt am Rathaus und an dem malerischen Marktplatz der estnischen Hauptstadt gelegen.

Hier stellt man immer noch hauseigene Salben und Medikamente her, jedoch wird mittlerweile auch die typische Fertigarzneipalette vorgehalten. In beiden Apotheken wurde der Beginn der modernen Pharmaziegeschichte geschrieben.

Der Aufstieg der Apotheke als Betrieb geht mit dem Aufblühen des Städtewesens im späten Mittelalter und in der frühen Neuzeit in Europa einher. Hier liegen auch die Anfänge der wissenschaftlichen Pharmazie.

Apotheker verstehen sich nicht erst seit der Professionalisierung ihres Berufes als die Hüter der Volksgesundheit, die die hierfür nötigen Medikamente herstellen und *abgeben*. (Da sich die Apothekerschaft die philanthropisch-altruistische Grundidee ihres Berufes erhalten will, wird auch heute noch weitverbreitet das Wort „abgeben" verwendet, wenn „verkaufen" gemeint ist.)

Die strikte Trennung von ärztlicher Behandlung und der Bereitstellung von *Arzneimitteln* geht zurück auf Friedrich II. und dessen „Edikt von Salerno" von 1231. Der Stauferkaiser trennte darin erstmals in einem Gesetzestext fixiert Ärzte und Apotheker. Er legte damit den Grundstein für die Entwicklung des heutigen Apothekerberufs in Europa.

Kurz darauf – im Jahre 1241 – soll die Existenz einer ersten Apotheke aktenkundig belegt worden sein. In einer Schenkungsurkunde überschrieb ein Fridericus, Gutsverwalter des Bischofs von Trier, seine am Graben in der Stadt Trier befindliche Apotheke nebst angrenzendem Haus dem Frauenkonvent St. Thomas. Doch ob es sich bei dieser „apotheca", die Urkunde ist in Latein abgefasst, wirklich um eine Apotheke nach unserem Verständnis handelt, wird von vielen Historikern bezweifelt.

Denn mit dem Begriff „apotheca" wurde im 13. Jahrhundert noch allgemein ein Lager- oder Vorratsraum bezeichnet. (Das Wort entstammt aus dem Griechischen und bezeichnet darin einen Aufbewahrungsort für Vorräte.)

Erst seit dem 16. Jahrhundert kann die Existenz einer „Einhorn-Apotheke" an der urkundlich bezeichneten Stelle verlässlich nachgewiesen werden. Dennoch wirbt die „Löwen-Apotheke" – diesen Namen trägt sie mittlerweile – am Trierer Hauptmarkt damit, die älteste Apotheke in Deutschland zu sein.

Nach derzeitigen Erkenntnissen stammt das älteste erhaltene Apothekenprivileg aus dem Jahr 1303. Damals wurde einem Bürger im uckermärkischen Prenzlau das Recht zur Leitung einer „apoteka" übertragen, samt Vererbbarkeit und einem Konkurrenzausschluss, der für einen Umkreis von zehn Meilen galt.

Sicher dürfte auch sein, dass Apotheken lange Zeit eher einem Vorratsraum für *apothekenübliche Waren* geglichen haben. Schließlich wurden Pillen, Salben, Heilkräuter und -getränke über mehrere Jahrhunderte noch auf Jahr- und Wochenmärkten angepriesen und verkauft.[12]

Übrigens: Die alte Bedeutung des Wortes Apotheke „Lagerraum" ist heute lediglich aus dem Laiengebrauch verschwunden. Apothekeninsider trennen sprachlich immer noch zwischen dem für Kunden zugänglichen Teil, der als Offizin bezeichnet wird – *die Offizin*, um genau zu sein – und der eigentlichen Apotheke. Hier lagern die rezeptpflichtigen Medikamente, weshalb dieser Bereich nur vom Fachpersonal betreten werden darf.

2.2. Ein sehr honoriger Beruf

Echte Apotheken im heutigen Sinne gibt es erst ab dem 16. Jahrhundert. In dieser Zeit bestanden sie vor allem aus einem Warenlager und einem den alchemistischen Küchen nicht unähnlichen Labor. Hier

---

12 Vgl. Schmitz, Rudolf: Geschichte der Pharmazie, Band 1. 1998 Eschborn, Govi-Verlag. Siehe auch www.reiselust-tv.com/videos/kroatien/175-Dubrovnik.html oder www.raeapteek.ee/.

wurden Medikamente in Handarbeit hergestellt: Tee verschnitten, Heilwässer gebraut, Öle destilliert, Pasten gerührt, Pillen gedreht, Zäpfchen gegossen und vieles mehr.

Der Abgabeort, die oben erwähnte Offizin, war ein meist sehr kleiner, durch hohe Tresen geteilter, im hinteren Bereich mit allerlei Tiegeln, Flaschen und Säckchen gefüllter Raum. Hier fand dann über den sogenannten *Rezepturtisch* – heute HV oder *Handverkaufstisch* genannt – hinweg die notwendige Anwendungsberatung statt, wenn Kunden ihre Medikamente abholen kamen.

Apotheker waren vor allem naturwissenschaftliche Gesundheitshandwerker; Pharmakologen mit profundem Wissen in Physiologie, Chemie, Biologie sowie Biochemie und Galenik, also der Lehre von der Zubereitung von Arzneimitteln. Sie waren Hersteller und fachliche Ratgeber. Dies galt für weitere 400 Jahre bis weit in die zweite Hälfte des 20. Jahrhunderts hinein. Apotheker zu sein, war ein hoch angesehener Männerberuf, mit dem man wie selbstverständlich zum Kreis der örtlichen Honoratioren gehörte.[13]

Zu geradezu historischer Berühmtheit hat es die Stadt-Apotheke Wiesloch, im Rhein-Neckar-Kreis gelegen, gebracht. Dies geschah wie folgt: Man schrieb das Jahr 1888. Bertha Benz (1849 bis 1944), Ehefrau von Carl Benz (1844 bis 1929), wagte die erste Fernfahrt der Automobilgeschichte. Plötzlich jedoch hatte sie ein Problem: Südlich von Heidelberg ging der unerschrockenen Fahrerin, die noch dazu mit ihren beiden Söhnen unterwegs war, der Kraftstoff aus. Wo sollte sie das für ihre Weiterfahrt nötige Benzin hernehmen? Ein Tankstellennetz, so wie wir es heute kennen, gab es in der Frühphase des Automobils noch nicht.

Zur Rettung der Lenkerin war, man ahnt es bereits, die Stadt-Apotheke Wiesloch zur Stelle. Dort konnte Bertha Benz das Leichtbenzin Ligroin – ein Reinigungsmittel ihrer Zeit – erwerben und sodann weiterfahren. Damit wurde nebenbei die Tankstelle erfunden. Noch heute werden historische Fahrten abgehalten, auf denen die

---

13 Vgl. Schmitz: Geschichte der Pharmazie.

Teilnehmer bei der mittlerweile in einer Fußgängerzone gelegenen Apotheke den ersten, vor rund 130 Jahren erfolgten Tankstellenstopp nachspielen können.

▶ Apotheken als Retter in einer besonderen Not: Nicht mit Arzneimitteln, sondern mit einem Leichtbenzin half ein findiger Apotheker der auf dem Trockenen sitzenden Automobilistin Bertha Benz vor rund 130 Jahren aus der Bedrängnis.

Auch jenseits der Versorgung mit Arzneimitteln prägt die Geschichte der Apotheken bis heute unseren Alltag. In ihren Räumen wurden u. a. Rezepte für Schokolade, Marzipan, Marmelade, diverse Zuckerwaren sowie zahlreiche chemische Produkte kreiert. Und prominente historische Persönlichkeiten haben in einer Apotheke den Grundstein zu ihrer späteren Karriere gelegt.

Der Unternehmer August Oetker (1862 bis 1918), Erfinder des Backpulvers, hat bspw. eine Lehre zum Apotheker absolviert. Die pharmazeutische Staatsprüfung zum „Apotheker 1. Klasse" hatte der Industrielle Ernst Christian Friedrich Schering (1824 bis 1889) bestanden. Der Gründer der Firma Merck, Emanuel Merck (1794 bis 1855), war ebenfalls Apotheker, ebenso wie der Entdecker der Coca-Cola-Rezeptur John Pemberton (1831 bis 1888).

Die Raufasertapete erfand Heinrich Wilhelm Hugo Erfurt (1834 bis 1922), er war ebenfalls gelernter Apotheker. Und der Astrologe

Nostradamus (1503 bis 1566), der für seine Prophezeiungen berühmt oder wohl eher berüchtigt war, begann sein Wanderleben als französischer Apotheker. Dass eine pharmazeutische Ausbildung auch einer künstlerischen Laufbahn nicht im Weg stehen muss, bewiesen die Schriftsteller Theodor Fontane (1819 bis 1898), Georg Trakl (1887 bis 1914) und Ludwig Bechstein (1801 bis 1860), aber auch der Maler Carl Spitzweg (1808 bis 1885).[14]

2.3. „Clash of Clans": Animositäten unter Apothekern

In Literatur und Medien werden Apotheker gemeinhin als freundliche Menschen porträtiert, die sich vor Ort mit ihrer allseits geschätzten Profession nicht nur um die Gesundheit der Bürger, sondern oft auch um das örtliche Leben insgesamt verdient machen.

Das scheint in der Regel auch zuzutreffen, besonders in Dörfern und Kleinstädten. Denn dort gehört „der Herr Apotheker" seit ewigen Zeiten neben dem Bürgermeister, Pfarrer oder Pastor, Lehrer und – je nach lokalen Besonderheiten – Kaufmann, Großgrundbesitzer oder ortsansässigen Arzt oder Tierarzt zu den klassischen „big five" eines jeden Honoratioren-Stammtisches.

Intern jedoch – also untereinander – bietet sich dem Betrachter des Öfteren ein anderes Bild. Da gönnt dem Anschein nach der eine dem anderen nichts und so manch ehrenwerter Apotheker liegt mit seinen Kollegen in argem Clinch.

Auch Sie werden dies auf Ihrer ersten Akquisetour schnell bemerken. Deshalb seien Sie gewarnt: Sie betreten ein über die Jahrzehnte stark vermintes Berufsfeld, auf dem bereits viele Vermittler um die Früchte ihrer Arbeit gebracht worden sind. Immer wieder trifft man welche, die von Apothekern „die Nase gestrichen voll haben". Nachfolgend ein einziges, dieses Minenfeld perfekt beschreibendes Beispiel:

---

14 Vgl. www.welt.de/welt_print/wirtschaft/article6311610/Die-erste-Tankstelle-wareine-Apotheke.html sowie Wikipedia.

▶ Der „Herr Apotheker" als Vertreter eines allseits geachteten Berufsstands gehörte über die Jahrhunderte hinweg neben anderen Respektspersonen zum Kreis der örtlichen Honoratioren, der sich regelmäßig zum sonntäglichen Stammtisch traf.

Ein Kollege berichtete von der schmerzhaftesten Mandatskündigung, die er in seiner gesamten Berufskarriere als Versicherungsmakler erlebt hat. Sie kam aus heiterem Himmel per Einschreiben mit Rückschein von einem Apotheker, mit dessen gesamter Familie er bereits in zweiter Generation auf allen Gebieten der Kapitalanlage und des Versicherungssektors zusammengearbeitet hat. Der Vermittlerkollege beschrieb diesen Premium-Stammkunden als netten, fröhlichen und offenen Menschen, der ihm all die Jahre volles Vertrauen entgegengebracht hat.

Genau dieser auch courtagetechnische Traumkunde kündigte nun in einem Satz „fristlos alle privaten und beruflichen Geschäftsbeziehungen".

Lehman Brothers? Schiffsbeteiligungen? CHF-Darlehen? Was ist denn da schief gelaufen, werden Sie fragen. Nichts dergleichen, schließlich zeichnen etwas derart Spekulatives vielleicht Zahnärzte und Leistungssportler, aber in aller Regel keine Apotheker. Später erfuhr der Kollege über Dritte, dass seinem Kunden wohl zu Ohren gekommen war, dass er, der Vermittler, unlängst eine gegenüberliegende Apotheke versichert habe. Der verstimmte Apotheker ist nie wieder Kunde geworden.

Bitte beachten Sie: Das ist vielleicht ein besonders heftiger, aber bei Weitem kein Einzelfall. Sie werden in Situationen kommen, in denen diese oft anzutreffenden Animositäten innerhalb der Apothekerschaft eine entscheidende Rolle spielen. Für den apothekengeneigten Versicherungsvermittler ist es also von wesentlicher Bedeutung, die Gründe und Auswirkungen eines derartigen Gezänks zu kennen und zu beachten.

Zum besseren Verständnis müssen wir in das ausgehende Mittelalter zurückblenden, denn dort liegen die ältesten Wurzeln der skizzierten Fehde. Als sich damals Apotheker niederließen, „besetzte" jeder einzelne seinen Sprengel. Ein Ort – ein Apotheker. Solange dies unangetastet blieb, herrschte hundertjähriger Friede.

Auch als die Ortschaften größer wurden, kamen sich Apotheker noch nicht ins Gehege, denn Anzahl und Lage der Apotheken wurden streng reglementiert. *Apothekenrechte* waren ein stark begehrtes Gut. Sie wurden nur neu verliehen, wenn der Markt eine weitere Apotheke aufnehmen konnte. Gleichzeitig steckte dahinter die Befürchtung, dass bei übermäßiger Konkurrenz die Medikamentenherstellung an Qualität verlieren könnte.

Exakt an diese Stelle zwischen marktwirtschaftlichen Usancen und flächendeckender Qualitätsversorgung der Bevölkerung knüpft aktuell wieder die Diskussion über Rezeptrabatte und Online-Handel mit Medikamenten an.[15] Denn eines hat sich in all den Jahrhunderten seit dem Edikt von Salerno nicht verändert: Apotheker sind immer gleichzeitig Kaufleute und Pharmazeuten. Sie müssen Gewinne machen, ohne dass deswegen die Volksgesundheit Schaden nehmen könnte. Deshalb wollen die zuständigen Stellen seit jeher einem möglichen Rückfall in alte marktschreierische Allüren ein für alle Mal einen Riegel vorschieben.

Apotheker sollten – und das gilt bis zum gegenwärtigen Tag – in Ruhe und ohne Zukunftssorgen arbeiten können. Damit sie ihrer Verantwortung für die Volksgesundheit gerecht werden können, wie

---

15 Vgl. Abschnitt IV.3.4. Paukenschlag aus Luxemburg: Die EU mischt kräftig mit, Seite 108.

noch heute die Berufsverbände der Apotheker (übrigens fraglos mit Berechtigung) nicht müde werden zu beteuern.[16]

Die ersten größeren Auseinandersetzungen um Kunden und Marktanteile fanden in Zeiten der industriellen Revolution vor etwa 150 Jahren statt. Wo immer Arbeitsplätze in großem Stil entstanden, kamen auch neue Apothekenkunden in schneller Folge hinzu. Die meisten ortsansässigen Apotheken konnten den entstehenden Kapazitätsengpässen nicht durch Expansion begegnen. Ihnen fehlten schlicht die räumlichen Möglichkeiten. Also mussten dringend neue Angebote geschaffen werden.

Selbstverständlich schickten auch die Platzhirsche aus den umliegenden Ortschaften ihre Söhne ins Rennen um die neu zu vergebenden Apothekenlizenzen. Die lokal ansässigen Apotheker waren daran interessiert, eben dies um jeden Preis zu verhindern – aus sicherlich auch heute noch nachzuvollziehenden Gründen.

Glücklich war, wer just in dieser Zeit einen frisch *approbierten* Sohn aufzubieten hatte, der die dringend benötigte neue Apotheke eröffnen durfte. Beliebt hat sich der Neuankömmling von außerhalb jedoch nur selten gemacht. Seitdem hielten Apothekerdynastien traditionell so viele approbierte Sprösslinge vor wie möglich. Denn man konnte ja nie wissen, wann der nächste „Clash of Clans" drohte.

Seit den 1960er Jahren mischen auch andere mächtig mit im Wettbewerb: an vorderster Front das jeweils zuständige Gesundheitsministerium und der Spitzenverband der gesetzlichen Krankenversicherung (GKV-Spitzenverband) mit seinen angeschlossenen Krankenkassen. Ihnen folgen die Interessenvertreter der privaten Krankenversicherer und der Ärzteschaft sowie Hersteller und der Großhandel.

Neuerdings gehören auch, wie weiter oben angedeutet, in- und ausländische Franchiseketten sowie die Internet-Versandapotheken zu den neuen Wettbewerbern am Markt. Sie alle wollen sich ihren Teil des Kuchens sichern.

---

16 Vgl. www.abda.de/pressemitteilung/artikel/krankenkassen-setzen-grundkonsens-in-der-gesundheitsversorgung-aufs-spiel/.

Währenddessen setzt die Apothekerschaft in Gestalt der *Bundes-vereinigung Deutscher Apothekerverbände* (ABDA) alles daran, die „mittelalterlichen Gildestrukturen" zu erhalten, wie der stellvertretende Vorsitzende des GKV-Spitzenverbandes, Johann-Magnus von Stackelberg, die Branchenlandschaft am 23. Januar 2015 in einer Konferenz vor Medienvertretern stichelnd beschrieb. Um hier die beschriebenen Positionen plastisch herauszuarbeiten, wandeln wir den allseits bekannten Satz aus der Werbung darüber, an wenn sich Kunden im Zweifel wenden sollten, einfach um:

▸ Der ABDA-Standpunkt beläuft sich auf die Position: „Fragen Sie (nur) Ihren Apotheker in Ihrem Ort – auch in Zukunft immer".

▸ Die Haltung in der gesetzlichen Krankenversicherung (GKV) lässt sich wie folgt zusammenfassen: „Fahren Sie (gefälligst) in die nächste Stadt und fragen Sie Ihren Arzt oder laden Sie die Beratungs-App der für Ihren Ort zuständigen Hauptapotheke herunter oder kaufen Sie gleich im Internet. Alternativ warten Sie (gefälligst), bis der nächste Apothekenbus Ihren Ort erreicht."

Die Diskussion um Versorgungsqualität und -niveau wird heftiger denn je geführt, siehe die jüngsten Auseinandersetzungen wegen der Preisbindung von Arzneimitteln.

Wenig hellseherisch ist die Annahme, dass uns das Thema in den kommenden Jahren noch intensiver beschäftigen wird, denn das Urteil des Europäischen Gerichtshofs (EuGH) zu den sogenannten *Rx-Boni* könnte an den Grundfesten der Arzneimittelversorgung in Deutschland rütteln.[17] So schreibt Ralf Kellner, ein führender Experte und Apotheken-Berater, in einem Kommentar:

„Die bisherige Gesetzgebung war ein Ergebnis der Verhandlungen zwischen Gesetzgeber, Krankenkassen und Leistungserbringern. Grundsätzlich hatte man sich auf die Sicherstellung einer flächendeckenden Versorgung, die Erbringung von Notdiensten, die

---

17 Siehe hierzu den Abschnitt IV.3.4. Paukenschlag aus Luxemburg: Die EU mischt mit, Seite 108.

Erbringung von Qualität in der Versorgung und die Erstattung von Leistungen (incl. Preisgestaltung) geeinigt.

Das EuGH-Urteil entfachte eine neuerliche Diskussion zwischen ABDA, den Krankenkassen und der Politik."[18]

Eine flächendeckende Versorgung der Bevölkerung mit hochwertigen Medikamenten und fachkundiger Beratung direkt vom Apotheker bleibt solange das Ziel der gesundheitspolitischen Debatte, bis nach der weitreichenden Deregulierung des Ärzte- wie Apothekenmarktes – beginnend mit den frühen 1990er Jahren – irgendwann ein neuer Konsens gefunden sein wird.[19]

2.4. Häuserkampf auf „apothekerisch"

Soviel dürfte nach dem Berichteten jetzt klar sein: Je näher Apotheken räumlich beieinander liegen, desto intensiver ist der Clinch zwischen deren Inhabern – außer natürlich, beide gehören demselben „Clan" an. In diesem eng nachbarschaftlichen, zerrütteten Beziehungsgeflecht trugen sich in Zeiten rigider *Apotheken-Betriebsordnungen* bis in die 1990er Jahre hinein harte und teilweise auch absonderliche „Häuserkämpfe" zu.

Dabei ging es zumeist um die Quintessenz aller Immobilienbewertungen: Lage, Lage und nochmals Lage. Dem Vermittlerkreis muss niemand erläutern, wer sich in dieser Frage mit wem und wie um etwas streiten kann. Eine Legion von Möglichkeiten ist denkbar und gerade Apotheker haben sie alle genutzt.

Doch damit nicht genug. Im Kampf um den real existierenden Kunden bieten sich sonstigen Unternehmern vielfältige Optionen,

18 Zitiert nach einem Diskussionspapier von Ralf Kellner, vgl. hierzu www.big-beratung.de.

19 Vgl. Schmitz, Rudolf: Geschichte der Pharmazie, Band 2. 1998 Eschborn, Govi-Verlag. Siehe auch www.gkv-spitzenverband.de/presse/pressemitteilungen_und_statements/ pressemitteilung_218624.jsp und www.apotheke-adhoc.de/nachrichten/politik/ nachricht-detail-politik/apothekenmarkt-gkv-spitzenverband-kritisiertstrukturen-apothekenketten-filialapotheken-1/.

die Apotheken aber seit Beendigung der Jahrmarkt-Zeiten weiterhin lange verboten blieben. Preisaktionen wie bspw. im Baumarkt, die Ausweitung der Warenpalette nach Vorbild einer Ladenkette, der Billigvertrieb à la Discounter, Werbekampagnen oder Marketingaktionen mit Eventcharakter standen für Apotheker nicht zur Debatte. Selbst semiprivate Apotheken-Tupperpartys wären sofort aufgelöst worden, ebenso wie anlassbezogene Probierstände, die etwa auf Wochenmärkten stehen.

Auch die Größe der Apothekenschilder, die zulässige Menge an Signets, dem *Apotheken-A*, oder ihre Maximaldistanz zum Apothekengebäude bei der Anbringung waren bis ins Detail vorgeschrieben. Und – um den Reigen komplett zu machen – auch die Anzahl und Größe von Werbeanzeigen in Zeitungen waren genau definiert. Es durfte exakt eine Anzeige zur Eröffnung und die nächste dann zum 25-jährigen Apothekenjubiläum geschaltet werden. Dazwischen herrschte Sendepause.

Soll man ernsthaft glauben, dass sich jede Apotheke jederzeit an all diese Vorgaben und Knebel gehalten hat? Sicher wurde versucht, durch die großzügigere Auslegung der Vorschriften kleine strategische Vorteile zu ergattern. Doch dies ging annäherungsweise jedes Mal schief.

„Dennoch wird der Pharmazierat immer wieder fündig. Ein bodenständiger Apotheker gab Frauen noch ohne *Rezept*, aber gegen Vorkasse vorab einen Streifen mit, wenn der Frauenarzt wegen einer Entbindung nicht greifbar war. Er dokumentierte alles ganz ordentlich und legte die Packungen samt Beleg ins *Abholregal*.

Für den Pharmazierat ein gefundenes Fressen: Die Verfehlungen bekam er schön nebeneinander aufgereiht auf dem Silbertablett serviert. Die Rechnung bezahlte der Apotheker in Form einer saftigen Geldstrafe." (Wahl, Karin; Straub, Andreas: Rezeptfrei, Achtung Kontrolle, 2013 Berlin)

Und warum lief es so, wie oben geschildert? Weil niemand einen Apotheker so messerscharf kontrolliert, wie es die um seine Apotheke herum tätigen, konkurrierenden anderen Apotheker für gewöhnlich tun. Fällt etwas auf, wird flink die Kammer angerufen, und schon ist der Spuk vorbei. Es bleibt Ihrer Phantasie überlassen, welche Auswirkungen dies auf das friedliche Miteinander im Sprengel hatte und bis heute hat.

Einiges hat sich inzwischen jedoch geändert. Wesentliche Bestimmungen, die im 20. Jahrhundert dem Apothekengeschäft wie eine Zwangsjacke angelegt worden sind, wurden gelockert.

So wurde z. B. durch die Änderung von Ausführungsbestimmungen die Beschränkung auf *rezeptpflichtige Medikamente* und eng definierte apothekenübliche Waren, das *Mehrbesitzverbot* und insbesondere das *Wettbewerbsverbot* abgelegt. Apothekeninhaber dürfen heute durchaus ein breites Sortiment vorhalten, am Markt preisaktiv agieren sowie aggressiver werben.

Auch die Außenwerbung ist mittlerweile freigegeben – bis auf das Apotheken-A. Zusammen mit dem roten und grünen Kreuz ist dieses eines der bestverteidigten eingetragenen Markenzeichen, dessen Gestaltungsrahmen immer noch sehr eng gefasst ist. So eng sogar, dass die Markenhüter bei der Verwendung manchmal selber so ihre Schwierigkeiten haben.[20]

Praxistipp

Nutzen Sie das Apotheken-A niemals für Ihre eigenen (werbe-) wirtschaftlichen Zwecke. Schneller und entschlossener werden Sie voraussichtlich sonst niemals abgemahnt werden können.

---

20 Vgl.   www.apotheke-adhoc.de/nachrichten/politik/nachricht-detail-politik/ markenrechte-falsches-apotheken-a-auf-dem-dat/?L=&cHash=fc1163d03befa 3c2dc5c42ee4f774974.

Was all die Jahre blieb, ist die Apotheke „von nebenan", die sich in ihrem Umfeld behaupten muss. Daher tobt der Verteilungskampf ungebrochen bis heute weiter. Bevor es die ersten *Erfa-Gruppen* (Erfahrungsaustauschgruppen) für benachbarte Apotheken und deren betrieblichen Belange gibt, wird noch viel Wasser – nicht nur – den Rhein herunterfließen.

Ein letztes Schmankerl noch, dann sollten Sie alle hinreichend sensibilisiert sein, um in Apotheken nicht über örtliche Erfolge zu plaudern oder nach befreundeten Apotheken in der Umgebung zu fragen. Sie werden ab sofort auch niemals mehr von einer zur anderen Apotheke auf die andere Straßenseite gehen, um dort zu verkünden, „Sie kämen gerade von drüben".

▶ Im Wettbewerb um Kunden und Marktanteile wird auch mit härteren Bandagen gekämpft. So auch im „Häuserkampf" um die dominierende Position vor Ort, bei dem auch „Geheimdienstmethoden" zur Anwendung kommen.

Doch nun zur Geschichte, die das Problem des „Häuserkampfes" noch einmal deutlich illustriert. Apotheker haben Präsenzpflicht, mindestens ein Approbierter muss sich während der Öffnungszeiten immer in der Apotheke aufhalten.

Das stellt für die größeren Apotheken aus der heutigen Zeit meist kein Problem dar. In den kleinen Familienbetrieben aus der zweiten

Hälfte des vorigen Jahrhunderts war die Präsenzpflicht jedoch ein ebenso großes Problem, wie es in kleinen *Kiez-Apotheken* auch heute noch ist.

Findige, liquide Apotheker kamen deshalb auf die hinterlistige wie einfache Idee, mit kreativen Geheimdienstmethoden beobachten zu lassen, ob in konkurrierenden Apotheken der Anwesenheitspflicht Genüge geleistet wird. Die harmlose Methode war noch, diese Pflichterfüllung mittels Informationen des Flurfunks anzuzweifeln. Ging etwa das Gerücht um, ein Apotheker sei mal wieder auf Reisen, krank oder gar zu einer Beerdigung gegangen, wurde das sofort vom lieben Konkurrenten überprüft.

Auch der Kampf mit weitaus härteren Bandagen ist verbürgt: Dann wurden eigene Testkunden eingesetzt. Oder der Händler von der gegenüberliegenden Straßenseite, der über seine Auslage hinweg einen freien Blick auf die Apothekentür hat, wurde als Kontrolleur „engagiert".

Immer wenn sich das Objekt der Begierde mit Bade- oder Sporttasche, Koffern, Golfschlägern, Jagdgepäck, Pferdeanhänger oder was auch immer vom Hofe machte, schlug der Aufpasser Alarm. Waren die Hinweise eindeutig oder dauerte die Abwesenheit in der Tat länger an, wurde flugs der zuständige Pharmazierat informiert. Dieser – und das ist seine Aufgabe – ritt umgehend in die Stadt ein, stellte womöglich einen gravierenden Verstoß gegen die geltende Apotheken-Betriebsordnung fest und schloss die Apotheke stante pede bis auf Weiteres.[21]

Da die Öffnung erst nach einem dokumentierten Abstellen des aufgetretenen Mangels und einer erneuten *Wiedereröffnungsrevision* durch den Herrn Pharmazierat möglich war, vergingen immer einige Stunden, wenn nicht gar Tage, in denen Rezeptbesitzer und alle anderen Kunden zwingend nur die Apotheke via-à-vis konsultieren konnten.

---

21 Zur Funktion des Pharmazierats vgl. auch den Abschnitt IV.1. Der Pharmazierat, Seite 85.

3. Frauenpower in der Offizin

3.1. 100 Jahre Apothekerin: Ein Beruf wird weiblich

Seit Beginn des 20. Jahrhunderts befindet sich das Berufsbild des Apothekers im Wandel. Noch vor hundert Jahren waren Frauen üblicherweise Helferinnen ihrer Apotheker-Ehemänner. Der Erste und dann Zweite Weltkrieg, bei dem auch viele Apotheker eingezogen wurden und gefallen sind, hat Frauen schließlich aus der Not heraus zum Pharmaziestudium geführt.

Dies geschah eigentlich ungewollt, aber ganz pragmatisch: Es herrschte Männermangel und die Frauen hatten bereits als Helferinnen die Arbeit gemacht und kennengelernt.

▶ Die Emanzipation machte vor dem Apothekerstand nicht halt. Immer mehr Frauen studieren Pharmazie und werden Apothekerin. Das Berufsbild hat sich geändert und den Bedürfnissen des Marktes angepasst.

Weitere Veränderungen sind zu beobachten. Stand bis in die 1960er Jahre hinein der wissenschaftlich vorgehende Hersteller im Mittelpunkt des Berufsbildes, ist heute mehr und mehr der akademisch gebildete Berater und Verkäufer gefragt. Dies ist mit ein Grund dafür, warum sich die ehemalige Männerdomäne zu einem weiblich dominierten Berufsfeld wandelt. Drastisch formuliert lässt sich sagen, dass Männer lieber Arzneien herstellen, während Frauen diese offensichtlich lieber erklären.

Praxistipp

Eine kurze Website-Recherche vorab über die Besetzung in der Apotheke hilft. Wer argumentativ auf sein Gegenüber vorbereitet ist, erhöht die Sicherheit in der Erstansprache erheblich.

„In Deutschlands Apotheken arbeiten immer mehr Frauen. Von den mehr als 145.000 Beschäftigten in den insgesamt 21.600 Apotheken sind 88 Prozent weiblich – so viele, wie nie zuvor. […] Wohnortnahe Arbeitsplätze und Teilzeitoptionen in der Apotheke erlauben vielen Frauen, Familie und Beruf in Einklang zu bringen."[22]

Insgesamt sind in Deutschland aktuell knapp 50.000 Apotheker beschäftigt, der Frauenanteil liegt bei rund 70 Prozent.[23]

Wir haben es also heute in öffentlichen Apotheken und unter den Hauptbesitzern mit zwei Gruppen zu tun: älteren Männer und jüngeren Frauen. Diese beiden „Teilzielgruppen" teilen den Markt weitgehend unter sich auf. Trifft man dennoch auf einen jungen Mann als Inhaber einer Apotheke, so dürfte mit hoher Wahrscheinlichkeit eine der nachfolgenden vier Annahmen auf ihn zutreffen:

▸ Er hat die elterliche Apotheke übernommen oder ist
▸ eher sozial-kommunikativ als naturwissenschaftlich orientiert,
▸ er ist ein Apotheker mit ausländischen Wurzeln oder
▸ ein Apotheker mit besonderer Internet-Affinität.

---

22 In: Pharmazeutische Zeitung (PZ), Ausgabe 28/2009.
23 Vgl. ABDA, www.abda.de.

┌─────────── **Exkurs** ───────────────────────┐

Apotheken-Kennzahlen

Die Anzahl der Apotheken nimmt seit 2008 stetig ab. Im Jahr 2013 gab es in Deutschland 20.662 öffentliche Apotheken. Diese wurden von 16.661 selbstständigen Apothekern geführt – knapp die Hälfte davon Frauen.

Ende 2015 wurden noch 20.249 gezählt. Unter ihnen steigt jedoch die Anzahl der Filial-Apotheken. Wurden 2005 nur etwas über 1.000 gezählt, waren es Ende 2015 mit 4.282 *Filial-Apotheken* knapp vier Mal so viele – Tendenz stark steigend.[1]

Zur wirtschaftlichen Situation der Apotheken weisen die aktuellen Apotheken-Kennzahlen einen durchschnittlichen Apotheken-Nettoumsatz im Jahr 2015 von rund 2,1 Millionen Euro aus.[2]

Die Tatsache, dass über 60 Prozent aller Apotheken unter diesem Durchschnitt liegen, verdeutlicht die offensichtlich breite Varianz in der Apothekenlandschaft. Die meisten Apotheken unter zwei Millionen Euro Jahresumsatz gelten allerdings als eher „schwer vermittelbar".

Daher sollten sich deren Inhaber rechtzeitig – neben der bei fast allen Apothekern latenten Grundüberlegung „Wie reduziere ich meine Kosten und optimiere ich meinen Einkauf?"– die Frage stellen, wie sie es schaffen, bis zur geplanten Abgabe gezielt den Umsatz und vor allem den Ertrag zu verbessern. Doch dazu mehr im letzten Kapitel dieses Buches.

---

1 Siehe Deutsche ApothekerZeitung (DAZ), Nummer 18 vom 5. Mai 2016.

2 Siehe ABDA: Die Apotheke, Zahlen-Daten-Fakten 2016.

└──┘

3.2. Studium und Einstieg in den Beruf

An den Universitäten studieren aktuell rund 12.000 angehende Apothekerinnen, aber nur noch rund 2.500 Pharmaziestudenten. In Befragungen zu ihren Berufszielen antworten die Männer mit großer Mehrheit, dass es sie „in die Industrie" zieht, da dort geforscht werde und mittlerweile auch mehr zu verdienen sei.

Bis zum ausgebildeten Apotheker ist es jedoch ein weiter und nicht ganz leichter Weg. Zunächst ist ein recht anspruchsvolles Pharmaziestudium zu absolvieren. Das Studium – so will es die Bundes-Apothekerordnung – ist weiterhin vor allem chemisch-pharmakologisch orientiert. Kaufmännisches oder unternehmerisches Wissen wird eher nachrangig behandelt.

Es folgt das „PJ", das Praktische Jahr, das mindestens hälftig in einer öffentlichen Apotheke abzuleisten ist. Erst in dieser sogenannten Famulatur lernen angehende Apothekerinnen und Apotheker mindestens sechs Monate lang den eigentlichen Apothekenalltag kennen. Der Rest darf in der Industrie, der Forschung oder in Laboren stattfinden.

Nach dem Praktischen Jahr inklusive Famulatur kann der Antrag auf *Approbation* gestellt werden. Nur wem diese nach bestandenem dritten Abschnitt der pharmazeutischen Prüfung erteilt wird, darf sich Apotheker nennen und – theoretisch – eine eigene Apotheke betreiben.

Nach Abschluss ihres Studiums können sich Apotheker in neun Spezialisierungen weiterbilden. Das zusätzliche Studium ist ebenso freiwillig wie eine sich möglicherweise anschließende Dissertation. Für den Vermittler von Interesse, weil in öffentlichen Apotheken häufig anzutreffen, sei hier nur die berufsbegleitende Weiterbildung zum Fachapotheker für Allgemeinpharmazie, auch *Fachapotheker für Offizinpharmazie* genannt.[24]

---

24 Siehe www.abda.de/themen/apotheke/fortweiterbildung/weiterbildung/ spezialisierungsrichtungen/spezialisierungsgebiete/.

„Ich bin mit 26 Jahren – ohne Ahnung von Betriebswirtschaft – selbstständig geworden." (Karin Wahl, in Apotheke Adhoc, 11. August 2013)

Tatsächlich oder vermeintlich ohne, zumindest aber mit zu wenig kaufmännischem Wissen ausgestattet, folgt in der Regel zunächst eine längere Zeit als angestellter Apotheker.

Da über Jahrhunderte der Besitz und das Betreiben einer – und eben nur einer – Apotheke an die gültige Approbation des Inhabers gebunden war und noch ist, neigen Apotheker seit jeher dazu, ihre Kinder als Nachfolger aufzubauen. So verbleibt die Apotheke im Familienbesitz. Wer nach und nach mit mehreren Apotheken das Geschäft in einem ganzen Ort abdecken wollte, der musste mehrere seiner Kinder erfolgreich durch das Pharmaziestudium bringen.

Erst seit 17 Jahren, mit Inkrafttreten der geänderten Apotheken-Betriebsordnung vom 1. Januar 2004, ist es Apothekern erlaubt, bis zu vier Apotheken zu besitzen sowie drei davon von angestellten Filialleitern betreiben zu lassen oder eine Versandapotheke für Online-Bestellungen zu betreiben. Selbstredend müssen alle beschäftigten Filialleiter approbiert sein.

Die Approbation, ihre Berufserlaubnis, kann Apothekern auch entzogen werden, z. B. bei schweren Verfehlungen gegen geltendes Apothekenrecht oder bei Straftaten. Da der Apothekenbetrieb durch eine Unmenge von Gesetzen, Verordnungen und Regularien geprägt ist, deren Einhaltung von unterschiedlichen Institutionen und Autoritäten regelmäßig und meist sehr penibel überprüft wird, stellt die Verhängung eines Berufsverbots für Apotheker eine latente Gefahr dar.

Das Risiko lauert überall: Krankenkassen mit ihren Retaxationen, missgünstige Kollegen, Freizeitdetektive unter den Kunden, auf ihr Markenrecht pochende Hersteller wie auch Konkurrenten, die es sich zum Hobby gemacht haben, ein vermeintliches Fehlverhalten

---

Exkurs

Versandhandel

Laut dem Bundesverband Deutscher Versandapotheken (BVDVA) haben mehr als 3.000 von ungefähr 20.000 Apotheken in Deutschland eine Versandhandelserlaubnis. Davon betreiben sechs Prozent (ca. 150) einen ernstzunehmenden Versandhandel. [1]

Marktführer auf dem deutschen Apothekenmarkt ist mit DocMorris allerdings ein niederländischer Anbieter. Der E-Commerce-Umsatz in Deutschland soll dem Info-Portal Statista zufolge im Jahr 2015 bei 283,6 Millionen Euro gelegen haben. [2] Auf dem zweiten Platz rangiert die Versandapotheke Sanicare aus Bad Laer mit einem Umsatz von 165,7 Millionen Euro.

1 Vgl. www.bvdva.de/daten-und-fakten.
2 Vgl. https://de.statista.com/statistik/daten/studie/313328/umfrage/fuehrende-versandapotheken-nach-umsatz-in-deutschland/.

---

anzuprangern. Es lauern regelmäßig Konflikte, die den Apothekern das Leben schwerer als nötig machen. [25]

Im Dezember 2014 wurde die Apothekerschaft von einer Abmahnwelle überrollt. Ein Apotheker aus Schwäbisch-Hall kam auf die absurde Idee, tausende Abmahnungen wegen vermeintlicher Verfehlungen gegen Kennzeichnungs- und Offenlegungspflichten im Internet anzustrengen.

Der Apotheker und sein Rechtsanwalt scheiterten an der offensichtlich rein merkantilen Ausrichtung ihres Vorgehens. Beide wurden im Gegenzug mit unzähligen Gegenklagen überzogen.

---

25 Siehe Apotheke Adhoc, Ausgabe vom 21. Februar 2015.

Unabhängig vom Ausgang dieses „Abmahn-Tsunamis" stand jedoch eine Forderung sofort im Raum: Es sollte der Approbationsentzug wegen unkollegialen Verhaltens und die Einleitung eines entsprechenden Verfahrens erfolgen.

Der Entzug der Berufserlaubnis droht demnach nicht nur bei einem – durchaus des Öfteren vorkommenden – Abrechnungsbetrugsvorwurfs durch Krankenkassen oder einem der höchst seltenen Personenschäden.[26]

3.3. Das Gebot der Zeit: Wertschätzung statt Rabatt

Auch das Marketing rund um Apotheken wird mehr und mehr durch das Selbstbild der neuen Apothekerinnen-Generation geprägt. Wo kürzlich noch Defekturen und *Eigenmarken* fröhlich Urständ feierten oder Rabattschlachten tobten, finden nun ausgeklügelte Kommunikationsstrategien zur Steigerung des Kundenmehrwerts Eingang in die Apothekenwelt. Früher waren sie dort nicht nur unbekannt, sondern sogar absolut verboten.

> „Bedingung für den Beruf ist, Menschen zu mögen, aber auch ein dickes Fell zu haben. Kranke Menschen sind empfindlich und laden ihren Frust beim Nächstbesten, häufig dem Apotheker ab." (Wahl, Straub: Rezeptfrei, Zum Geleit)

In ihrer Außenwirkung hat sich die Ausrichtung der Apotheken in den letzten Jahren stark geändert. Sie hat sich den neuen Herausforderungen angepasst, die es verlangen, sich zu positionieren und vom Wettbewerb abzuheben.

---

26 Siehe DAZ vom 3. Dezember 2014, www.deutscheapotheker-zeitung.de/recht/news/2014/12/03/apotheken-im-abmahntsumani/14503.html.

Es reicht nicht mehr aus, nur auf das eigene Einzugsgebiet mit der dort ansässigen Ärzteschaft und den damit verbundenen klassischen Rezeptumsatz zu setzen. Niemand weiß, ob und wie Gesetzgeber und Krankenkassen es vorhaben, die Kosten im Gesundheitswesen zu reduzieren. Der Wettbewerb um neue Geschäftsmodelle in Apotheken hat erst begonnen.

Allerdings wird diese Entwicklung durch eine gesetzliche Preisbindung von Rx-Medikamenten[27] deutlich gebremst. Genau genommen bestimmt § 78 Arzneimittelgesetz, dass das „Bundesministerium für Wirtschaft und Technologie" Preise für Arzneimittel festsetzt.

Damit endet an dieser Stelle der Wettbewerb. Es sei denn, das Urteil des Europäischen Gerichtshofs (EuGH) zugunsten ausländischer Versandapotheken, die seitdem Preisnachlässe gewähren dürfen, bringt die Politik dazu, Medikamentenpreise grundsätzlich freizugeben.[28]

Bislang haben Apotheker aber neue Spielräume, die sich ihnen eröffnet haben, für sich zu nutzen gewusst. Die Offizin, früher eine Art bessere Abhol-Zelle, wird heutzutage nach Regeln der Einkaufspsychologie gestaltet. Es wird Wert gelegt auf eine dezente Wege- und einladende Blickführung. Zu ausgewählten Themen werden kundenspezifische Angebote zusammengestellt und ins rechte Licht gesetzt. Denn nur wenn sich die Kunden wahr- und ernstgenommen fühlen, kommen sie auch gerne wieder.

Eine klare Positionierung kann nur erfolgen, wenn es die Wettbewerbssituation erlaubt und bereits Alleinstellungsmerkmale vorhanden sind. Dabei ist der Produktpreis nur ein Faktor unter vielen; es wird immer einen geben, der ein billigeres Angebot macht. Und auf einen Preiskampf setzen, können nur diejenigen mit einem belastbaren finanziellen Background.

27 Rx-Präparate sind verschreibungspflichtige beziehungsweise rezeptpflichtige Medikamente.

28 Näheres zum EuGH-Urteil findet sich in Abschnitt IV.3.4. Paukenschlag aus Luxemburg: Die EU mischt kräftig mit, Seite 108.

▶ Könnten sich im Apothekenbereich nach 500 Jahren die Gesetze der Marktwirtschaft wieder unreguliert entfalten, hätte demnächst auch eine Arzneimittelqualität wie die hier skizzierte wieder eine Chance. Ein Blick in die USA oder ins Internet zeigt, dass dies alles andere als eine Fiktion ist.

Für alle anderen heißt das Zauberwort Wertschätzung, nicht Rabatt. Ein weiteres heißt Licht, denn Licht wirkt bei kranken Menschen wahre Wunder: Sie fühlen sich sofort besser. Eine ausgeklügelte Beleuchtung setzt nicht nur die Frei- und Sichtwahl ins rechte Licht, sondern sorgt auch für die Atmosphäre, die kränkelnde Kunden aktiv unterstützt. Ein professionelles Beleuchtungskonzept ist deshalb heute ein fester Bestandteil jeder Apothekenplanung.

Drittens und letztens gilt es, spürbar *Diskretion* für jeden einzelnen Kunden herzustellen. Denn deren subjektives Wohlbefinden ist zum wesentlichen Element der Kundenbindung geworden. Privatsphäre hat seit Einführung der aktuellen Apothekenbetriebsordnung einen anderen, viel höheren Stellenwert gewonnen.

Parallel dazu steigt die Sensibilisierung: Kunden fordern Diskretion quasi an jedem Ort innerhalb der Apotheke ein. Deshalb wird der Einsatz von Beratungszylindern, die je nach Bedarf zusätzliche Präsentationsfläche oder maximale Vertraulichkeit bieten, immer beliebter. Sie sind echte Raumsparwunder und wurden speziell für kleine Apotheken entwickelt.[29]

---

29 Quelle: mit dankenswerten Hinweisen und Fakten von Michael Höferlin, www.die-apothekenplaner.de.

3.4. Berufe in Apotheken: eine Kurz-Übersicht

Frauenpower in der Offizin ist natürlich kein neues Phänomen. Der überall in Apotheken anzutreffende Beruf hieß über Jahrhunderte hinweg „Apothekenhelferin", kurz: Helferin. Wie bereits erwähnt, handelte es sich dabei in aller Regel um die Gattin des Apothekers. Und damit war alles gesagt: Das weibliche Personal half den Herren Apothekern (heute zunehmend öfter den Apothekerinnen).

„Helfen" im Sinne der Apothekersprache bezeichnet jedoch ein eingegrenztes Wirkungsgebiet. Was außen vor zu bleiben hat, ist die formale Eigenverantwortung. Denn in Apotheken verantworten der Inhaber oder die Inhaberin grundsätzlich alles persönlich.

Damit unterliegen alle pharmakologischen Tätigkeiten in Labor, Rezeptur und Offizin – soweit sie nicht wegen apothekenrechtlicher Vorgaben ausschließlich von Approbierten ausgeführt werden müssen – dem Chefvorbehalt respektive der Kontrolle und im Zweifel auch Autorisierung durch den jeweils diensthabenden Apotheker. Jede noch so wohldurchdachte Arbeitsteilung kann jedoch in dem Moment zum betriebswirtschaftlichen Risiko werden, wenn sich dadurch nachhaltige Verzögerungen im Betriebsablauf ergeben, die im Ergebnis unzufriedene Kunden produzieren.

Wenn das dann der Pharmazierat mitbekommt, so Karin Wahl, sei aber „der Teufel los". Womit wir bei der apothekeninternen Sollbruchstelle zwischen Markt und Recht wären.[30]

a) Unverzichtbare Helfer

In fast jeder Apotheke gibt es Mitarbeiter, die oft zu Unrecht nicht die ihnen gebührende Beachtung erfahren. Unersetzlich sind hier vor allem die Raumpflegerinnen, denn in Apotheken gelten ganz besonders hohe *Hygienestandards*.

---

30 Vgl. Kapitel IV.1. Der Pharmazierat, Seite 85.

„Der Botendienst stellt heute ein festes Serviceangebot praktisch jeder Apotheke dar." (Wahl, Straub: Rezeptfrei)

Ebenso erfolgsentscheidend ist der Bote, oft auch Fahrer genannt, also der Ausfahrer von Packungen. Kommen diese Damen und Herren bei der Kundschaft gut an, binden sie diese nachhaltig an die Apotheke. Deshalb werden all diese guten Geister in ihren Apotheken gehegt und gepflegt.

Größere Apotheken und insbesondere Mehrbesitz-Inhaber beschäftigen oft noch eigenes Personal für die Buchhaltung. Manchmal sind auch Fremdeinsteiger in der Verwaltung oder für das Schaffen von Ordnung in den Regalen für sie tätig. Gelegentlich wird einem Besucher in Apotheken auch ein Technik- oder IT-Mitarbeiter über den Weg laufen.

Und hin und wieder soll es auch vorkommen, dass „ausführendes" Personal für den Apothekernachwuchs oder die vierbeinigen Mitarbeiterlieblinge beschäftigt wird, denn eigene Hunde sieht der Pharmazierat in Apotheken höchst ungern.[31]

Praxistipp

Stichwort Bottom-Up-Cross-Selling: Viele dieser Unersetzlichen sind auf 450-Euro-Basis beschäftigt oder dürfen aus steuerlichen Gründen nicht zu viel verdienen. Hier bietet die bAV einen guten Ansatz zur Mitarbeiterbindung: erst den Chef überzeugen, dann die Mitarbeiter beraten.

---

31 Vgl. Wahl, Karin; Straub, Andreas: Rezeptfrei. Apothekengeschichten mit Risiken und Nebenwirkungen. 2013 Berlin, Schwarzkopf & Schwarzkopf Verlag.

b) Die PKA

Das „Revier" der pharmazeutisch-kaufmännischen Angestellten (PKA) – der Beruf entstand im Jahr 1993 aus der damals noch sogenannten Apothekenhelferin – umfasst vor allem Lager, Büro und den Bereich Warenregale.

Das Berufsbild ist klar umrissen: „Pharmazeutisch-kaufmännische Angestellte bestellen Arzneimittel, kontrollieren diese, zeichnen sie aus und sortieren sie in die Regale ein. Zudem erledigen sie Büro- und Verwaltungsaufgaben und wirken in der kaufmännischen Steuerung sowie bei Marketingmaßnahmen mit. Sie beraten Kunden über apothekenübliche Produkte und verkaufen diese."[32] Grob übersetzt kann man die PKA also als Logistikerin und Organisations-Verantwortliche beschreiben.

Innerhalb der Gruppe der PKA gibt es eine weitere Stellenbeschreibung, die für die Apothekenakquise von besonderer Bedeutung ist. Das ist die sogenannte Einkäuferin. Denn immer, wenn ein Vertreter anklopft, kommt diese Fachkraft, meist die erfahrenste PKA, zum Einsatz. Sie erspart dem Inhaber lästige Vertretergespräche.

In aller Regel hat sie das volle Vertrauen des Chefs und ist es gewohnt, ad hoc Kaufentscheidungen zu treffen oder Vertreter aller Genres auch – wie es sich für jede gute Chefsekretärin gehört – nachdrücklich abzuwehren. Als Vermittler trifft man häufig zunächst auf genau diese PKA, die deshalb oft einen bedeutenden Faktor der Akquisechancen darstellt.

c) Die PTA

Nun geht es zum pharmazeutischen Personal, also zu denjenigen, die auch die pharmakologischen Tätigkeiten, die im Apothekenrecht unter „Apothekervorbehalt" stehen, ausführen dürfen. Das Revier der

---

32 Siehe http://berufenet.arbeitsagentur.de/berufe/start?dest=profession& prof-id=6717.

pharmazeutisch-technischen Assistenten (PTA) sind das Labor, die Rezeptur sowie die Beratung in der Offizin.

Auch dieser Beruf ist noch relativ jung. Er wurde 1969 geschaffen, als der Beruf des traditionellen Apothekerassistenten entfiel. Zum Hintergrund: Bis 1969 war die Ausbildung zum Apotheker unterteilt in eine zweijährige Lehre und ein darauf folgendes Studium. Heute wird erst studiert und danach folgt der praktische Teil in Gestalt des Pharmaziepraktikums.[33]

Zurück zu den PTA: „Pharmazeutisch-technische Assistenten und Assistentinnen unterstützen Apotheker/innen bei der Prüfung und Herstellung sowie beim Verkauf von Arzneimitteln sowie Wirk- und Hilfsstoffen. Darüber hinaus führen sie einfache physiologisch-chemische Untersuchungen durch und übernehmen Verwaltungsaufgaben." Grob übersetzt kann man die PTA also als Herstellungsbeauftragte, Adjutant und Kundenservicekraft in Apotheken beschreiben.[34]

Den PTA gleichgestellt sind die sogenannten Apothekenassistenten. Diese Apothekenassistenten hatten in der ehemaligen DDR eine ähnliche Funktion wie die pharmazeutisch-technischen Assistenten im Westen.

Formal sind sie jedoch weiterhin höher qualifiziert, denn sie haben nach der Ausbildung zum Apothekenfacharbeiter noch vier Semester studiert – in Neudeutsch würden sie heute wohl mit einem „Bachelor of Pharmacy" bedacht. Der aufbauende Studiengang an der Universität Leipzig wurde nach der Wende eingestellt.

In der Offizin sind PTA wie Apothekenassistenten je nach vorherrschendem Führungsstil die „Buddies" oder Zuarbeiter der Approbierten. Zum zentralen Aufgabenbereich gehört hier vor allem die Kundenberatung mit Blick auf die korrekte Anwendung von Produkten.

---

33 Vgl. hierzu auch das weiter unten nachfolgende Unterkapitel „Das mittlere Management".

34 Quelle: berufenet.arbeitsagentur.de/berufe/start?dest=profession&profid=8910).

„Wenn ein Apotheker einem Kunden etwas Falsches mitgibt, kann das sogar tödlich sein." Deshalb gibt es im Gesundheitswesen „zahlreiche Vorkehrungen und Sicherungsmaßnahmen. Und dennoch passieren Fehler. [...] Das erdenklich Mögliche, um meine Apotheke sicher zu führen, war getan. Und doch passierte er. Der eine, folgenschwere Fehler." (Wahl, Straub: Rezeptfrei, Risiken und Nebenwirkungen)

Darüber hinaus kommen PTA in der Gesundheitsberatung und Prävention zum Einsatz. Sie entlasten damit die Approbierten. Da die PTA gemäß Apothekenbetriebsordnung zum pharmazeutischen Personal gehören, dürfen sie auch – allerdings nur unter Aufsicht eines Apothekers – pharmazeutische Tätigkeiten ausüben und Kunden eigenständig beraten.

Zur Sicherheit und um die oft gravierenden Konsequenzen, die bei Fehlern in Apotheken entstehen, möglichst auszuschließen, gibt es in vielen Apotheken eine Art interne Qualifikationshierarchie am HV. So dürfen ältere, erfahrene PTA oft fast die gesamte Palette abgeben.

Newcomer dagegen ziehen in der Regel viel früher einen Approbierten hinzu oder müssen zumindest bestimmte Rezepte gegenzeichnen lassen. Als Approbierter, der die ungeteilte Verantwortung trägt, muss der Inhaber entscheiden, wem seiner Mitarbeiter er welche Kompetenzen überträgt.

Für Vermittler ist es angeraten, beim Erstkontakt die PTA zunächst – wenn möglich – zu umschiffen. Später dann, mit hinreichendem Bekanntheitsgrad, werden es sicher die wichtigsten Ansprechpartner nach dem Inhaber persönlich sein.[35]

---

35 Mein besonderer Dank gilt den beiden Apothekerinnen, die mir zu diesem Kapitel sehr wertvolle Hinweise gegeben haben. Zu allen Berufsbildern in Apotheken vgl. www.abda.de/themen/apotheke/berufeinit/.

d) Das mittlere Management

Der zentrale Wirkungskreis des mittleren Managements ist im HV, in der Rezeptur und im Labor gelegen. Während im Labor geprüft und in der Rezeptur hergestellt wird, werden am HV Kunden beraten, Nebenwirkungen, *Interaktionen* und *Kontraindikationen* erklärt, Geschichten und Berichte der Kunden angehört – und man gibt natürlich ab.

Ein drittes und höchst wichtiges Betätigungsfeld stellt die Sicherstellung der Präsenzpflicht dar. Ohne einen anwesenden Vertretungsberechtigten müsste sich eine Apotheke bei der Kammer aus dem *Apothekendienstkalender* austragen lassen und sofort schließen. Ohne pharmazeutisches Personal darf kein einziger Kunde bedient werden.

Das vertretungsberechtige Personal teilt sich in zwei Gruppen: Approbierte und Nicht-Approbierte. Der für Apothekeninhaber entscheidende Unterschied ist folgender: Mitarbeiter mit Approbation sind zum Apothekenbesitz befugt. Sie könnten also irgendwann eine eigene Apotheke eröffnen. An einem anderen Ort, dann wären sie einfach nur weg. Oder schlimmer: Direkt gegenüber, dann wären sie obendrein noch Konkurrenz.

Mitarbeiter ohne Approbation wie die vertretungsbefugten Vorexaminierten (Apothekerassistent) oder die Pharmazie-Ingenieure hingegen können genau das nicht tun. Sie sind auch deutlich billiger in der Beschäftigung.

Der strategische Vorteil, einen Nicht-Approbierten vertretungsberechtigt zu beschäftigen, liegt damit auf der Hand. Doch leider handelt es sich bei ihnen um eine aussterbende Art, denn ihre Ausbildung endete spätestens mit der deutschen Wiedervereinigung. Der deutlich größte Anteil stammt aus dem Poliklinik-zentrierten Gesundheitssystem der ehemaligen DDR.

Zunächst sind die Pharmazie-Ingenieure aus dem DDR-Gesundheitssystem zu nennen. Sie waren die Hersteller und hatten in den Apotheken der Polikliniken das Labor fest im Griff. Ihre Ausbildung war stärker chemisch-pharmakologisch orientiert als die der klassischen Apotheker. Der mit dem Besitz verbundene administrative Ausbildungspart fehlte völlig, denn Ingenieure sollten keine eigene Apotheke führen. Aber sie dürfen heute in Apotheken den Chef bis zu vier Wochen vertreten – nach Anmeldung bei der zuständigen Behörde.

Die „West-Version" des Pharmazie-Ingenieurs sind die sogenannten Vorexaminierten. Bis 1969 war dem Pharmaziestudium eine zweijährige Lehre vorgeschaltet, um zunächst Praxiserfahrungen zu sammeln. Danach wurde diese Zeit durch das heutige Praktische Jahr am Studienende ersetzt.

Wer als angehender Pharmaziestudent mit vorangegangener Lehre die pharmazeutische Vorprüfung bestanden hat, trägt offiziell die Berufsbezeichnung eines „Apothekerassistenten". Er wird jedoch üblicherweise als Vorexaminierter bezeichnet, was Verwechselungen mit den oben beschriebenen Apothekenassistenten vorbeugt.

Es kam selbstverständlich durchaus vor, dass einzelne Studierende, aus welchen Gründen auch immer, nach der Vorprüfung die Ausbildung beendet oder aber ihr Pharmaziestudium abgebrochen haben.

Die Einsatzgebiete dieser Vorexaminierten waren in etwa denen eines heutigen pharmazeutisch-technischen Assistenten vergleichbar. Das „Gesetz über die Rechtsstellung vorgeprüfter Apothekeranwärter" hat die Einsatzmöglichkeiten der Vorexaminierten dann erweitert. Sie wurden im Jahr 1973 nachträglich dazu ermächtigt, bei Abwesenheit des Apothekeninhabers diesen bis zu vier Wochen zu vertreten.

Angestellte approbierte Apotheker erfüllen dieselben Aufgaben, wie ihre nichtapprobierten Kollegen. Anders als Letztere, dürfen sie den Apothekeninhaber jedoch für einen wesentlich längeren Zeitraum vertreten, nämlich bis zu einem halben Jahr minus einen Tag. Außerdem sind sie befugt, Filialapotheken verantwortlich zu leiten, was Pharmazie-Ingenieure nur in Ausnahmefällen nach gesonderter Beantragung dürfen.

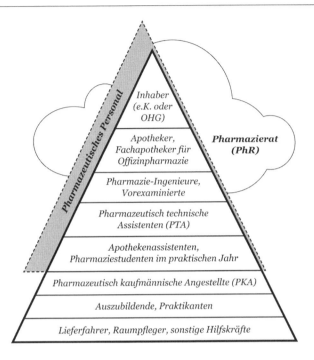

Inhaber
(e.K. oder
OHG)

Apotheker,
Fachapotheker für
Offizinpharmazie

*Pharmazierat
(PhR)*

Pharmazie-Ingenieure,
Vorexaminierte

Pharmazeutisch technische
Assistenten (PTA)

Apothekenassistenten,
Pharmaziestudenten im praktischen Jahr

Pharmazeutisch kaufmännische Angestellte (PKA)

Auszubildende, Praktikanten

Lieferfahrer, Raumpfleger, sonstige Hilfskräfte

Pharmazeutisches Personal

▶ Die Personalhierachie in einer Apotheke sieht genau definierte Aufgaben für approbierte und nicht-approbierte Mitarbeiter beziehungsweise Hilfskräfte vor. Auf strenge Einhaltung wird geachtet.

Innerhalb der Fraktion der angestellten Apotheker gibt es noch eine Position, die besonders herauszustellen ist, nämlich die der Ersten Dame respektive des Ersten Herren. Diese Bezeichnung trägt diejenige Person, die den Apothekeninhaber in allen ihn persönlich betreffenden Belangen vertritt, sobald dieser die Apotheke, und sei es auch nur für einen kleinen Moment, verlassen hat.

Die Erste Dame oder der Erste Herr werden Ihnen also immer dann gegenübertreten, wenn nach dem Inhaber gefragt wird, dieser aber nicht da oder unabkömmlich ist oder, was durchaus vorkommt, keine Lust auf ein Gespräch hat.

> **Praxistipp**
>
> Stellen Sie sich am besten gleich darauf ein: Sie treffen alternativ auf Einkäuferinnen oder Erste Damen und Herren, ansonsten meist zunächst auf die PTA. Eine dieser Hürden ist fast immer zu nehmen.

e) Die Erstansprache in Apotheken

Nicht nur Vollblutakquisiteure wissen um die Gefahren, die von jeder Zwischenstation ausgehen. Deshalb setzen Sie alles daran, um direkt bei der ins Auge gefassten Zielperson zu landen. Und tatsächlich läuft das in Apotheken ausnahmsweise einfach und die entscheidende Frage ist schnell geklärt: Wer ist denn nun der Chef und wie genau heißt er?

Natürlich ist es zur Vorbereitung höchst angeraten, vorher im Internet zu stöbern und sich die Apotheken-Webseite anzusehen. Allein deswegen, weil man den Namen des Inhabers samt eventuell vorhandener Titel dort bereits herausfinden kann. Und wenn man schon dort ist, kann es nicht schaden, nach einem Porträtbild zu suchen, das die Identitätsfrage klärt. Das gehört sicherlich zum kleinen Einmaleins des Vertriebshandwerks.

Doch für Apotheken gilt: Es reicht auch meist, einfach nur hinzugehen. Und zwar am besten zwischen zehn und zwölf Uhr. Dann herrscht, den Geschäftsbetrieb betreffend, meist ein mittlerer Pegel vor, was sich auf etwa drei bis fünf Kunden in der Offizin beläuft. Perfektes Timing also!

Bitte betrachten Sie vor dem Hineingehen den äußeren Eingangsbereich. Irgendwo, meistens direkt an der Tür, stehen immer die Angaben zum Inhaber angeschlagen, und wenn nicht, dann hilft der Gang zu den Zeitungsauslagen. Auf den allermeisten ausliegenden Druckwerken ist rückwärtig ein Stempelfeld angebracht, dort finden sich die wichtigen Daten. Den Namen bitte merken!

▶ Nicht jeder Mitarbeiter in einer Apotheke darf per Rezept verschriebene Medikamente abgeben. In einem solchen Fall muss ein approbierter Mitarbeiter oder der Chef die Verschreibung mit seiner Unterschrift abzeichnen.

Nun kommt der schwierige Teil, besonders für Männer, denn Multitasking-Fähigkeiten sind gefragt. Sie müssen einerseits ganz authentisch wirkend in die *Freiwahl* schauen und die Auswahl betrachten. Trotzdem gilt es, absolut konzentriert am HV hinzuhören – was natürlich niemand merken darf. Sie warten auf ein „Moment, das muss ich eben mal abzeichnen lassen", „Unterschrift holen" oder ein entsprechendes Stichwort.

Jetzt ist es an der Zeit für eine spontane Entscheidung für Bonbon X, Tee Y oder Zahncreme Z. Mit Ihrer Beute nehmen Sie nun den HV ins Visier. Denn Sie wollen sehen, zu wem die Stichwort gebende Person jetzt läuft. Es kann nur einer sein: der Chef (sechs Richtige), allenfalls noch seine aktuell diensthabende Vertretung, was Ihnen zumindest den ganzen Mittelbau erspart, immerhin also ein Fünfer mit Zusatzzahl.

Nun folgt der dritte und finale Akt in der Kaltakquisestrategie: Sehen Sie schnellstens zu, an den *Zahltellerplatz* zu kommen, an dem die identifizierte Person bedient.

Jetzt nur noch schnell die Geschlechtergegenprobe: Passt das, was Sie sehen, zu dem Vornamen von vorhin? Dann können Sie es getrost wagen – und bitte tun Sie es auch, denn diese Chance kommt nicht wieder –, die so mühsam identifizierte Person direkt mit ihrem Namen anzusprechen. Es sei denn, er wäre Ihnen derweil blöderweise schon wieder in Vergessenheit geraten!

Praxistipp

Sie wären kein echter Vertriebler, wenn Sie jetzt nicht nach dem Satz, der zum Geschäft führt, fragen würden. Nun, zur Inspiration:

Ich sage je nach Situation sinngemäß, dass mein Thema nur den Chef persönlich angehe, obwohl er es wahrscheinlich todlangweilig finden werde, es aber dennoch von hoher Bedeutung sei. Dann sollte man seinen verbindlichsten „Dackelblick" aufsetzen und ins Schweigen verfallen, bis das Gegenüber dieses bricht.

Jetzt folgt der Freistilpart, bei dem es Ihnen gelingen sollte, das Gespräch schnellstens hinter den HV zu steuern. Dazu müssen Sie einen kurzen apothekenfachlich brillanten Gedanken abrufen können, den der Apothekeninhaber nicht einfach so übergehen kann. Wer hier schwafelt, ist raus.

Wenn's nicht sofort klappt, haben Sie eine letzte Zeitgewinn-Trumpfkarte, um die Situation doch noch zum Guten zu wenden. Kaufen Sie die Sachen, die Sie immer noch in der Hand haben – denn jeder Umsatz stimmt Apotheker milde.

4. Apotheker sein im Hier und Jetzt

„In den letzten Jahren haben sich die Rahmenbedingungen für Apotheken verändert, und das überwiegend zum Negativen. Es gibt immer mehr administrative Zwänge, neue gesetzliche Auflagen und Vorschriften, Gesundheitsreformen usw., alles führt zu erhöhtem Zeitaufwand und deutlichen Mehrkosten, was sich aus unternehmerischer Sicht als stetige Verschlechterung des Betriebsergebnisses darstellt." (Jürgen Frasch, Inhaber Rathaus-Apotheke, Weinstadt, und erster Vorsitzender der Interessengemeinschaft FSA e.V.)

4.1. Die Inhaber: Tauschen will keiner

Apothekeninhaber sind mutige, positiv denkende und den Menschen zugewandte Leute. Sie müssen es sein, denn ihr Beruf – oder korrekter ihr Status als Inhaber – zwingt sie dazu.

Mutig ist es, angesichts der Fesseln, die einem das omnipräsente Apothekenrecht anlegt, à priori die volle Verantwortung für schlichtweg alles zu tragen, was in einer Apotheke passiert. Viel positives Denken ist erforderlich, um heute eine Apotheke neu zu eröffnen oder eine zu übernehmen, sofern sie nicht im gut geführten Familienbesitz ist oder in einer absoluten 1A-Lage für Apotheken liegt.

Und wenn Letzteres zutrifft, dann muss auch ein Apotheker heutzutage – Bank sei Dank – erst einmal durch die Finanzierung; was aktuell ebenfalls nicht ganz ohne Mut abgeht. Ebenso muss reichlich Geschick im Umgang mit Menschen vorhanden sein. Denn je mehr Deregulierung auf dem Apothekenmarkt stattfindet, desto wichtiger wird eine gute Kundenbindung für das dauerhafte wirtschaftliche Überleben.

„Wie jetzt", denken Sie vielleicht, „die Apotheker sind doch alle reich?". Das ist – mit Verlaub – altes Denken, sehr altes Denken. Über einige Jahrhunderte, als der Apothekenbetrieb noch voll geregelt und regional aufgeteilt gewesen war, traf diese bis heute unausrottbare Vermutung zu.

Lange Zeit war eine Apothekenlizenz, neben seiner Kammerversorgung, die beste Rentenversicherung des Inhabers. Sie wurde zum Ende des Arbeitslebens entweder gegen eine Apanage in der Familie weitergegeben, oder – was höchst selten vorkam – zum Höchstpreis am Markt gehandelt.

Dies ist übrigens der Grund, weshalb Apotheker meist auch weitgehend darauf verzichtet haben, andere Kapitalanlagen zu zeichnen. Vielmehr investieren Apothekeninhaber insbesondere im ländlichen und kleinstädtischen Raum zum Teil noch bis heute stark in Realeigentum.

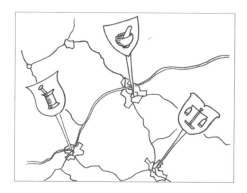

▶ Die Apothekerlizenz galt lange Zeit als beste Rentenversicherung. Aus diesem Grund haben viele Berufsvertreter traditionell in (Apotheken-) Immobilien investiert, vor allem im ländlichen und kleinstädtischen Raum.

Nicht selten gehören ihnen gleich mehrere Häuser am Marktplatz oder rund um die eigene Apotheke. Diese Investmentstrategie geht im Wesentlichen auf drei sehr apothekertypische Befindlichkeiten zurück:

- Auf jeden Fall soll mögliche Konkurrenz ferngehalten werden. Also lieber selber kaufen und an irgendwen, nur keinen Apotheker vermieten.
- So viele Ärzte wie möglich rund um die Apotheke ansiedeln. Das geht am besten, wenn man selbst der Vermieter ist.
- Den Bedarf alleine abdecken. Also alle geeigneten Standorte innerhalb der Familie besetzen.

Zur verlässlichen und wirtschaftlichen Versorgung der Bevölkerung wird in Deutschland mit einer Quote von rund 4.000 Einwohnern pro betreuender Apotheke gerechnet. Wird der kritische Wert überschritten, droht ab spätestens 6.000 zu versorgenden Personen Konkurrenz.

Der örtliche Platzhirsch sieht dann zu, dass er selber eine neue Apotheke eröffnet, selbst wenn die bestehende Unternehmung die Versorgung der Bevölkerung im Einzugskreis ohne großen Aufwand allein sicherstellen könnte. Potenzielle Konkurrenten abzuschrecken, hat immer Vorrang.

Das wird auch so bleiben: Ich habe einen Kunden mit drei gut gehenden Apotheken und einer „Discount-Bude", die deutlich dagegen abfällt. Seine Erklärung, warum er an diesem Modell festhält, ist eindeutig: „Reine Standortsicherung. Die muss nichts bringen, nur da sein."

Heute sind Apothekeninhaber – zumindest ab einer Immobilienlage zweiter Wahl – in aller Regel froh, wenn sie bei der *Apotheken-Abgabe* an einen Nachfolger neben Zahlungen für den konkreten Warenlagerwert und für die zu verhandelnden sonstigen Einrichtungswerte auch eine Abstandszahlung für den Namen, also die Marke oder den ideellen Wert der Apotheke, erhalten.

Selbst eine Arztpraxis in der näheren Nachbarschaft wertet die Apotheke nur dann auf, wenn sie direkt neben oder über den Räumlichkeiten der Apotheke liegt. Aber allein das Gerücht, der Arzt würde bald umziehen oder seine Praxis schließen, kann diese Aufwertung über Nacht pulverisieren.

Für den Umsatz – also einen angestammten Kundenkreis – zahlt längst niemand mehr die früher üblichen Mondpreise. Kunden könnten morgen bereits an einem anderen Ort kaufen.

4.2. Der Erfolg: Was bleibt, ist das Wort

Der Apothekeninhaber von heute reüssiert dann, wenn ihm insbesondere folgende Fertigkeiten – neben Geschick und Fortune – mit in die Wiege gelegt wurden:

▶ Das Fördern, Fordern und Zusammenhalten eines stimmigen, kompetenten und freundlichen Teams.
▶ Ein flexibles Lagermanagement: genau das „da haben", was die umliegenden Ärzte zurzeit verschreiben.
▶ Das Sicherstellen eines maximalen Kundenstammes von Rezeptbesitzern und/oder Laufkundschaft.
▶ Die Optimierung der Verkaufskraft vor und hinter dem HV.
▶ Ein geschicktes und gepflegtes Beziehungsmanagement zu den umliegenden Ärzten.
▶ Eloquenz und Langmut, um die diversen Krankenkassenvorgaben so zu erläutern, dass die Kunden nicht (zu) verärgert sind.
▶ Serviceorientiertheit durch und durch bei allen Mitarbeitern bis ins letzte Glied trainieren.
▶ Alleinstellungsmerkale definieren und herausarbeiten: Eigenmarken und Teesortimente oder Homöopathie, Schüßler-Salze, Kosmetika etc.
▶ Last but not least: ein perfektes Apotheken-Marketing mit angenehmer Offizin-Aura schaffen.

Haben Sie hier – abgesehen von Teilaspekten des vorletzten Punktes – irgendetwas Pharmakologisches entdeckt? Und – gesetzt Sie seien ein Mann – hätten Sie Lust und die Bereitschaft, sich auf alle diese Aufgaben einzulassen?

Spätestens jetzt wissen Sie, warum der Apothekerberuf innerhalb nur einer Generation zu einer überwiegend weiblich geprägten Profession geworden ist.

Kunden, die heute in eine Apotheke kommen, bewundern längst nicht mehr die pharmakologische Herstellungskunst ihres Inhabers. Wenn sie überhaupt noch wissen, dass jeder Apotheker nicht nur theoretisch Medikamente herstellen können muss, sondern es in der Praxis auch noch tagtäglich tut, dann halten sie das eher für eine selbstverständliche Nebensächlichkeit.

Die Fähigkeit, selbst Rezepturen herzustellen, ist in den wenigsten Fällen ausschlaggebend für die Wahl einer speziellen Apotheke. Es sei denn, diese Fähigkeit zeichnet dieses Haus als Alleinstellungsmerkmal aus. Dies kann etwa bei besonders schwierigen Rezepturen der Fall sein wie bei *Zytostatika* oder anderen hochsensiblen Mitteln (bspw. für Aidspatienten) und in der *Onkologie*.

Apotheker können des Weiteren mit außergewöhnlichen Defekturen punkten, wie z. B. einer Lebertransalbe gegen Babywundsein aus natürlichen Inhaltsstoffen, einem selbstgemischten *Drogensortiment* oder auch nur dem nach apothekeneigener Anleitung hergestellten Magenbitter.

Diese erfinderischen Vertreter ihres Berufsstands stellen eine – wenn auch hochmoderne und innovative – Reminiszenz an die langjährige Tradition des labororientierten Apothekers dar. Sie sind heute klar in der Minderheit und es sind fast immer Männer.

Doch statt in allerfeinster mittelalterlicher Tradition einige wenige eigene Pillen, Pasten und Wässerchen an den Mann oder die Frau beziehungsweise deren Nachwuchs zu bringen, geht es heute vor allem darum, mit kommunikativem Geschick Aberhunderte fremdhergestellter Sachen, die ein anderer den Kunden verordnet hat, zu erklären und abzugeben.

Geblieben ist das Kundengespräch. Also sind so viel Erklärung, Überzeugung, Beruhigung und Motivation gefordert, wie es der einzelne Kunde in seiner Situation jeweils braucht. Zuspruch, Mitgefühl und Lebenshilfe inklusive.

> „
> Viele Kunden nehmen „ihren Apotheker als eine Art wandelndes Lexikon wahr, den sie alles fragen und dem sie all ihre Probleme und Problemchen anvertrauen können." „Die Kunden trauen uns zu, für jede Schwierigkeit eine kluge Antwort und eine Lösung parat zu haben." Ein Apotheker, der lange genug am gleichen Standort ist, „kennt oft drei Generationen von Kundenfamilien und ist mit ihren Sorgen und Nöten vertraut". (Wahl, Straub: Rezeptfrei)

Und dann gibt es natürlich auch die über den Tellerrand hinausschauenden Unternehmer unter den Apothekern. Auch hier tut sich ein weites Feld auf. Sei es, und das kommt eher vor, dass nebenbei ein Sanitätshaus, ein Wellness-Salon, ein Salzdom,[36] Maniküre oder Fußpflege betrieben wird. Oder ein modernes Blisterzentrum, das für diverse Apotheken arbeitet.

Auch Hobbies werden gern zur Erweiterung der unternehmerischen Aktivitäten genutzt. So gibt es eine Apotheke mit angeschlossenem Weinhandel, auch das Winzern selber und sogar ein Restaurant betreiben einige Apotheker nebenbei.

Ein weiteres Beispiel ist die Tierliebe, die – wie bei „Tierapotheker" Alexander Jaksche – ihren Weg ins Geschäftliche findet.[37] Jaksche betreibt seine Apotheke, in der das Tierwohl bereits einen großen Platz einnimmt, in Darmstadt an der Mathildenhöhe. Zusätzlich führt er aber auch die gleichnamige Webseite, mit der er bundesweit tierliebe Kunden anspricht. Mittlerweile gibt der Apotheker bei einigen Apothekerverbänden Seminare für Kollegen darüber, wie man mit dem Thema Tiergesundheit neue Kundengruppen erschließt.

---

36 Salzdome werden in Kooperation mit Apotheken und Rehakliniken betrieben. Ihre Räumlichkeiten sind überwiegend aus Salz gebaut. In ihnen wird ein Solenebel erzeugt, der Salzgehalt der Luft soll die Behandlung von Atemwegserkrankungen unterstützen.

37 Vgl. www.der-tierapotheker.de.

5. Der öffentliche Teil in Apotheken

5.1. Die Offizin, das bekannte Wesen

Wir alle kennen Apotheken, wenn überhaupt, meist nur als „Rezept-besitzer". Zu einem solchen wird jeder Mensch in dem Moment, in dem ihm ein Rezept ausgestellt wird. Doch dazu später mehr (siehe Kapitel V.2.). Wer nur zum Rezept-Einlösen in die Apotheke geht, der kennt sie nicht wirklich, oder besser: Er kennt nur die Offizin. Denn so heißt der Teil der Apotheke, den jeder betreten kann und darf.

Die Offizin wird gewöhnlich nur von drei Sorten Menschen aufgesucht. Eben jenen Rezeptbesitzern, des Weiteren von Kunden ohne Rezept, die z. B. etwas gegen kleinere gesundheitliche Beschwerden benötigen oder die sich etwas Hilfreiches zur Erhaltung und Förderung ihrer Gesund- und Schönheit gönnen möchten. Die dritte und kleinste Gruppe, die in Apotheken ein- und ausgeht, ist die der *Pharmareferenten* der Industrie.

Wenn Sie also demnächst freudig als Versicherungsvermittler die erste Apotheke zur Kaltakquise betreten, dann werden Sie vom Personal folgendermaßen abgescannt:

▶ Eine Offizin ist in vier Bereiche unterteilt. Kunden bewegen sich für gewöhnlich nur im Eingangsbereich, der Freiwahl, und an den Abgabeplätzen, an denen sie ihre Rezepte vorlegen und sonstige Waren kaufen können.

▸ Kein Rezeptbesitzer, weil man ohne flackernden Blick auftritt. Auch zu gesund aussehend, um „mal schnell" etwas zu brauchen.

▸ Kein uns bekannter Pharmareferent. Folgerichtig also entweder ein gesundheitsbewusster Neukunde – das wäre toll – oder ein neuer Vertreter – das könnte auch spannend sein. Oder irgendein Störenfried, der nur etwas fragen oder verkaufen will.

Deshalb: Glauben Sie bitte niemals, dass Sie in Apotheken zu Wort kommen, ohne dass man Sie bereits „einsortiert" hätte. Darin sind die Mitarbeiter einer Apotheke bestens geschult. Und darin, eventuell vorhandene Krankheiten zu erraten, erst recht.

Zurück zur Offizin: Jede gliedert sich in mindestens vier Bereiche. Im vorderen Teil rund um den Eingang befindet sich die sogenannte Freiwahl. Hier gilt: gucken und anfassen erlaubt. Denn dort werden die frei verkäuflichen Artikel feilgeboten, die früher in § 25 der Apothekenbetriebsordnung (ApBetrO) und heute in § 1a ApBetrO als „apothekenübliche Waren" erlaubt sind, die aber nicht der *Apothekenpflicht* unterliegen.

Dieser Bereich einer Apotheke ist relativ jung. Denn das Anbieten von Nahrungsergänzung, Getränken, Hygienewaren, Büchern, Hilfsmitteln der häuslichen Pflege sowie von Mess- und Diagnosegeräten war Apotheken vor dem Apothekengesetz von 1960 noch verboten.

Durch die aufkommenden Fertigarzneimittel und den beginnenden Strukturwandel in Apotheken vom Herstellen hin zum beratenden Abgeben stieg der durch Industrie und Großhandel geübte Preisdruck. Auch die Gesundheitsgesetzgebung der letzten 30 Jahre hat die Gewinnmargen bei *apothekenpflichtigen Medikamenten* deutlich reduziert.

Um neue Umsatzchancen zu schaffen, wurde der Bereich der apothekenüblichen Waren im Laufe der Zeit immer weiter gefasst. Heute kann man in gut sortierten Freiwahlen moderner großer Apotheken so ziemlich alles bekommen, was der Gesundheit, Ernährung, Schönheit und dem Wohlbefinden von Mensch und Tier dienlich ist und was es sonst noch an Informationen, Dienstleistungen und Aktionen rund um Gesundheitsfragen und -aufklärung gibt.[38]

Die Freiwahl endet am Handverkaufstisch (in der Sprache der Apotheker der HV). Dieser ist der wichtigste Arbeitsplatz des pharmazeutischen Personals. Der Handverkaufstisch bildet die innerapothekische Grenze, die jede Offizin in einen für den Kundenverkehr öffentlich zugänglichen und einen strikt dem Fachpersonal vorbehaltenen Bereich teilt.

Der heutige HV war früher der Tisch, an dem die Rezepturen für die Kunden gefertigt wurden. Ab dem 19. Jahrhundert wurde er zum „Handverkaufstisch", dort wurden die im Labor hergestellten Waren abgegeben.

Heute kann der HV immer noch eine echte Barriere aus altem Tresen sein, wie er es bis 1960 war, oder aber eine moderne Aneinanderreihung von *Abgabeplätzen*, die gelegentlich auch Zahltellerplätze genannt werden. Zwischen diesen tun sich manchmal luftige Lücken auf. Doch Achtung: Der unaufgeforderte Grenzübertritt wird vom Apothekenpersonal immer noch – und dies völlig zu Recht – scharf sanktioniert. Hier gilt absolut strikt: nur gucken, nicht anfassen!

Praxistipp

„Vorne" ist es fast unmöglich, ein gutes oder gar längeres Gespräch zu führen. Fassen Sie sich extrem kurz, aber maximieren Sie die Neugier. Denn um das ganze Portefeuille auszubreiten, müssen Sie erst hinter den HV gebeten werden.

Wo immer der „Handverkauf" Regalmeter abschottet, befindet sich die *Sichtwahl*. Im Allgemeinen unterliegen alle dort präsentierten

---

38 Vgl. Schmitz: Die Pharmazie, Seite 9544 ff., und ApBetrO 1987, www.gesetze-im-internet.de/apobetro_1987/BJNR005470987.html.

Waren der Apothekenpflicht, sie müssen also unter Aufsicht eines Apothekers abgegeben werden. In der Sichtwahl werden vornehmlich bekannte, gängige oder häufig benötigte Medikamente präsentiert.

Der Kunde darf diese Präparate rezeptfrei einkaufen, nur eben aus der Hand von Fachpersonal, um die erforderliche Beratung sicherzustellen. Aus naheliegenden kaufmännischen Gründen finden sich hier meist die Medikamente, für die gerade eine Werbekampagne läuft.

Der vierte und letzte vorgeschriebene Bereich, den eine Offizin vorweisen muss, ist der Beratungsraum. 1987 wurde die Beratungspflicht in der Apothekenbetriebsordnung verankert. In diesem Zusammenhang wurde ein eigener Beratungsraum für persönliche Gespräche gefordert.

Wie immer, wurden auch hier großzügige *Übergangsfristen* gewährt, die es bestehenden Apotheken erlauben, eine Übergangslösung zu schaffen. Diese kann z. B. darin liegen, den vorgeschriebenen Beratungsbereich nur schamvoll abzugrenzen, um eine gewisse Diskretion zu schaffen.

Praxistipp

Wenn Sie auf eine Apotheke ohne eigenen Beratungsraum stoßen, hat diese Apotheke aller Wahrscheinlichkeit nach seit 1987 immer noch denselben Inhaber. Sie wurde auch garantiert nicht umgebaut. Sie treffen also mit höchster Sicherheit auf einen älteren männlichen Inhaber und für das Inventar gilt fast vollständig nur der Zeitwertersatz.

In vielen älteren Apotheken ist dieser Zustand noch bis heute erhalten geblieben. 1990 wurde ein optisch erkennbarer und von Kunden einzuhaltender *Diskretionsbereich* vor den Abgabeplätzen eingeführt, um auch dort persönliche Beratungsgespräche zu ermöglichen.

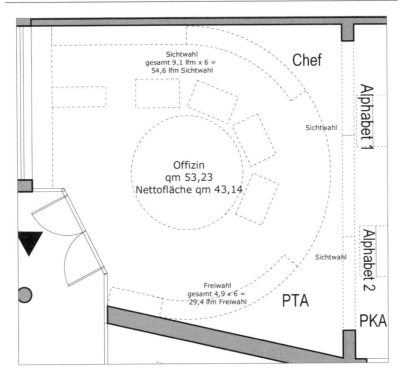

Sichtwahl
gesamt 9,1 lfm x 6 =
54,6 lfm Sichtwahl

Chef

Alphabet 1

Sichtwahl

Offizin
qm 53,23
Nettofläche qm 43,14

Alphabet 2

Sichtwahl

Freiwahl
gesamt 4,9 x 6 =
29,4 lfm Freiwahl

PTA

PKA

▶ Die historische oder Rezept-Offizin ist klein und meist in traditionellen Vierteln oder ländlichen Gebieten zu finden. In diesem Grundriss dominiert der HV.

5.2. Zwei grundsätzlich andere Offizin-Typen

Das Apotheken-Geschäft speist sich aus drei Umsatzquellen. Die größte und grundsätzlich wichtigste bilden die rezeptpflichtigen Arzneimittel – im Apothekerdeutsch Rx genannt. Diese werden über spezialisierte Firmen, die sogenannten *Rezeptabrechner*, eingereicht und von den Krankenkassen vergütet. Hinzu kommt dann noch ein kleiner direkter Umsatzanteil durch die Rezeptzuzahlung.

Danach folgen die freiverkäuflichen Arzneimittel aus der Sichtwahl, meist OTC-Produkte genannt, weil sie „over the counter" abgegeben werden. Das dritte Standbein, um Umsatz zu machen, bilden die Freiwahlartikel von Kosmetik bis Windeln oder Nahrungsergänzungsmitteln bis zu Säften.

Der Logik entsprechend gibt es je nach Umsatzverteilung unterschiedlich ausgerichtete Apotheken. Dabei lassen sich grob zwei Offizin-Typen voneinander abgrenzen: die historische oder Rezept-Offizin, auch Arztlage genannt, und die freiwahlorientierte Offizin in Center- oder Lauflage.

Die historische Offizin ist relativ klein, eng und oft mit typischem Apotheken-Mobiliar eingerichtet.[39] Egal ob alt oder neu: Sie ist vor allem auf Rezeptbesitzer ausgerichtet, denn man steht nach Eintritt fast direkt vor dem HV.

Solche Apotheken findet man heute noch im ländlichen Raum und in städtischen Rand- und Wohnlagen, in sogenannten Kiez-Apotheken, sowie im Erdgeschoss von *Ärztehäusern*. Auch sind sie in Vierteln mit historischer Bausubstanz und rund um Marktplätze anzutreffen. Beim Umsatz weisen diese Apotheken in aller Regel einen Rezeptanteil in Höhe von 70 bis 85 Prozent auf; der kleine Rest entfällt auf OTC und Freiwahl.

Bei einer Freiwahl-Offizin hingegen reicht es, nur um die 60 Prozent des Umsatzes aus Rezepten zu machen. Denn sie erwirtschaftet bis zu 40 Prozent mit OTC und Freiwahlumsatz.[40] Diese Offizin-Art gleicht einer dem HV vorgelagerten *Drogerie*. (Achtung: Sagen Sie bitte niemals Drogerie, in Apotheken heißt das Freiwahl.)

Derartige Apotheken sind großzügig, hell, modern eingerichtet und erinnern mit ihrem Sortiment an *Gesundheitstees, Naturheilmitteln*, Getränken, Nahrungsergänzungs-, Pflege-, Hygiene- und Tierprodukten sowie sonstigen Drogerieartikeln aller Art mehr an Einkaufsmärkte als an Apotheken.

---

39 Siehe hierzu die Abbildung auf der vorangegangenen Seite.

40 Vgl. Ralf Kellner, B.I.G. Gesellschaft für Beratung und Zertifizierung im Gesundheitswesen Deutschland mbH, Magdeburg.

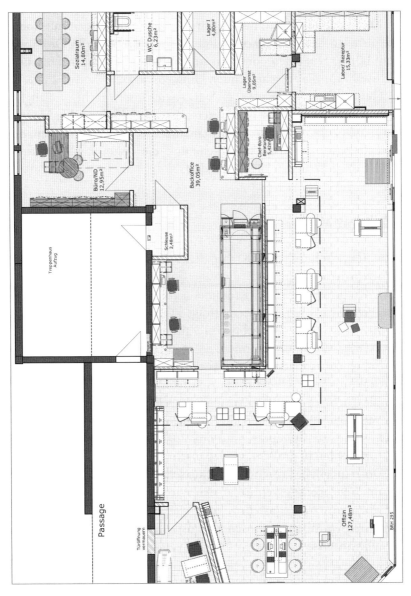

▶ Die Freiwahl-Offizin ist großzügig angelegt und auf Laufkunden ausgerichtet. Die Freiwahl nimmt einen breiten Platz ein.

Die Freiwahl-Offizin findet sich in exponierten Lagen mit hoher Frequenz an Laufkunden ohne Rezept sowie an belebten Orten wie Bahnhöfen, Flughäfen oder Einkaufszentren. Hier sorgen Frei- und Sichtwahl für die entscheidenden Umsatzmargen.

Gelegentlich findet man auch in Ärztehäusern recht großzügige Freiwahlbereiche. Dann haben der oder die Inhaber beide Hauptumsatzträger in Apotheken gleichermaßen ins Visier genommen: die Rezeptbesitzer aus den Arztpraxen und die gesundheitsbewussten Käufer ohne aktuellen Medizinbedarf.

5.3. Zytostatika-Apotheken

Um die Versorgung von Krebspatienten zu sichern, gibt es speziell zertifizierte Apotheken, die sogenannte Zytostatika (manchmal auch Cytostatika) – also Krebsmedikamente – anfertigen dürfen. Die Vergabe solcher Lizenzen erfolgt in *Ausschreibungsverfahren der Krankenkassen*, deren Ergebnis zu Zuteilung einzelner *Lose* für die Zytostatikaversorgung münden.

Ein ganz besonderes Exemplar dieser „Sorte" Apotheken hatte es kürzlich unter der Überschrift „Apotheker im Knast" nicht nur bis auf die Titelseite der Bild-Zeitung[41] geschafft. Denn Anfang Dezember vergangenen Jahres kam ein Apotheker in U-Haft, weil er in Verdacht stand, Sterilrezepturen für onkologische Praxen zur Abgabe an Krebspatienten in großem Stil gepanscht zu haben.[42]

Doch mögliche kriminelle Machenschaften sind nicht der Grund, warum Versicherungsvermittler sich mit Apotheken auskennen sollten, die Zytostatika herstellen. Es ist vielmehr der Umstand, dass sie ansonsten vor überraschenden Herausforderungen stehen, die ohne Detailkenntnisse so gut wie unmöglich zu bewältigen sind.

---

41 Siehe Bild Berlin, Ausgabe vom 2. Dezember 2016.

42 Siehe www.deutsche-apotheker-zeitung.de/news/artikel/2016/12/02/zyto-apotheker-in-untersuchungshaft.

Im Klartext: Hier lauert ein riesiges Haftungsrisiko für jeden Makler. Und dieses Risiko tarnt sich obendrein als Hauptgewinn, von dem jeder Vermittler sicherlich träumt. „Innovativer mittelständischer Technologiebetrieb mit überdurchschnittlichen Umsätzen wünscht Vollmandat zu vergeben", könnte die Verlockung lauten.

Und so hört sich das Ganze in „apothekerisch" an, wie die nachfolgend aufgeführte Anfrage zeigt, die über die gemeinsam betriebene Webseite der Kollegen der Interessenvereinigung Apotheken- und Praxisschutz im Heilwesennetzwerk eG (IAP) eingegangen ist.

▶ **Fallbeispiel**

„Da mir von Kollegen auch Pharmassec empfohlen wurde, bitte ich um Kontaktaufnahme. Unsere Apotheke ist in vielen Bereichen tätig: Klinikversorgung, Heimversorgung (maschinelle Verblisterung), große Rezeptur, Zytostatikaherstellung im eigenen Reinraum, Praxis- und Großindustrieversorgung, öffentliche Apotheke. Bitte machen Sie mir mal ein Angebot." ◀

Was sollte man nun über diese Arzneimittel wissen? Das Herstellungsverfahren von Zytostatika geht natürlich nicht so einfach wie etwa bei Drogenmischungen zur Beruhigung, gegen Husten, Magen- oder Blasenprobleme. Nein, die Fertigung erfordert heute eine fest verbaute sterile *Reinraum-Rezeptur*, in der die Herstellung unter strengsten Hygienevorgaben zu erfolgen hat.

Dazu gehört, dass die Mitarbeiter Ganzkörperanzüge anziehen müssen, Schuhüberzieher, zwei paar Latexhandschuhe und Mundschutz. Der Reinraum muss konstant mindestens 21° C warm sein und unter permanentem Überdruck stehen. Materialien dürfen nur durch eine Schleuse auf die Sicherheitswerkbank gelangen. Eine Absaugvorrichtung muss den Reinraum von Fremdstoffen freihalten.

Zu diesem Thema gehört noch diverses Grundlagenwissen. Es hier breiter darzustellen, würde jedoch den Rahmen sprengen. So wird allen interessierten Lesern an dieser Stelle nur ein grober Überblick verschafft.

Die angeführten Recherchestichworte sollen sie zum Selbststudium anregen: Denn wer solche Apotheken ohne Haftungsrisiko versichern möchte, der sollte zunächst grob wissen, wie das Los-System der Krankenkassen bei der Zytostatika-Versorgung funktioniert und was es für eine Apotheke, die einen solchen Hauptgewinn ziehen will, versicherungstechnisch bedeutet.

Des Weiteren ist es von Bedeutung, die Risiken für die Patientenversorgung im Falle des Ausfalls eines Reinraumes vorab erfasst zu haben. Denn diese haben sich selbst mit einer Hygienesanierung längst nicht erledigt. Hierzu empfehle ich zunächst, einen Bericht auf dem Infoportal Apotheke Adhoc, dem führenden Branchennachrichtendienst, zum Thema „Krankenkassen verlieren Vertragspartner" zu lesen.[43]

Und schließlich sollte man mit den technischen und räumlichen Rahmenbedingungen der Zytostatikaherstellung vertraut sein; oder aber zumindest sicherstellen können, dass für einen solchen Schadenort immer – und wirklich bitte ausnahmslos – nur TÜV-geprüfte Hygienesanierungsfirmen gemäß *DIN EN ISO 9001* beauftragt werden.

Jeder andere Handwerksbetrieb hat nach menschlichem Ermessen keine Chance, einen Reinraum in angemessener Zeit wieder in einen revisionsfähigen Zustand zu bringen. Dazu fehlen nämlich regelmäßig drei Voraussetzungen: hygienetechnisches Wissen, technisches Spezialgerät und heilwesengerechtes Risikobewusstsein.[44]

Warum so dramatisch, werden Sie fragen. Ganz einfach, weil hier existenzielle Risiken für Apotheker und den ihn beratenden Vermittler lauern.

---

43 Siehe www.apotheke-adhoc.de/nachrichten/nachricht-detail/sterilrezepturen-zyto-pfusch-kassen-verlieren-vertragspartner/. Müßig zu erwähnen, dass es sich bei diesem Infodienst um die Pflichtlektüre für alle Apothekenspezialisten unter den Versicherungsvermittlern handelt.

44 Vgl. hierzu auch Kapitel VI.4. Services, Seite 263 ff.

▶ Reinbereiche, in denen bestimmte Rezepturen hergestellt werden, sind Pflicht in Apotheken. Früher reichten sterile Werkbänke, die irgendwo in der Rezeptur aufgestellt wurden. Heute müssen diese in Reinräumen sein.

In früheren Zeiten gestalteten sich diese Risiken übrigens einfacher: Es wurden nämlich sterile Werkbänke genutzt. Das waren größere Kästen mit einem Abzug etc., in die man mit beiden Armen durch Schleusen hineingreifen und dort hochreine Rezepturen herstellen konnte.

Diese Labore hatten sowohl aus Apotheker- als auch aus Versichersicht zwei große Vorteile: Sie waren mobil, konnten also bei Schadenfällen weggetragen und woanders sofort weiterbetrieben werden. Und sie waren bei Beschädigung durch Nachkauf schnell ersetzbar. Beides rettete dem Apotheker seinen Umsatz und vermied einen länger andauernden Betriebsausfall, was Versicherer sehr gerne sehen. Folgerichtig konnten Apotheken mit solchen sterilen Werkbänken auch ganz normal versichert werden, wie jede andere öffentliche Apotheke auch.

Seit dem Jahr 2014 sind die Mobillabore verboten. Seitdem dürfen Zytostatika und andere hochreine Rezepturen nur noch in stationär verbauten Reinräumen hergestellt werden.

Das bringt naturgemäß einen deutlich höheren Aufwand mit sich, als ihn „normale" Apotheken betreiben. Und das hat selbstverständlich Auswirkungen auf den Versicherungsschutz. Denn schon

---

Praxistipp

Mit Blick auf die Meldepflichten unter „Obliegenheiten" ist in jeder Apotheke mit Reinraum die Frage zu stellen, wie es sich konkret mit dem Betriebsunterbrechungs-Versicherungsschutz verhält. Es kann sein, dass die hinterlegten Werte der Betriebsunterbrechung viel zu niedrig sind.

Es ist auch möglich, dass der Schutz nie vorhanden war, weil der Reinraum nie gemeldet wurde. Es kann auch sein, dass die jeweils neuesten Bedingungen gelten – diejenigen ohne Reinraum. Wissen Sie das nicht oder ändern Sie das nicht, ist im Schadenfall Ihre Vermögensschaden-Haftung quasi vorprogrammiert.

---

die kleinste Verunreinigung des Reinraums sorgt für einen Unterbrechungsschaden. Insbesondere, weil ein Hygienewert nach Wasserschäden nicht mehr den Vorschriften entspricht. Denn der Feuchtigkeit folgt i. d. R. irgendeine Bioaktivität, die sich nicht mehr in das Toleranzkorsett von Null zurückdrängen lassen möchte.

Daraus resultiert, dass Apotheker, deren Reinraum lange Zeit nicht wieder in Betrieb gehen kann, weil a) der Schaden zu groß ist, b) die Sanierung nicht unverzüglich angefangen hat oder c) die Handwerker nicht perfekt gearbeitet haben, recht schnell vor dem wirtschaftlichen Ruin stehen.

Die kann z. B. dann geschehen, wenn der Versicherer einen solchen Reinraum-Schaden ausgeschlossen hat, diesen nicht lange und in den Summen hoch genug deckt oder die Regulierung mit Hinweis auf ein Obliegenheitsversäumnis oder eine Ausschlussklausel gänzlich ablehnt. [45]

---

45 Vgl. hierzu auch Kapitel VI.3.

IV. Apothekenrecht und -betriebsordnung

1. Der Pharmazierat: „US-Marshall" der Volksgesundheit

Analog zur Lebensmittelbranche unterliegen auch die öffentlichen Apotheken in Deutschland der Kontrolle des Regierungspräsidenten oder Sozialministeriums. Allerdings gibt es für Apotheken eine zweite Kontrollinstanz, die in dieser Form bei keinem anderen Berufszweig vorkommt: den Pharmazierat.

> Apotheken unterliegen strengen Kontrollen. Sie werden regelmäßig und unangekündigt von unabhängiger Stelle geprüft. Je nach Bundesland heißen die Kontrolleure Pharmazieräte oder Amtsapotheker und sind dem Regierungspräsidenten und dem Sozialministerium unterstellt. Gefürchtet sind sie alle."
>
> „Wird eine Apothekenhelferin, die nicht zum pharmazeutischen Personal gehört, bei der Abgabe von Medikamenten erwischt oder gibt ein Mitarbeiter […] ein verschreibungspflichtiges Medikament ohne Rezept ab, ist der Teufel los."
> (Wahl, Straub: Rezeptfrei, Achtung Kontrolle)

In vornehmlich den südlicheren Bundesländern sind die Amtsapotheker verbeamtet. In den anderen Bundesländern sind es Pharmazieräte, die von den Apothekerkammern ins Ehrenamt auf Zeit berufen werden, um dann im Zusammenwirken mit der zuständigen Gesundheitsbehörde die notwendigen Kontrollen in Apotheken durchzuführen.

In offiziellen Dokumenten sind sie am Namenszusatz „PhR" zu erkennen, der im Gegensatz zum Doktortitel meist hinter dem Nachnamen geführt wird (Beispiel: Dr. Ernst Mustermann, PhR).

Jede Apotheke muss die im Apothekengesetz, in der Apothekenbetriebsordnung sowie im Arznei- und Betäubungsmittelgesetz und
im *Arzneibuch* klar definierten Anforderungen an Dokumentation,
Lagerung, Herstellung und Abgabe von Medikamenten erfüllen und
jederzeit nachweisen können.

Wenn es um die pharmazeutische Beratungsqualität in den Apotheken sowie die Einhaltung der vorgeschriebenen Abgaberichtlinien
geht, sind die Damen und Herren Pharmazieräte ebenfalls regelmäßig zur Stelle. „Apotheker müssen mit vermehrten Besuchen von
Testkäufern rechnen. Kammern und Pharmazieräte wollen die Takt-
zahl in vielen Bundesländern erhöhen", schrieb etwa die Onlinere-
daktion von Apotheke Adhoc.[46]

Um ihren Kontrollauftrag ausführen zu können, sind Pharmazieräte und Amtsapotheker mit weitreichenden Kompetenzen ausgestattet. Ihre Besuche in Apotheken werden deshalb so gut wie immer
von Aufwand, Aufregung und Stress begleitet. Beim Einsatz von eh-
renamtlichen Pharmazieräten wird übrigens aus Wettbewerbsgrün-
den darauf geachtet, dass ihre eigenen Apotheken außerhalb des
von ihnen betreuten Zuständigkeitsgebietes liegen.

Beanstandungen bei der Revision sind Apothekern immer äußerst peinlich, wie die Apothekerin Karin Wahl in ihrem Buch „Rezeptfrei" in vielen kleinen Episoden plastisch und meist vergnüglich
zu lesen darlegt. Gar nicht zum Lachen war ihr jedoch selbst zumute,
als der für sie zuständige Pharmazierat bei der Eröffnungsrevision
angesichts eines für später geplanten Sanierungsumbaus kurz und
bündig verkündete:

„Entweder Sie erledigen das im nächsten halben Jahr, oder ich
mache die Bude dicht."[47]

Meist droht Apothekern nach einer Bemängelung obendrein Ärger mit dem Amt oder eine Nachbesichtigung. Es kann aber auch
zur zeitweiligen Schließung der Apotheke kommen. Bei besonders

---

46 Siehe Apotheke Adhoc, Newsletter vom 19. Januar 2015, www.apotheke-ad-
hoc. de/nachrichten/nachricht-detail/boehringer-spendiert-testkauf-training/.

47 Vgl. Wahl, Straub: Rezeptfrei, Bombengeschichte.

▶ Pharmazieräte und
Amtsapotheker sind die
zuständigen Instanzen für
Kontrollen in Apotheken.
Erstere werden von der
Kammer bestellt, Letztere
sind verbeamtet. Immer
jedoch haben sie in Zwei-
felsfällen das letzte Wort.

gravierenden Verstößen ist selbst eine Aberkennung der Approbation vorgesehen.[48]

Für Versicherungsvermittler ist eine zweite Funktion der Pharmazieräte und Amtsapotheker bedeutsam. Diese sind auch der zuständige Entscheider, wenn es in Folge eines Versicherungsschadens darum geht, die Abgebbarkeit von Waren sowie die weitere Betriebsbereitschaft der Apotheke zu beurteilen. Für Apotheken steckt in diesem eher harmlos daherkommenden Satz eine enorme Sprengkraft. Denn hier geht es im Zweifel sehr schnell um fünfstellige Summen oder die Existenz schlechthin.

Da der Apothekeninhaber wegen der oben genannten Konsequenzen niemals das Votum des zuständigen Pharmazierats oder Amtsapothekers missachten würde, steht deren Entscheidung immer über allen Voten der Regulatoren und Gutachter von Versicherungsgesellschaften. Das jedoch ist in den Allgemeinen Versicherungsbedingungen (AVB) der meisten Policen nicht so vorgesehen. Ein Ärgernis, das Apothekern im Schadenfall teuer zu stehen kommen könnte und sie zu einem langwierigen Prozess zwingen würde.

---

48 Vgl. Pharmazeutische Zeitung (PZ), Ausgabe 39/2010, www.pharmazeutische-zeitung.de/index.php?id=35418.

Zur Verdeutlichung folgt ein kleines Rollenspiel. Bitte betrachten Sie die nächsten Absätze aus der Sicht eines Pharmazierates.

Gedankenspiel

Fall eins

Heftiger Wasserschaden. Die Betriebsunterbrechung (BU) dauert schon über zwei Wochen, wegen der lauten Trocknungsgeräte war an Apothekenbetrieb nicht zu denken. Es ist Donnerstag, die Arbeiten sind so gut wie abgeschlossen, die Handwerker seit gestern fort, nur die Reinigungskräfte haben noch etwas zu tun.

Der Versicherer hat ohne Wenn und Aber die Kostenübernahme inklusive Betriebsunterbrechung bis zum Ende der Arbeiten voraussichtlich am Freitag zugesagt. Sie kündigen für Samstag die Wiedereröffnungsrevision an und sind pünktlich vor Ort. Alles ist sauber, ordentlich – keine Beanstandungen sind zu erwarten. Kaufmännische und technische Betriebsbereitschaft ist gegeben.

Das Trocknungsprotokoll liegt vor, zwar nicht amtlich bestätigt, aber vollständig und aussagekräftig. Sie hätten zum Schluss gern noch das Pilz- und Sporengutachten gesehen, aber das wurde nicht erstellt.

Fall zwei

Es brennt in der Apotheke – sagen wir mal im Apotheker-Büro. Dieses entsorgt sich gerade quasi selbst in dickem Qualm und Rauchschwaden. Der Brand kann schnell gelöscht werden. Der Rauch zieht, auch quer durch das Lager, zügig ab. Weitere Schäden außerhalb des Büros des Apothekers gibt es nicht.

Einen Tag später kommen Sie – der für diesen Fall zuständige Pharmazierat – und begutachten den Schaden, damit die Apotheke, die selbstverständlich nach dem Brand vorsorglich geschlossen wurde, wieder öffnen kann. Sie stellen nun fest, dass die Ware unbeschädigt ist und lediglich die Umverpackung ganz leicht riecht.

Wie lautet Ihre Entscheidung zum Warenlager, wenn Sie als Pharmazierat für die Volksgesundheit und einen ordnungsgemäßen Apothekenbetrieb zu garantieren hätten? ◄

Herr Pharmazierat: Bitte entscheiden Sie jetzt, ob diese Apotheke nach definitiv vollständiger Erledigung aller Reparaturarbeiten am Montag wieder öffnen darf.

Ende des Rollenspiels. Vergleichen Sie nunmehr Ihre erste Entscheidung mit dem entsprechenden AVB-Passus einer beliebigen Inhaltsversicherung, Stichwort „Gutachterverfahren". Achten Sie dort bitte insbesondere darauf, wer am Ende die für die Versicherungsgesellschaft verbindliche Entscheidung fällt und ob das der Pharmazierat ist oder nicht.

Bei der zweiten Entscheidung wäre zu klären, wann eine Betriebsunterbrechung bedingungsmäßig endet. In jedem Fall gilt: Der Apotheker hat das umzusetzen, was der PhR entscheidet. Im Zweifel heißt das für ihn, die Kosten zu tragen und/oder den Versicherer zu verklagen. Beides wird er nicht wollen, beides kann auch der betreuende Makler nicht wollen.[49]

Praxistipp

Sollten Sie jemals hören, dass eine Revision ansteht, treten Sie besser sofort den geordneten Rückzug an. Meiden Sie diese Apotheke für einen Monat, denn dort bereitet man nun in jeder freien Minute die Revision vor.

---

49 Siehe § 64 AMG, www.gesetze-im-internet.de/amg_1976/64.html. Mehr hierzu finden Sie im Kapitel VI.3.4, „Gutachterverfahren", Seite 212.

2. Das omnipräsente Recht

2.1. Kein Millimeter Spielraum

Die Quintessenz aus dem nachfolgenden Abschnitt sei gleich vorangestellt: Kaum ein anderer Beruf ist derart vielen Gesetzen, Verordnungen und Richtlinien unterworfen, wie der des Apothekers. Man könnte fast behaupten, dass jeder pharmakologisch relevante Handgriff in einer Apotheke exakt vorgeschrieben ist. Wenn Fehler passieren oder Schäden auftreten, liegt also fast immer ein Verstoß gegen mindestens eine Vorschrift vor und es droht versicherungstechnisch gesprochen fast überall die grobe Fahrlässigkeit.

Aufgrund der unzähligen Paragraphenteufel steigt die Gefahr, dass Apothekern häufiger als Vertretern anderer Berufsgruppen ein wie auch immer geartetes Mitverschulden vorgehalten werden könnte – mit allen negativen Konsequenzen, die aus dem Kammerrecht folgen, und für die gesetzlich oder bedingungsgemäß vorgeschriebene Regulierungspraxis. Diese hohe Dichte an Regelungen und rechtlichen Verordnungen erklärt, warum Apotheker meist absolut genau, ja fast pedantisch, sehr kritisch und verkäuferischen Aussagen gegenüber höchst skeptisch eingestellt sind.

Die wichtigsten Gesetze und Verordnungen zu Apothekern, Apotheken und Arzneimitteln sind z. B. online beim Bundesministerium der Justiz (BMJ) unter bundesrecht.juris.de (www.gesetze-im-internet.de) abrufbar.[50]

Die rechtlichen Vorgaben für den Betrieb einer Apotheke und das Berufsbild des Apothekers finden sich in einer ganzen Reihe von Gesetzen und Verordnungen. Die wichtigsten haben wir Ihnen hier aufgelistet und kurz erläutert.

Das „Gesetz über das Apothekenwesen" – kurz das Apothekengesetz, ApoG – ist das grundlegende Gesetz für Apotheken. Es definiert u. a. die zentrale Aufgabe von Apotheken: eine ordnungsgemäße

---

50 Siehe auch die Hinweise im Anhang.

Versorgung mit Arzneimitteln. Darüber werden die Bedingungen festgeschrieben, die gelten, um eine Apotheke zu eröffnen, etwa der Besitz einer in Deutschland gültigen Approbation. Die Zahl der maximal möglichen Filialapotheken (drei) wird ebenso festgelegt, wie die Regelung für den Versandhandel.

Die „Verordnung über den Betrieb von Apotheken" (Apothekenbetriebsordnung) sollte Pflichtlektüre für jeden sein, der Apotheker versichern will. Denn sie regelt gewissermaßen alle wichtigen Details für den Betrieb einer Apotheke. Hier werden die Aufgabenbereiche des Personals ebenso festgelegt wie die Anforderungen an den Apothekenleiter. Wichtig sind auch die darin gefassten Mindestanforderungen an die Räumlichkeiten und die Herstellung von Arzneien.

Die ApBetrO wird bei Bedarf neu gefasst, was gravierende Auswirkungen auf die Werteversicherungen sowie die Altersvorsorge des Inhabers haben kann. Ein Beispiel hierfür ist eine Änderung in der ApBetrO, die festgelegt hat, dass das Labor mit einem Notausgang ausgestattet sein muss.

Viele kleine Stadtapotheken haben jedoch ihr Labor in den Keller verbannt, um oben mehr Platz für die Offizin zu schaffen. Die neue Regelung hatte deswegen z. T. immense Umbaukosten zur Folge. Wo immer die Nachrüstung mit einem Fluchtweg nicht möglich war, hieß es für den Inhaber: Die Apotheke ist ab sofort nicht mehr verkäuflich. Ihr Wert sank damit auf null, es hat quasi eine Enteignung stattgefunden. (Auf dieses Thema werden wir in Kapitel VI.3. noch einmal ausführlich zu sprechen kommen.)

Weniger gravierend, aber versicherungstechnisch äußerst relevant war die Anordnung, dass alle Apotheken mit Bestellfunktion im Internet ab dem Stichtag 1. Januar 2011 eine sogenannte Internet-Transportversicherung vorweisen müssen.

Versicherungsvermittler, die das wissen, können damit gleich doppelt punkten. Sie können a) ihren Kunden fachbezogen warnen und profilieren sich als verlässlicher Experte, der sich auskennt, und b) eröffnen sich zusätzlicher Cross-Selling-Umsatz.

2.2. Das Arzneimittelrecht

Die Zeiten, in denen obskure Salben und Säfte zur Heilung menschlicher Leiden angerührt wurden, sind lange vorbei. Heute regelt der moderne Staat über das Arzneimittelrecht die Versorgung der Bevölkerung mit hochwertiger Medizin, indem er die Zulassung und den Herstellungsprozess von Medikamenten streng reglementiert. Damit kommt er seiner Pflicht nach, den Bürger zu schützen.

Das „Gesetz über den Verkehr mit Arzneimitteln" (Arzneimittelgesetz, AMG) gehört zum Verwaltungsrecht. Im Zentrum des Interesses bei diesem, dem Betäubungsmittelgesetz nahestehenden Gesetzestext steht die ordnungsgemäße Arzneimittelversorgung von Menschen und Tieren.

Die „Arzneimittelpreisverordnung" (AMPreisV) regelt in erster Linie die Preisbildung für verschreibungspflichtige Fertigarzneien. Es werden aber auch die Preise für Arzneien, die in der Apotheke hergestellt werden, festgelegt. Weiterhin reglementiert die Verordnung die Abgabepreise des Großhandels.

Die „Verordnung über apothekenpflichtige und freiverkäufliche Arzneimittel" (AMVerkRV) schreibt vor, welche Arzneien frei verkäuflich sind und welche unter die Apothekenpflicht fallen.

Die „Verordnung über Standardzulassungen von Arzneimitteln" (StandZV) ermöglicht es dem Bundesministerium für Gesundheit (BMG) seit dem Jahr 1976, bestimmte Arzneien gemäß § 36 AMG von der Zulassungspflicht zu befreien. Voraussetzung dafür ist, dass keine Gefährdung von Mensch oder Tier durch das Mittel zu erwarten ist.

Die „Verordnung über die Verschreibungspflicht von Arzneimitteln" (Arzneimittelverschreibungsverordnung, AMVV) definiert, welche Arzneimittel von Apotheken nur auf Vorlage eines Rezepts abgegeben werden dürfen. Für Betäubungsmittel gilt die Betäubungsmittelverschreibungsverordnung.

Übrigens: Arzneien haben eine *pharmakologische Wirkung*, Inhaltsstoffe wirken sich auf den Metabolismus (den Stoffwechsel) aus oder setzen am Immunsystem an. Medizinprodukte dagegen sind Gegenstände und Stoffe, die eher *physikalische oder physikochemische Wirkungen* haben. Man muss also deutlich zwischen Arzneien und Medizinprodukten unterscheiden (siehe auch Nachfolgendes).

2.3. Das Medizinprodukterecht

Das „Gesetz über Medizinprodukte" (Medizinproduktegesetz, MPG) definiert Gegenstände oder Stoffe, die einem therapeutischen oder einem diagnostischen Zweck dienen, jedoch keine Arzneimittel sind. Letztgenannte haben, wie im vorherigen Abschnitt beschrieben, eine primär pharmakologische, metabolische oder eine immunologische Wirkung.

„Die Abgrenzung der Medizinprodukte zu Arzneimitteln ist bedeutsam, da Marktzugang und Verkehrsfähigkeit unterschiedlich geregelt sind", schreibt das Onlinelexikon Wikipedia unter dem Stichwort „Medizinprodukte". Ein tiefer gehender Blick auf diese Seite und Informationen im Internet sind für jeden Vermittler absolut empfehlenswert.

Die „Verordnung über Medizinprodukte" (Medizinprodukteverordnung, MPV) regelt die weiteren Durchführungsbestimmungen im Umgang mit Medizinprodukten. In der „Verordnung zur Regelung der Abgabe von Medizinprodukten" (Medizinprodukte-Abgabeverordnung, MPAV) schließlich werden die Abgabebeschränkungen von Medizinprodukten (u. a. die Verschreibungs- und Apothekenpflicht oder die Vorgaben für eine sachgerechte Lagerung) abgehandelt.

Bei der „Arzneimittel- und Wirkstoffherstellungsverordnung" (AMWHV) handelt es sich um eine Durchführungsverordnung des Arzneimittelgesetzes. Sie bestimmt Art und Weise der Herstellungspraxis, mit der die Qualität bei der Produktion von Arzneimitteln gesichert werden soll. Das Arzneimittelrecht wird ergänzt durch das noch strengere Betäubungsmittelrecht.

Das „Gesetz über den Verkehr mit Betäubungsmitteln" (Betäubungsmittelgesetz, BtMG) hieß früher *Opiumgesetz*. Vermittler sollten mit der Betäubungsmittel- (BTM-) Thematik auf jeden Fall vertraut sein. Schließlich gehören BTM-Präparate wie *Tilidin*, aber auch Medikamente wie *Methadon* oder *Psychopharmaka* wie *Ritalin* & Co. bei Einbrüchen zur meistgesuchten Beute.

Ein weiteres begehrtes Diebesgut der Eindringlinge ist natürlich das liebe Geld. Nur mit den Rezepten können Diebe regelmäßig nichts anfangen. Doch der Rest „lohnt" sich offensichtlich für diese ungebetenen Besucher so sehr, dass Einbruchdiebstahl (ED) und Raub in Apotheken überproportional häufig vorkommen. In Großstädten sind sie sogar häufig professionell organisiert – da arbeiten die Panzerknacker gelegentlich ganze Straßenzüge ab.

Für Apotheker ist der BTM-Gesetzestext vor allem wegen der darin aufgeführten Definition der verkehrs- und verschreibungsfähigen Betäubungsmittel (Anlage III) wichtig. Morphine oder Barbiturate gehören bspw. in diese Gruppe und können daher, sofern ein Rezept vorliegt, an Patienten abgegeben werden. LSD (Lysergsäurediethylamid, nicht verkehrsfähig) oder Cocablätter (verkehrs-, aber nicht verschreibungsfähig) sind dagegen in Apotheken grundsätzlich tabu.

▶ Für Langfinger oder andere kriminelle Gesellen gibt es in Apotheken einiges zu holen. Besonders interessant ist für sie der Betäubungsmittelschrank. Infolgedessen stellt der Einbruchdiebstahl ein ernsthaftes Problem für Apotheken dar.

Die Abgabe derjenigen Betäubungsmittel, die in der Anlage III als verkehrs- und verschreibungsfähig aufgeführt werden, regelt die „Verordnung über das Verschreiben, die Abgabe und den Nachweis des Verbleibs von Betäubungsmitteln" (Betäubungsmittelverschreibungsverordnung, BtMVV). U. a. sind hier die Höchstabgabemengen festgelegt.

Da ein Betäubungsmittel in der Regel sehr schnell, spätestens aber nach sieben Tagen, an den Patienten abgegeben werden muss, kann es sein, dass das Rezept, je nach Lieferbarkeit, nach Rücksprache mit dem Arzt geändert werden muss (Achtung: Haftpflicht- und Retaxations-Risiko). Deshalb müssen Apotheker eine umfassende BTM-Dokumentation erstellen, in der jedes Detail rund um die Abgabe von Betäubungsmitteln festgehalten wird.

2.4. Das Antikorruptionsgesetz

Höchst selten fordert der Bundesgerichtshof (BGH) den Gesetzgeber auf, tätig zu werden und eine Strafbarkeitslücke zu schließen. So geschehen am 29. März 2012 anlässlich eines Prozesses, bei dem eine Pharmareferentin einem Arzt Geld für Verordnungen anbot, dieser dem nachkam und später immer mehr Geld verlangte.

Erstinstanzlich wurden beide verurteilt, der Bundesgerichtshof hob jedoch das Urteil gegen den Arzt auf, weil die strafrechtlichen Regelungen zur Bestechlichkeit und Bestechung nicht für niedergelassene Vertragsärzte gelten würden, sondern nur für angestellte und verbeamtete Ärzte.

Eine Gesetzeslücke tat sich also auf. Die daraus folgende Konsequenz Nummer eins: Die Angestellte der Pharmaindustrie wurde wegen Bestechung verknackt. Zweitens: Der ebenso gierige wie bestechliche Arzt war freizusprechen. Drittens: Dem Gesetzgeber wurde aufgegeben, diese Ungerechtigkeit abzustellen. Der BGH kam damit zu einem in allen drei Punkten aufsehenerregenden Urteil, das am Ende im Antikorruptionsgesetz vom 14. April 2016 mündete.

Kaum beschlossen, zeigten sich Krankenkassen enttäuscht, das Gesetz habe nicht die Strafbarkeitslücke geschlossen. Hier gäbe es nicht etwa Schlupflöcher, sondern sperrangelweit offene Türen, hieß es in einer Pressemeldung der AOK.[51] ABDA-Präsident Friedemann Schmidt dagegen ließ sich zufrieden über das Gesetz vernehmen.[52]

Die Krankenkasse ärgerte die Streichung zweier Wörter aus dem ursprünglich vorgesehenen Gesetzestext nach einer finalen Beratungsrunde der Experten: „bei der Verordnung (und Abgabe) von Arznei-, Heil- oder Hilfsmitteln oder von Medizinprodukten".[53] Damit waren die Apotheker im Kern ihrer Arbeit, der Medikamentenabgabe, nicht betroffen. Selbst die Ärzteschaft stellte deswegen anerkennend fest, dass die Apotheker hier sehr gute Arbeit geleistet hätten, wie ein Brancheninsider Ende November 2016 auf einer Tagung des Marketing Vereins Deutscher Apotheker e.V. (MVDA) in Berlin zu berichten wusste.

Das entscheidende Argument der Experten für die Streichung war zunächst die Feststellung, das Gesetz diene dem Schutz des lauteren Wettbewerbes, den auch das Wirtschaftlichkeitsprinzip fordere. Apotheker seien jedoch Heilberufler und Kaufleute in einem. Weiter wurde argumentiert, dass für Apotheker unterschiedliches Berufsrecht je nach Kammerbezirk gelte, damit wäre das Gleichheitsprinzip verletzt.

Was natürlich weiterhin gelte, so der MVDA-Anwalt in Berlin, sei die sogenannte Unrechtsvereinbarung. Diese besage, dass zur Strafbarkeit unbedingt eine mindestens einseitige Erwartung an zukünftige Vorteile gebunden sei. Es reicht also schon aus, wenn sich einer etwas davon verspricht.

Strafbarkeit liegt immer vor, wenn ein Verstoß gegen §§ 8 oder 11 ApoG oder § 24 ApBetrO festgestellt wird. Dafür sind ein Bußgeld oder bis zu drei Jahre Haft vorgesehen.

---

51 Vgl. aok-bv.de/presse/pressemitteilungen/2016/index_16240.html.

52 Vgl. www.deutsche-apotheker-zeitung.de/news/artikel/2016/04/15/juristen-aeussern-sich-vorsichtig-optimistisch-zu-neuen-straftatbestanden.

53 Vgl. §§ 299a, 299b und 300 StGB.

Kommt die Korruption regelmäßig vor – also gewerbsmäßig – oder verabreden sich sogar mehrere Parteien bandenmäßig, dann läuft es auf eine Haftstrafe von bis zu fünf Jahren hinaus.

Und damit kommen die Apotheker dann doch wieder ins Spiel. Dies z. B. wenn sie als Vermieter von Praxisräumen über der Apotheke nicht ortsübliche niedrige Mieten gewähren. Oder wenn sie einen kostenlosen Lieferservice in die Praxis anbieten oder Ärzten große Geschenke machen mit dem Ziel, von ihnen stärker mit Rezepten bedacht zu werden.

Wenn sich der Apotheker also etwas erhofft oder der Arzt meint, sich erkenntlich zeigen zu müssen, dann ist das strafbar im Sinne des Antikorruptionsgesetzes. Apotheke Adhoc brachte das auf einen kurzen Nenner: „Die Apotheker sind nach der neuen Fassung nur noch von dem Gesetz erfasst, wenn sie als aktiver Part Ärzte oder andere Leistungserbringer schmieren.“[54]

3. Und weiter so im Recht

3.1. Allgemeine rechtliche Einordnung

Apotheker müssen sich natürlich auch an das Bürgerliche Gesetzbuch (BGB), die Bundes- und Landesgesetze sowie diverse Wirtschaftsvorgaben und Unternehmensregeln halten. Für sie gelten ebenso das Wettbewerbs- und Steuerrecht sowie mannigfaltig weitere Vorschriften. Da dieser Sachverhalt jedoch gleichfalls für jeden anderen Unternehmer gilt, können die erwähnten Verordnungen in diesem Zusammenhang vernachlässigt werden.

Einige weitere Gesetzeswerke sind für Apotheker jedoch noch von besonderer Bedeutung und sollten deswegen dem spezialisierten Versicherungsvermittler bekannt sein. Dazu gehören bspw. die

---

54 Vgl. www.apotheke-adhoc.de/nachrichten/politik/nachricht-detail-politik/strafrecht-bundestag-beschliesst-anti-korruptionsgesetz/.

Vorgaben des Eichgesetzes (EichG). Denn selbstredend unterliegen auch die geeichten Messinstrumente, die der Apotheker nutzt, einer regelmäßigen Kontrolle. Schließlich geht es bei Medikamenten meist um Milli-Mengen.

Selbst die häufig in der Offizin aufgestellten Personenwaagen müssen geeicht sein – wenn das Wiegen von Personen in einer Apotheke etwas mehr als ein kleiner zusätzlicher Kundenservice sein soll. All das und vieles mehr überprüfen Pharmazieräte und Amtsapotheker bei jeder Apothekeneröffnung, jeder Revison und nach jeder Betriebsunterbrechung.

Das „Gesetz über die Werbung auf dem Gebiete des Heilwesens" (Heilmittelwerbegesetz, HWG) wiederum soll verhindern, dass eine Person, die von einer Krankheit betroffen ist, durch irreführende Werbung zur schädlichen Selbstmedikation verleitet wird. Es schränkt u. a. die Werbung für Arzneimittel, Medizinprodukte, weitere Mittel, Verfahren und Behandlungen ein. In einer Anlage zum Gesetz werden zudem diejenigen Erkrankungen definiert, auf die eine Werbemaßnahme in keinem Fall Bezug nehmen darf.

Die wohl bekannteste Festschreibung, die das Heilmittelwerbegesetz trifft, ist die aus zahlreichen Fernsehspots bekannte (und meist im Eiltempo verlesene) Formel: „Zu Risiken und Nebenwirkungen lesen Sie die Packungsbeilage und fragen Sie Ihren Arzt oder Apotheker".

3.2. Präqualifizierung, QM, Zertifizierung

Wenn es um Volksgesundheit geht, ist natürlich auch das *Qualitätsmanagement* (QM) nicht weit. Über Jahrhunderte reichten dazu offensichtlich die Kontrollen der Pharmazieräte und Amtsapotheker völlig aus. Doch nunmehr hat das TQM (Total-Quality-Management) auch die Apotheken erfasst. Die Verpflichtung zur Einführung eines Qualitätsmanagement-Systems (QMS) wurde im Paragrafen 2a der aktuell letzten Novelle der Apothekenbetriebsordnung vom 6. März 2015 festgeschrieben.

Der Gesetzgeber hat somit die Regelungen des Paragrafen 135a SGB V in die Apothekenbetriebsordnung übernommen. Besonders pikant hieran ist, dass die Übergangsfrist zur Einführung eines QMS für Apotheken am 31. Mai 2014 endete und ab da das Fehlen einer solchen *Qualifizierung* eine Ordnungswidrigkeit darstellte, obwohl die Apothekenbetriebsordnung erst Anfang März 2015 geändert wurde.

Damit war ab Juni 2014 eine Apothekenneugründung oder Apothekenübernahme ohne ein vorhandenes QMS nicht mehr möglich. Man kann sich gut vorstellen, welch einen „run" auf QM-Schulungen und entsprechende Experten dieses spezielle Timing in den Apotheken ausgelöst hat.

Gefordert sind mindestens sogenannte Präqualifizierungen, lieber gesehen sind jedoch komplette QM-Systeme in den Apotheken. Entgegen häufiger Aussagen ist jedoch eine vollständige Zertifizierung nicht gefordert. Die Überprüfung, ob ein QMS vorhanden ist, obliegt den zuständigen Aufsichtsbehörden und damit wieder einmal vor allem den Pharmazieräten und Amtsapothekern.[55]

3.3. Krankenkassenverträge und Retax

a) Apotheken und GKV: fast ein Grabenkrieg

Das Verhältnis zwischen Apothekern auf der einen und Krankenkassen auf der anderen Seite ist – freundlich ausgedrückt – nicht immer ungetrübt.

Das kann nicht weiter verwundern, schließlich treffen hier zwei mitunter sehr unterschiedliche Interessenlagen aufeinander. Apotheken möchten an ihre Kunden verschriebene Medikamente mit möglichst wenig bürokratischen Lasten abgeben, um darüber hinaus ihrer Aufgabe als „Gesundheitsberater" nachkommen zu können.

---

55 Vgl. auch Kapitel VI.4.4., Seite 287.

„Bei der Belieferung von GKV-Rezepten ist eine formal korrekte Vorgehensweise unerlässlich, denn Fehler können hier schnell zu teuren Retaxationen führen." (www.deutschesapothekenportal.de/rezept-retax/)

Gesetzliche Krankenversicherer dagegen sind seit vielen Jahren daran interessiert, ihre Kosten zu deckeln oder gar zu senken.

Im Laufe der Zeit haben sich die Fronten stark verhärtet. Gekämpft wird um Rezepte, die tagtäglich in die Apotheken gebracht werden. Jedes Mal, wenn ein solches Rezept über den HV geht, schrillt bei Apothekern eine imaginäre Alarmglocke. Warum das so ist, erläutert u. a. das Deutsche Apotheken Portal (DAP) am Beispiel verschiedener Checklisten für korrekte Vorgehensweisen.[56]

b) Retaxationen und die Folgen

Apotheker, die eine der zahlreichen rechtlichen Vorgaben nicht beachten, müssen damit rechnen, dass es für sie teuer wird, wie Apotheke Adhoc am Beispiel der sog. T-Rezepte darlegt. Diese streng definierten amtlichen Sonderformulare sind für bestimmte Arzneimittel bestimmt: „Und die DAK hat bei *T-Rezepten* eine neue Einnahmequelle entdeckt: Ein fehlendes Kreuz kann da schnell 12.000 Euro bringen. T-Retax, lautet die neue Zauberformel."[57]

T-Rezepte gelten für alle teratogenen – also fruchtschädigenden – Arzneimittel.[58] Für sie besteht striktes Versandverbot, sie müssen vom Apotheker persönlich abgegeben werden. Zudem gelten besondere Verordnungs-, Abgabe- und Dokumentationspflichten (§ 17 Abs. 6b

---

56 Siehe www.deutschesapothekenportal.de/rezept-retax/.

57 Vgl. www.apotheke-adhoc.de, Mediathek, Beitrag „Mr. Go und T-Re(ta)x".

58 Vgl. wikipedia.org/wiki/Teratogen. Es geht um die Verordnung thalidomid- oder lenalidomidhaltiger Arzneimittel.

ApBetrO und §§ 2 und 3a AMVV). Da teratogene Präparate obendrein zu den teuersten unter den Arzneimitteln gehören, wird solchen Rezepten in aller Regel die ungeteilte Aufmerksamkeit sowohl
aller beteiligten Apothekenmitarbeiter – es gibt dazu sogar eigens In-
fo-Foren im Web[59] – sowie auch der die Rechnung zahlenden Krankenkassen gewährt. Denn wenn hier ein Grund zu Retax – zu einer
Retaxation[60] – bestünde, würden Letztere auf Kosten der Apotheker
viel Geld sparen. Kein Wunder, dass man sich in solchen Fällen vor
Gericht wiedersieht.

Vor Jahresfrist erging dazu ein wegweisendes Urteil des Sozialge-
richtes Braunschweig.[61] „Die Null-Retaxation aufgrund eines Form-
fehlers haben die Richter als das erkannt, was sie ist: eine unbotmäßige
Abzocke, Riesensauerei und dreiste Bereicherung der Krankenkasse",
kommentierte Apotheke-Adhoc-Chefredakteur Alexander Müller
diesen Fall, der jedoch längst nicht der einzige ist.

Etwas vereinfacht kann gesagt werden, dass es bis Sommer 2016
drei Gründe für eine Retaxation gab. Da ist als Erstes das sogenannte
Aut-idem-Retax, das wegen Nichteinhaltung der Abgabe von günstigeren Medikamenten aus dem unteren Drittel des Leistungskatalogs
ausgesprochen werden kann.

Dieses Risiko der Apotheke ist übrigens versicherbar, jedoch auch
das am wenigsten häufige. Denn die Computerprogramme in den
Apotheken verhindern meist zuverlässig die Abgabe zu teurer Alter-
nativ-Präparate mit gleichen Wirkstoffen.

Viel häufiger kommen Retaxationen wegen des zweiten Grunds
vor, d. h. wenn Apotheken gegen die Rahmenvereinbarungen der
Kassen mit der Pharmaindustrie verstoßen. Und derer gibt es viele,
denn jede Krankenkasse versucht immer wieder, mit dem einen oder
anderen Hersteller noch billigere Abgabepreise zu vereinbaren.

---

59 Vgl. www.ptaheute.de/beratung-service/retax-fragen/t-rezepte/.

60 Eine Retaxierung liegt vor, wenn eine Krankenkasse die Erstattung eines Arzneimittels, das die Apotheke bereits an den Patienten abgegeben hat, verweigert.

61 Siehe www.apotheke-adhoc.de/nachrichten/apothekenpraxis/nachricht-detail-
   apothekenpraxis/dak-retaxiert-laut-gericht-rechtsmissbraeuchlich/.

Das führt im konkreten Apothekenalltag buchstäblich im Minutentakt zu der unangenehmen Situation, dass der abgebende Approbierte dem Rezeptbesitzer erklären muss, warum dieser nun von seiner Krankenkasse bspw. nicht mehr die blauen sondern die grünen Pillen ohne Zuzahlung erhält; wogegen er jetzt für die bisher „kostenlosen" blauen soundso viele Euro dazu bezahlen muss.

Übrigens kann es sein, dass der Kunde einer anderen Krankenkasse nunmehr für die grünen Pillen zuzuzahlen hat, während er die gelben nun kostenfrei ausgehändigt bekommt. Ein Dritter wiederum die roten Pillen usw.

Und schließlich der dritte, ärgerlichste und teuerste Retax-Grund, die bereits genannten Formfehler auf Rezepten. Hier geht es darum, dass Krankenkassen bei der Rezeptprüfung offensichtlich hightech-unterstützten, detektivischen Eifer an den Tag legen.

Für jeden Apotheker bedeutet das: Jedes Rezept muss in jedem Detail exakt stimmen. Denn ist ein Rezept erst einmal bei der Krankenkasse, nimmt das Schicksal seinen Lauf. So kann es z. B. sein, dass der Stempel des Arztes fehlt oder dieser einfach nur fehlerhaft ist. Dass die Unterschrift des Arztes fehlt, ein Zahlendreher in der *PZN-Nummer* vorliegt oder das ausgestellte Rezeptdatum irrtümlich nach dem Abgabezeitpunkt in der Apotheke lautet.

Kurzum: Der Apotheker muss zusätzlich zur Plausibilitätsprüfung der Medikation und zum Abgleich möglicher Nebenwirkungen mit anderen Medikamenten absolut jeden erdenklichen Formfehler des Arztes finden, der diesem auf einem Rezept unterlaufen kann. Denn für jede Soll-Abweichung wird allein der Apotheker retaxiert – sprich, ihm wird das Rezept einfach nicht vergütet.

Allen Apothekern kann hier nur angeraten werden, konsequent alle möglichen Kontroll- und Unterstützungsmaßnahmen ihrer Rezeptsammelstelle auszunutzen bzw. sich im Zweifel durch einen Wechsel des Partners weitere Sicherheitsebenen einzukaufen.

Null-Retax heißt das Zauberwort zum Geldsparen in den Krankenkassen zulasten des schwächsten Gliedes, der Apothekerschaft. Diese muss den Vertrags-Wirrwarr, welchen die einzelnen Kassen

▶ Retax der Krankenkassen:
Eine systematische Rezept-
verbrennung im großen Stil
zulasten der Apotheker. Dagegen hilft nur die dreifaltige
Kontrolle durch sorgfältige
Rezeptannahme, zweite
Durchsicht am Abend und
eine gute Rezeptsammelstelle, die auch noch einmal alles
überprüft.

verursacht haben, ausbaden und den Formularaufwand im durchaus
stressigen Apothekenalltag und meist im Angesicht des damit über-
forderten Patienten täglich zigmal durchexerzieren. Und der Patient
will doch einfach nur die gewohnten Pillen mitnehmen, die ihm
bisher immer so gut geholfen haben – egal ob blau, grün, gelb oder
rot … nur keinen Farbwechsel bitte!

Da Rezeptbesitzer mit steigender Krankheitsintensität immer un-
geduldiger werden und alles am liebsten sofort erledigt haben wollen,
kommt es in Apotheken regelmäßig zu angespannten Situationen,
wenn wieder eine Aut-idem-Frage aufkommt. Rezeptbesitzer legen
größten Wert auf Bekanntes und Bewährtes, während ihnen alle Abweichungen zutiefst suspekt sind.

Mit all den Fallstricken, die so ausgelegt werden, machen sich
Krankenkassen unter Apothekern keine Freunde. Die Pharmazeutische Zeitung spricht gar von einem „Retax-Terror",[62] und zwar vor
allem in Deutschland, während in Österreich und in der Schweiz
deutlich apothekenfreundlicher agiert werde. Zu allem Überfluss
gibt es hierzulande zudem noch landesspezifische Vereinbarungen

---

62 Vgl. www.pharmazeutische-zeitung.de/index.php?id=61734.

zwischen Krankenkassen und Herstellern oder dem Großhandel, die eine korrekte Abgabe für Apotheker inmitten des Kundendrucks am HV noch schwieriger machen.

Exkurs

Praxisbeispiel „Einschreiben"

Abrechnungsprüfung für den Monat Juli – September 2016: „[…] wir haben Ihre Verordnungen auf ordnungsgemäße Abrechnung geprüft. Als Anlage übersenden wir Ihnen die Ausdrucke zu den Taxberichtigungen. Die Taxdifferenz beträgt EUR -113.242,98 (netto).

Sollten Sie mit der Berichtigung Ihrer Abrechnung nicht einverstanden sein, bitten wir Sie, Ihren Einwand schriftlich begründet innerhalb der vertraglich festgelegten Frist an die AOK Nordost zu richten."[1]

---

1 Zitiert aus einem Schreiben an einen meiner Kunden vom 11. November 2016. Wird das tatsächlich nicht erstattet, ist die Existenz seiner vor zwei Jahren neu eröffneten Apotheke akut in Gefahr.

„Seit Jahren überziehen Krankenkassen in Deutschland die Apotheker auch wegen kleinster formaler Fehler mit Null-Retaxierungen. Für die Kostenträger ist dies offenbar eine lukrative Einnahmequelle", heißt es weiter in der Pharmzeutischen Zeitung.[63]

Für Apotheken bedeutet das herbe finanzielle Einbußen. Doch es kommt noch schlimmer: Oft sind Retaxationen, die Kassen durchsetzen, am Ende auch ungerechtfertigt. So berichtete die Zeitung ebenfalls: „Der Landesapothekerverband Baden-Württemberg (LAV) hat für seine Apotheken rund 900.000 Euro für Retaxationen

---

63 Vgl. ebd.

zurückgeholt, wie er vergangenen Mittwoch bei seiner Mitgliederversammlung in Stuttgart mitteilte. Der LAV hatte 16.572 von den Kassen beanstandete Rezepte aus dem Jahr 2015 geprüft und Einspruch erhoben."[64]

Der LAV kam damals laut Pharmazeutischer Zeitung zu dem Schluss, dass jede zweite Retax-Forderung der Kassen unberechtigt ist. Kein Wunder also, dass Interessenvertreter der Apotheker forderten, die gängige Retax-Praxis zu ändern.

Genau das ist im Sommer 2016 geschehen. In einem Schiedsverfahren haben sich Apotheken und Kassen – genauer: der Deutsche Apothekerverband (DAV) und der GKV-Spitzenverband – auf eine neue Retax-Praxis geeinigt. Oder zumindest fast, denn kaum war die Einigung beschlossene Sache, gab es schon wieder Streit über den Stichtag, ab dem die neue Regelung gelten solle.

Schauen wir uns im Weiteren die seit Anfang Juni 2016 geltenden Retax-Regeln an. Wir werden uns dabei auf die wichtigsten Punkte konzentrieren.

Als eine zentrale Bestimmung gilt, dass kleine formale Fehler – wie etwa nicht korrekte Abkürzungen auf dem Rezept, Schreibfehler, die Art und Weise, wie das Aut-idem-Feld angekreuzt wurde – nicht mehr zu Retaxationen führen sollen, sofern Arzneimittelsicherheit und Wirtschaftlichkeit nicht wesentlich tangiert sind.

Das gilt übrigens auch bei falschen Angaben zur Packungsgröße oder wenn ein veraltetes Kassen-Institutionskennzeichen (IK) verwendet wird. Fehlende Kontaktdaten des Arztes sollen ebenfalls keinen Retax-Grund mehr darstellen, falls eindeutig klar ist, um welchen Arzt es sich handelt.

In der Vergangenheit haben Krankenkassen oft auf ihre Aufsichtsbehörde verwiesen und betont, dass sie wegen des Zwangs zur ordentlichen Mittelverwaltung gar nicht befugt seien, auf Retaxationen zu verzichten. Dieses Argument soll nach der Neuregelung nicht mehr zählen. Kassen dürfen stattdessen trotz begründeter Retax-Forderung

---

64 Vgl. www.pharmazeutische-zeitung.de/index.php?id=64452.

auf diese verzichten und Apotheker ganz oder zumindest teilweise vergüten. Ob sie es auch tun werden, muss sich allerdings erst noch zeigen.

Auch bei den oben erwähnten T-Rezepten soll es eine kleine Erleichterung geben. Während früher fehlende und „verrutschte Kreuze" oftmals zur Retaxation geführt haben, dürfen nun Kreuze, die nicht ganz korrekt im dafür vorgesehenen Kästchen aufgedruckt wurden, nicht mehr beanstandet werden, sofern eine Zuordnung möglich ist.

Immer wieder für Ärger sorgten die unterschiedlichen Ansichten zum Umgang mit Original- und Re-Import-Medikamenten. Die neue Vereinbarung bringt für Apotheker auch hier eine Verbesserung: Es wurde beschlossen, dass Apotheker Präparate aus der gesamten Importgruppe oder die Originale abgeben dürfen, auch wenn das Aut-idem-Kreuz gesetzt ist. Rabattverträge sind aber weiterhin zu beachten, heißt es warnend aus den Reihen des DAV.

Mehr Freizügigkeit für Apotheker gibt es auch bei Sonderkennzeichen. Liegt ein Notfall vor oder gibt es pharmazeutische Bedenken, dann genügt es, die Sonder-Pharmazentralnummer (PZN) oder eine schriftliche Begründung auf das Rezept zu schreiben. Wird das vom Apotheker vergessen, kann er sein Abweichen vom Rabattvertrag im Beanstandungsverfahren nachholen.

Nicht geändert hat sich dagegen der Null-Retax wegen einer (unbegründeten) Missachtung von Rabattverträgen. In solchen Fällen können Kassen weiterhin eine Vergütung des Apothekers verweigern.

Zusätzlich zu den beschriebenen Retax-Fällen gibt es immer wieder einmal ärgerliche und am Ende teure Ereignisse, deren Ursachen direkt in der Apotheke liegen und die fast immer mit einem Verstoß gegen die kaufmännische Sorgfaltspflicht einhergehen. So beispielhaft gerade geschehen in einer „meiner" Apotheken:

Eine schwierige Rheuma-Kundin bekommt seit Langem Enbrel MyClic. Weil es dringend war, hat eine Mitarbeiterin das Medikament telefonisch bestellt. Sie war sich sicher, „MyClic" gesagt zu haben. Geliefert wurde aber Enbrel ohne MyClic – das, was laut Hersteller unter Angabe der PZN bestellt worden sein soll. Er meinte nämlich, die PZN zur telefonischen Bestellung korrekt genannt zu haben, diese sei dabei auch bestätigt worden. Das Präparat wurde von einem angestellten Approbierten abgegeben, wobei weder er noch die Kundin den Irrtum bemerkten.

Zu Hause riss die Kundin die Packung auf und der Schaden war damit endgültig irreversibel. Schließlich konnte sie aufgrund ihrer gesundheitlichen Situation das Medikament ohne MyClick – einem Fertigpen zur Injektion der Lösung – nicht anwenden. Der Schaden betrug 5.231,36 Euro. Er wurde weder erstattet, noch ist das versicherbar.

Praxistipp für Fortgeschrittene

Und doch gibt es immer eine Lösung: Wir in unserem Büro haben uns für die betroffene Apothekeninhaberin mit dem zuständigen Produktmanager des Herstellers in Verbindung gesetzt, um einen Ausweg zu finden.

Auf seinen Rat hin konnten wir dann die behandelnde Ärztin überzeugen, dass sie der Kundin unserer Versicherungsnehmerin die Spritzen in der Praxis verabreicht – denn dann kam es mit dem Rezept, das nicht auf die Selbstanwendung gemünzt war, hin.

Kulanterweise hat der Versicherer die Kosten für die dafür notwendigen zehn Taxifahrten in die Arztpraxis übernommen. Die Apothekerin hat darüber hinaus ihrer Kundin als Entschädigung zwei Opernkarten und ein teures Parfum und der Arztpraxis eine Kiste mit einem sehr guten Tropfen spendiert.

Damit war ein Fünftausend-Euro-Schaden vermieden – und eine Apothekerin mehr zu einer aktiven Empfehlungsgeberin geworden.

3.4. Paukenschlag aus Luxemburg: Die EU mischt mit

„Ausgelöst durch das EuGH-Urteil vom 19. Oktober 2016, droht ein Verlust von Kunden an EU-ausländische Versandapotheken. Deshalb wird ein Verbot der RX-Boni für Versandapotheken aktuell heftig diskutiert. Wie stark sich dieses Urteil auf das Kundenverhalten und entsprechend auf den Gewinn unserer Unternehmen auswirkt, wird sich in der Zukunft entscheiden." (Jürgen Frasch, Apotheker, Richter am Finanzgericht Stuttgart)

Der 19. Oktober 2016 könnte als Schicksalstag in die deutsche Apothekengeschichte eingehen. An diesem Tag hat, so die Befürchtung zahlreicher Urteilskritiker, der Europäische Gerichtshof „normalen" Apotheken in Städten und Gemeinden den Todesstoß versetzt – es sei denn, die Politik steuere schnell gegen.

Was war passiert? Die Deutsche Parkinson Vereinigung hatte 2009 für ihre Mitglieder ein Bonussystem mit der in den Niederlanden ansässigen Versandapotheke DocMorris vereinbart (diese Vereinbarung wurde mittlerweile jedoch wieder gekündigt). Dagegen klagte die Zentrale zur Bekämpfung unlauteren Wettbewerbs e. V., das Bonussystem verstoße gegen deutsche Gesetze. Schließlich bestimmt, wie berichtet, der § 78 AMG, dass das Bundesministerium für Wirtschaft und Technologie die Preise für Arzneimittel festsetzt. Dieses Recht würde die Bonusregelung unterlaufen.

Der EuGH entschied diese Diskussion, indem er die Preisbindung für nicht-deutsche Apotheken aufhob. Denn das Gesetz behindere den freien Warenverkehr, feste Arzneimittelpreise förderten zudem nicht die Gesundheit der Bürger. Dies hat zur Konsequenz, dass Versandapotheken aus dem Ausland Medikamente in der Bundesrepublik billiger verkaufen können als ihre deutsche Konkurrenz, die weiter an die Preisfestsetzung gebunden ist.

Das Medienecho kam prompt: Die Abendnachrichten berichteten am selben Tag im Fernsehen über die Entscheidung des EuGH, im Internet brodelte es und im Blätterwald rauschte es mächtig, überall aber gleichermaßen uneinheitlich. Spiegel online etwa sah neue Chancen für Verbraucher aufkommen: „So können Kunden nun profitieren" lautete etwa eine Überschrift mit Blick auf zu erwartende günstigere Medikamentenpreise.[65]

Ähnlich argumentierte die Frankfurter Allgemeine Zeitung, die Vorteile besonders für chronisch Kranke, die regelmäßig Medikamente brauchen, ausmachte.[66] Und der Deutschlandfunk frohlockte wiederum: „Wer bei ausländischen Apotheken kauft, kann Geld sparen".[67]

Damit jedoch haben nicht nur diese Redaktionen einen kapitalen Bock geschossen, denn ihre Einschätzung entbehrt jeder Grundlage. Fakt ist vielmehr, dass mögliche Einsparungen den Krankenkassen zustehen und nicht wie suggeriert den Rezeptbesitzern. Deshalb dürften jene ein großes Interesse daran haben, möglichst viele der Rabatte der Versandapotheken einzustreichen. Das geht einfach über Rahmenverträge, an die sich die Kunden dann halten müssen.

Dies würde dann auf eine Marktsteuerung durch die Hintertür hinauslaufen. Die Möglichkeit der freien Apothekenwahl wäre ein für alle Mal perdu. Selbst Tante Frieda aus Posemuckel und Opa Fritz aus Castrop-Rauxel müssten dann ihre Enkel bitten, ihre Medikamente über eine App zu ordern.

Inklusive Multimedia-Beratung per Online-Chat im Personal-Webspace der WebApo.ltd. mit Sitz auf den Cayman Islands. (Volle Leistung garantiert bei Nutzung von Highspeed-W-Lan oder Glasfaser-Kabel.)

---

65 Vgl. www.spiegel.de/gesundheit/diagnose/eugh-kippt-arznei-preisbindung-was-bedeutet-das-fuer-kunden-a-1117354.html.

66 Vgl. www.faz.net/aktuell/wirtschaft/wirtschaftspolitik/das-aendert-das-eugh-urteil-zur-medikamenten-preisbindung-fuer-die-verbraucher-14488641.html.

67 Vgl. www.deutschlandfunk.de/medikamenten-preisbindung-aufgehoben-wer-bei-auslaendischen.1773.de.html?dram:article_id=369018.

Der Beitrag des Deutschlandfunks weist zugleich darauf hin, dass die Situation nach dem Urteil des EuGH alles andere als befriedigend ist. Er schlägt zwei Lösungswege vor:

„Das Urteil bewirkt jetzt, dass deutsche Apotheken gegenüber ausländischen schlechter gestellt sind, weil für die weiterhin die Preisbindung gilt. Das erhöht den Druck auf den deutschen Gesetzgeber. Er könnte also in weiteren Schritten den Versandhandel mit Medikamenten ganz verbieten, was rein rechtlich sogar denkbar wäre – oder die Preisbindung auch für Medikamente in Deutschland aufheben bzw. lediglich Höchstpreise festlegen."

Die deutsche Apothekerschaft fand die Entscheidung des EuGH naturgemäß gar nicht lustig. Der Präsident der Bundesvereinigung Deutscher Apothekerverbände, Friedemann Schmidt, kündigte laut Süddeutscher Zeitung mit den Worten „Wir werden aus allen Rohren schießen" eine bundesweite Plakatkampagne an.[68]

Zudem forderte er von der Politik Hilfe für heimische Apotheken. Dr. Christian Rotta, Geschäftsführer des Deutschen Apotheker Verlags, ritt zeitgleich eine Attacke gegen den EuGH. Als „hanebüchen" und „krude" bezeichnete er die Entscheidung des obersten europäischen Gerichts, wie das Online-Portal der Deutschen Apotheker Zeitung berichtete.[69]

Christian Rotta sieht eine „Arroganz der Macht" am Werk, die nicht nur heimische Apotheken schädige, sondern auch zulasten des Gemeinwohls und Ansehens der EU gehe. Für ihn ist ebenfalls klar, dass die Politik nun retten müsse, „was zu retten ist".[70]

---

68 Vgl. www.sueddeutsche.de/wirtschaft/nach-eugh-urteil-apothekerpraesident-wir-werden-aus-allen-rohren-schiessen-1.3215760.

69 Vgl. www.deutsche-apotheker-zeitung.de/news/artikel/2016/10/19/krude-selektiv-zynisch.

70 Anmerkung des Autors: Da in einem Wahljahr mit einer politischen Entscheidung in dieser Sache eher nicht zu rechnen ist, habe ich zumindest gehofft, noch vor Drucklegung dieses Buches eine sich abzeichnende Tendenz ergänzen zu können. Dem ist jedoch nicht so. Das Thema „Anpassung der Heilmittelversorgung an die Internet-Welt" wird uns mit den Stichworten Online-Handel und Datensicherheit in den nächsten Jahre weiterhin beschäftigen.

V. Eintritt in die Apothekenwelt

1. Der Arbeitsalltag in der Apotheke

1.1. Die Offizin: Kundenstrom und Tidehub

Jeder Apothekentag beginnt mit dem *Aufschließen*. Weil in der sogenannten Aufschlusszeit bis 9.00 Uhr für gewöhnlich keine Rezeptbesitzer auftauchen, schließlich „produzieren" die Arztpraxen noch keine, ist der Inhaber vor dieser Zeit meist nicht da oder aber im Labor. Für den Vermittler ist er also nicht anzutreffen.

Leider wird es über den Tag hinweg nicht sonderlich besser. Die Zeiten, in denen ein Inhaber störungsarm – und das ist entscheidend – anzusprechen ist, beschränken sich auf einige wenige kleine Zeitfenster. Ich nenne sie die „Apotheken-Ebbe", denn im Apothekentag regiert der Tidehub der Rezeptbesitzer.

Lassen Sie uns diesen Apotheken-Tidehub am Beispiel einer kleineren Kiez-Apotheke verfolgen, in der der Inhaber zwingend auch am HV sein muss, weil er wenig Approbierte und insgesamt nicht viel pharmazeutisches Personal beschäftigt. Die nachfolgende Aufstellung zeichnet exemplarisch einen typischen Tagesablauf in der Apotheke nach:

- ▶ Aufschließen bis 9.00 Uhr: totale Ebbe, der Chef ist aber in aller Regel nicht anzutreffen.
- ▶ 9.00 bis 11.15 Uhr: auflaufende Flut. Rezeptbesitzer kommen regelmäßig. Der Chef hat dazwischen Zeit.
- ▶ 11.15 bis 12.00 Uhr: Mittagslieferung: Flut. Niemand hat Zeit.
- ▶ 12.00 bis 13.45 Uhr: Ebbe. Gute Zeit zur Akquise (es sei denn, der Apotheker hat über Mittag zu).
- ▶ 13.45 bis 14.00 Uhr: Vorbereiten der Springflut. Apotheken meiden.

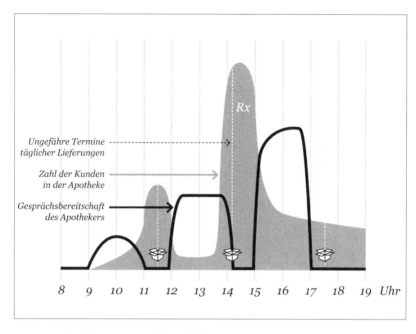

Ungefähre Termine
täglicher Lieferungen

Zahl der Kunden
in der Apotheke

Gesprächsbereitschaft
des Apothekers

8 9 10 11 12 13 14 15 16 17 18 19 Uhr

▶ Kundenströme und (mögliche) Ansprechzeiten verlaufen
gegensätzlich. Es empfiehlt sich also, Apotheker antizyklisch
zur Besuchsfrequenz anzusprechen.

▶ 14.00 bis 14.45 Uhr: Springflut. Alle Rezeptbesitzer vom
Vormittag sind wieder da.

▶ 14.15 bis 17.00 Uhr: ablaufendes Wasser. Rezeptfrei-Kund-
schaft. Der Chef ist frei – gute Zeit.

▶ 17.00 Uhr bis Ende: ruhig. Der Chef ist aber unabkömmlich, da er mit der Rezeptprüfung beschäftigt ist.

Für ein perfektes Timing in der Apothekenakquise ist weiterhin
entscheidend, über die exakten Lieferzeiten Bescheid zu wissen. Da
man Apotheker mit seiner Ansprache niemals ernsthaft stören darf,

sind die Zeiten zu vermeiden, in denen die pharmazeutischen Fach-kräfte intensiv in Kundengesprächen eingebunden sind. Das ist immer dann der Fall, wenn Rezeptbesitzer in größerem Pulk in der Offizin auftauchen – was regelmäßig genau zu den Lieferterminen der Fall ist.

Praxistipp

Gehen Sie vormittags in eine Apotheke. Betrachten Sie in Ruhe die Drogen-Auslage oder das Halsbonbon-Sortiment. Kaufen Sie ein Päckchen aus der Schütte, damit Sie Um-satzkunde werden, was sich später eventuell auszahlt. (Und Vermittler sollten eh immer etwas für den Nachwuchs des nächsten Privatkunden dabei haben.) Bis zum Bezahlen haben Sie den im nachfolgenden Abschnitt präsentierten Satz mindestens dreimal gehört und kennen damit die Lieferzeit im Radius von fünf Kilometern.

Als Vermittler kommen Sie also nicht umhin, die Liefertermine für Ihre Ziel-Apotheken zu recherchieren. Das ist nicht so kompli-ziert, wie es zunächst den Anschein hat. Folgendes Ritual ist Ihnen sicher vertraut: Der Kunde übergibt sein Rezept. Der Apotheker liest es, schaut im Monitor unter Lagerwirtschaft nach und sagt: „Habe ich nicht da, muss ich bestellen, kommt um 14.00 Uhr". Nun wissen Sie: Die nächste Hochflut ist um 14.00 Uhr. Denn was machen Rezeptbesitzer, wenn sie wissen, dass ihre Medikamente um diese Zeit abholbereit in der Apotheke liegen? Sie sind um 13.55 Uhr da. Alle!

Warum der Tidehub in allen Apotheken existiert, bedarf weite-rer Erklärung. Dazu sind drei ineinandergreifende Tatbestände zu betrachten: die besondere Mentalität der Rezeptbesitzer, die Waren-wirtschaft in Apotheken sowie die Lieferlogistik des Apothekengroß-handels. Diesen Themen widmen sich die folgenden Kapitel.

1.2. Der gemeine Rezeptbesitzer: kleine Charakterkunde

Niemand ist davor gefeit, jeden kann es treffen und manchmal braucht es dazu nur einen herbstlichen Spaziergang ohne Mütze und Mantel oder ein aus den Fugen geratenes abendliches Gelage. Die Folgesymptome zwingen uns zum Arzt – und schon sind wir Rezeptbesitzer.

Der gemeine Rezeptbesitzer ist an einem flackernden Tunnelblick zu erkennen, mit dem er das ersehnte Apotheken-A sucht. Er trachtet danach, sein frisch ausgestelltes Rezept möglichst in der exakt nächstgelegenen Apotheke einzulösen.

Der Rezeptbesitzer an sich ist ungeduldig, will sofort drankommen und sein Rezept loswerden. Das ist der Grund, weshalb erhöhtes Rezeptbesitzeraufkommen in jeder Apotheke sofort hektische Betriebsamkeit auslöst.

Dann werden alle pharmazeutischen Mitarbeiter nach vorn beordert, damit das höchst fragile Kundenbeziehungsgeflecht auch diese Rezeptflut heil übersteht. Denn rezepterprobte Exemplare neigen dazu, solange sie noch gut bei Kräften sind und die Erkrankung sie nicht voll im Griff hat, bei langen Wartezeiten die nächstliegende Apotheke anzuvisieren, um postwendend dorthin zu verschwinden.

Da jeder Apothekenmitarbeiter um diese Disposition der Rezeptbesitzer weiß, versuchen alle, möglichst viele von ihnen sofort in ein intensives Gespräch zu verwickeln und gleichzeitig den weiter hinten Wartenden das gute Gefühl zu vermitteln, im Nu dran zu sein.

Weil jedoch nur pharmazeutisches Personal rezeptpflichtige Medikamente abgeben darf, herrscht bei Kunden-Flut gerade in kleineren Apotheken ein umgekehrt reziprokes Verhältnis anwesender Pharmazeuten zu den Rezeptbesitzern. Dieser neudeutsch „bottleneck" genannte Effekt führt zwangsläufig in das apothekenbekannte Dilemma von zugleich geforderter zügiger Bedienung und intensiver Beratung.

▶ Zu gewissen Zeiten bal-
len sich in den Apothe-
ken die Rezeptbesitzer
und der Stresspegel
steigt bei allen Mitarbeitern. Denn die Kunden
wollen zügig bedient und
zugleich gut beraten wer-
den. Was sie nicht hören
wollen, ist die Aussage
„nicht da"".

Was Rezeptbesitzer noch mehr abschreckt als Warten, ist das
in Apotheken ebenso unvermeidliche wie stereotype Satzfragment
„nicht da … muss ich bestellen". Wenn ein Rezept nicht sofort in
Gänze abgegeben werden kann, kommt unweigerlich der Großhandel ins Spiel, der den fehlenden Rest in Windeseile herbeischaffen
muss.

Doch damit ist das Problem nicht gelöst, denn das Rezept liegt
ja noch auf dem *Zahlteller* und der Rezeptbesitzer hat längst über-
legt, in welcher Apotheke er alles sofort bekäme. Dies ahnend und
fürchtend, geht die Fachkraft hinter dem Tresen in die Offensive
und bietet Zusatznutzen vom Feinsten: „Wir können es Ihnen gern
bringen".

Dieses Angebot trifft genau die Erwartungen des Kunden, denn
noch einmal los zu müssen, im kranken Zustand? Nein danke. Dann
gerne liefern: „Albrechtstraße 17, Hinterhaus links, dritter Stock.
Aber janz feste klingeln! Wissen Se, meine Frau, ja … die hört nämlich so schlecht".

Jetzt atmet die Apothekenfachkraft verstohlen mächtig auf, denn
gerade hat sich der Rezeptbesitzer in einen ganz normalen Kunden
zurückverwandelt.

1.3. Die Lager: viele, nicht eines

> „Die Kunden können sich oft den Namen des jeweiligen neuen
> Präparates aus der Werbung nicht merken, erinnern sich aber
> an einzelne Bilder oder an die Story. Und wehe, uns in der
> Apotheke ist die nicht geläufig! Das wirft schnell die Frage
> auf, ob wir überhaupt auf dem neuesten Stand sind." (Wahl,
> Straub: Rezeptfrei, Fragen Sie Ihren Arzt oder Apotheker)

Die betriebswirtschaftliche Glanzleistung, die jeder Apothekeninhaber tagtäglich bewältigen muss, ist das Sicherstellen einer nachfragegerechten Warenwirtschaft. Hierbei sind mehrere Dinge zu berücksichtigen: zunächst die aktuelle Wetter- und Pollenflugvorhersage. Denn rollt eine Grippewelle an oder blühen Birke, Hasel, Raps oder irgendwelche Gräser, gibt es reichlich Sonne oder Glatteis, muss schnellstens gehandelt werden. Die ersten Nachfrager und Rezeptbesitzer sind dann schließlich nicht mehr fern.

Fernsehen zu schauen, wäre insgesamt eine gute Idee. Denn Apotheker sollten wissen, welcher Hersteller gerade welches Produkt, das sich in der Sicht- oder Freiwahl befindet, in den Medien bewirbt. Joggt z. B. – vorzugsweise kurz nach Neujahr oder kurz vor den Sommerferien und einschaltquotenstark direkt vor der Tagesschau – eine höchst attraktive junge Frau mit einem nicht ganz so ansehnlichen Hund am Strand durch das TV-Programm, dann sollte der Apotheker am Folgetag das entsprechende Produkt im Eingangsbereich feilbieten. (In unserem Beispiel ein Drink zum Abnehmen.)[71]

Da Medienbeobachtung jedoch nicht in das Zeitbudget von Apothekern passt, sind solche Kampagnen neben neuen Produkten regelmäßig Thema beim Besuch von Pharmareferenten. Apothekerin Wahl hat zur Sicherheit gleich eine eigene „Fernsehbeauftragte"

---

71 Siehe Werbespot auf www.youtube.com/watch?v=JkqHny_yqLs.

inthronisiert, die eine Liste der jeweils aktuell beworbenen Präparate führte. „Den Fernsehmuffeln half zumeist ein gezielter Blick in ihr Protokoll, solche Kundenanfragen zu beantworten."[72]

Ein Apotheker sollte mit den Ärzten der umliegenden Praxen in regelmäßigem Dialog stehen oder zumindest deren Verschreibungsverhalten aufmerksam beobachten. Insbesondere neu hinzugezogenen Ärzten muss sofort auf den Rezeptblock geschaut werden, denn die Apotheke, die als Erstes das Richtige da hat, gewinnt den Rezeptbesitzer-Stammkunden.

Langfristig kommt es bei der Lagerplanung auch auf den Direktbezug an. Einzelne Hersteller bieten immer mal wieder Sonderangebote, die – in großen Chargen geordert – derart attraktive Margen versprechen, dass der weitsichtige Apotheker versucht sein wird, sich einen Jahresbedarf oder mehr auf Lager zu legen.

Praxistipp

Apotheken haben keinen homogenen Lagerbestand, er schwankt täglich. Differenzen von mehreren Zehntausend Euro sind keine Seltenheit. Um das Risiko einer Unterversicherung auszuschließen, müssten Apotheken immer den theoretisch höchsten Lagerwert versichert haben, was so gut wie nie vorkommt. Nutzen Sie den Wetterbericht oder die Pollenflugvorhersage zu wunderbar aktuellen Aufhängern für ein Akquisegespräch.

Das Vorschriften-Unwesen in Apotheken ist Ihnen mittlerweile vertraut. Der Paragrafenteufel macht auch vor dem Lager nicht halt, er teilt selbiges in viele kleine Lager. Da ist zunächst das Alphabet, das offiziell Generalalphabet heißt, in dem sich die rezeptpflichtigen

---

72 Vgl. Wahl, Straub: Rezeptfrei, Fragen Sie Ihren Arzt oder Apotheker.

Medikamente ohne Sonderaufbewahrung in alphabetischer Reihenfolge und in meist deckenhohen Schubeinheiten des Apothekerschrankes verbergen.

Diese Sortierung erlaubt den gezielten Zugriff auf jedes Präparat in kürzester Zeit. Noch schneller kann dies nur ein Kommissionierautomat. Das ist ein hochmoderner Mini-Regallager-Roboter, der aus rund 5.000 Präparaten treffsicher die gewünschte Packung findet und via Transportband in die Offizin befördert.

Praxistipp

Wenn in einer Apotheke kaum ein Mitarbeiter nach hinten läuft, dafür aber ständig irgendwelche Packungen aus der Wand fallen, dann ist ein Kommissionierer am Werk. Addieren Sie pauschal 100.000 Euro auf die zu versichernde Inhaltssumme und Sie verspüren spontan die Lust, den BU-Schutz und die Elektronikversicherung dieser Apotheke näher kennenzulernen.

Die Vorschriften zum korrekten Lagern gehen weiter, kompakt nachzulesen in einer PTA-Fachzeitschift: Arzneimittel, die unter 20° C zu lagern sind, werden in einem entsprechend kühlen Raum aufbewahrt. Ein Muss ist ein Kühlschrank, in dem alle Arzneimittel, die unter 8° C gelagert werden sollen, Platz finden.

Zur Ausstattung jeder Apotheke gehört auch ein Betäubungsmittelschrank. Er muss, gegen Diebstahl gesichert, außerhalb der Kundensicht platziert sein. Wenn nicht benötigt, hat er ständig verschlossen zu sein.[73]

In Fällen von Einbruchdiebstahl, die auf das Lager zielen, interessiert sich der ungern gesehene Gast hauptsächlich für den BTM-Schrank,

---

73 Vgl. „Das korrekt geführte Lager. Die PTA in der Apotheke", www.pta-aktuell. de/media/pdf/2007/08_07/PTA_08_Intern_PKA_2_3.pdf.

den Kühlschrank und den Safe. Denn da sollten (zumindest dem Vernehmen nach und in meiner Region auch weitgehend so praktiziert) die neuerdings so gefragten Mittel wie Tilidin & Co. gelagert sein.

Praxistipp

Versicherungstechnisch besonders relevant sind die Kühlschränke. Genauer: die Medikamentenkühlschränke nach DIN 58345. Sie enthalten oft teuerste Ware. 20.000 Euro Warenwert sind eher die Regel. Meine am reichlichsten mit Kühlgut ausgestattete Apotheke hat 80.000 Euro versichert. Sie liefert in großem Stil Impfstoffe.

Wer Apotheken versichert, muss also auch Kühlschränke umfassend absichern können. Da reicht der Versicherungsschutz bei Ausfall der öffentlichen Stromversorgung, wie er gelegentlich vorkommt, bei Weitem nicht aus. Doch selbst dann genügt meist ein ernüchternder Blick auf die Höchstsummenbegrenzung.

Aus Sicht eines Versicherers ist es jedoch seit jeher von ambivalentem Wert, wenn Einbrecher genau wissen, wo sich die gesuchten Objekte befinden. Einerseits verhindert der zielsichere Zugriff erhebliche Kollateralschäden durch Vandalismus; andererseits jedoch sollten Versicherte tunlichst nicht „alle Eier in ein Nest legen".

Das genau ist jedoch der Fall, wenn Bargeld, die begehrten Medikamente und auch noch der wertvollste Schatz des Apothekers, nämlich seine Rezepte, nächtens gebündelt an einem einzigen Ort zu finden sind.

In entsprechend interessierten Kreisen macht es schnell die Runde, wenn es kriminellen Besuchern zu einfach gemacht wird. Im Jahr 2013 hat dies allein in meinem Bestand zu 32 ED-Fällen nach identischem Muster geführt. Jedes Mal ging es an den Safe, immer wurde

Geld gefunden und meistens auch Tilidin. Zum Schluss haben die Einbrecher vorsichtshalber immer noch kurz den Buchstaben T im Generalalphabet konsultiert. Die Rezepte, obwohl für Diebe wertlos, waren dann natürlich auch weg.

Zur zweiten nächtlichen Besuchergruppe gehören die Geldschrankknacker. Sie ignorieren das Lager und widmen sich stattdessen den Kassenladen, dem Apothekerbüro und natürlich dem Safe. Und das immer mit identischem Resultat für Betäubungsmittel und Rezepte.

1.4. Das Alphabet: immer voll und doch nie da

In Deutschland wurden in den letzten zehn Jahren mit ziemlicher Regelmäßigkeit jährlich 2.000 bis 3.000 neue rezeptpflichtige Medikamente zugelassen. Aktuell geht man von rund 120.000 unterschiedlichen Präparaten aus, von denen jedoch selbst der Großhandel nur knapp die Hälfte liefern kann.

Apotheken haben natürlich nochmal deutlich weniger vorrätig. Doch damit ist es nicht getan: Es sind auch unterschiedliche *Darreichungsformen* sowie die drei üblichen *Verpackungseinheiten* N1 (klein), N2 (mittel) und N3 (groß) zu berücksichtigen.[74]

Ein perfektes Beispiel für die rätselhafte Medizinvermehrung ist das allseits bekannte Mittel Aspirin. Würden alle Darreichungsmöglichkeiten ausgeschöpft, gäbe es allein für Aspirin insgesamt 46 verschiedene Produktnummern im *Arzneimittelverzeichnis*.

Hier seien nur die Häufigsten genannt: Aspirin gibt es als Tablette (Film-, Kau- oder Brausetablette), *Retard-Kapsel*, Komplex, Granulat oder Spritze zur intravenösen Anwendung. Jeweils mit oder ohne Koffein und dann in drei oder auch vier verschiedenen Verpackungseinheiten. Jede einzelne Einheit ist ein gesonderter Posten in der Warenwirtschaft.

---

74 Siehe http://de.statista.com/statistik/daten/studie/30506/umfrage/anzahl-der-nach-amg-zugelassenen-arzneimittel/ und http://online.rote-liste.de/.

Wenn eine Apotheke also alle Aspirin-Versionen bevorraten wollte, wäre – abgesehen von der ruinösen Kostenbelastung – leicht ein ganzer Regalmeter zur Lagerung vonnöten.[75]

Wenn man nur die 1.000 gängigsten Medikamente mit im Schnitt vier Darreichungsformen und drei Verpackungseinheiten multipliziert, kommt man auf etwa 12.000 verschiedene Variationen, die ein Arzt auf Rezept verschreiben könnte.

Wenn dann, wie üblich, noch weitere Präparate auf dem Rezept aufgeführt sind, explodiert die Zahl der Möglichkeiten. Schnell steht es dann eins zu hundert, dass die Apotheke genau zu diesem Zeitpunkt auch genau diese Medikamente in der gewünschten Form und Menge vorrätig hat.

Bei rund 15.000 bis 20.000 Positionen, die kleine und mittlere Apotheken üblicherweise auf Lager haben, ist es fast ausgeschlossen, dass alle Rezepte sofort abgegeben werden können. Kaum jemand also hat den Apotheken-Standardsatz („nicht da… muss ich bestellen") noch nicht gehört.

Praxistipp

Ich benutze diese verkäuferisch bedenklichen Formulierungen absichtlich, denn sie scheinen in Apotheken nicht auszurotten zu sein. Wie viel „kundischer" wären Sätze wie „Gern hole ich Ihnen das bis 15 Uhr", „Ihre Medizin ist schon bei der nächsten Lieferung dabei" oder „Sehr gern … um 15 Uhr ist es da". Heerscharen von Coaches sind darüber verzweifelt. Im Apothekenalltag ist und bleibt einfach alles immer „nicht da".

Den Hintergrund für die vermeintliche Schwäche in Sortiment- und Lagerhaltung ist Ihnen nun bekannt. Und wenn Sie dann noch

---

75 Siehe Apotheker Dr. Jens-Uwe Junghanns, Apotheken-Berater, Berlin.

berücksichtigen, dass das Auseinzeln, also z. B. das Entnehmen von etwa 20 Pillen (= N2) aus einer 50er-Packung (= N3) nicht erlaubt ist, dann werden Sie die Nöte eines Apothekers verstehen, wenn einem Kunden das Mittel XY in N1 rezeptiert wurde, er aber nur XY in N2 da hat. Entweder er bietet an, N1 beim Großhandel zu bestellen und riskiert die Antwort: „Dann schau ich mal gegenüber, ob die das da haben". Oder er einzelt aus, stellt seinen Kunden zufrieden und sichert sich den Umsatz.

Ein wohlgemeinter Rat: Selbst wenn Ihr Apotheker steif und fest behauptet, er würde das verbotene Auseinzeln nicht vornehmen: Schließen Sie diesen Tatbestand bei den versicherten Leistungen mit ein. – Just in case.[76]

1.5. Großhandel: Lebensader und Knebelung zugleich

In Deutschland existiert ein perfektes Logistiksystem für Arzneimittel, das jede Apotheke mindestens dreimal täglich planbar und pünktlich beliefert. Überall wird mittags (meist zwischen 12.00 und 14.00 Uhr), nachmittags (oft gegen 16.00 Uhr) und irgendwann in der Nacht geliefert. Wo Apotheken über 18.00 Uhr hinaus geöffnet haben, gibt es gegen 18.00 Uhr noch eine zusätzliche Abendlieferung. Hier beispielhaft der Weg einer Bestellung im Schnelldurchlauf:

- ▸ 9.20 Uhr: Das Rezept kommt in der Apotheke an.
- ▸ 9.28 Uhr: Die Bestellung beim Großhandel per PC oder Fax erfolgt.
- ▸ 10.30 Uhr: Im Hauptlager werden alle Bestellungen dieser Apotheke in eine Kiste gepackt. Lkw bringen alle Kisten einer Lieferregion zu einem Parkplatz des Autobahnnetzes.
- ▸ 13.30 Uhr: Schnelles Umpacken dieser Kisten in kleine Lieferwagen.

---

76 Vgl. Kapitel VI.3.4 „Must haves": Einschluß grob fahrlässig, Seite 207ff.

- 13.35 Uhr: Die Lieferfahrer starten zur Sternfahrt.
- 13.54 Uhr: Das Lieferfahrzeug erreicht die Lieferregion, die erste Apotheke wird beliefert.
- 13.57 Uhr: Die zweite Apotheke wird beliefert.
- 14.00 Uhr: Die dritte Apotheke wird erreicht. Unser Medikament ist da!
Danach geht es mit der Auslieferung im Drei- bis Fünfminutentakt so weiter.

Aus Versicherungssicht besonders interessant ist eine spezielle bauliche Einrichtung für späte Stunden der Medikamentenlieferung. Gerade in älteren Apotheken ist die sogenannte Schleuse, also der Weg, den die nächtliche Warenlieferung in die Apotheke nimmt, eine Einladung zum Einbruchdiebstahl par excellence.

Es muss schließlich auch des Nachts einen Weg in die Apotheke geben, dergestalt angelegt, dass die Ware nächtens sicher verschlossen und morgens durch die Mitarbeiter problemlos in Empfang zu nehmen ist. Sie werden diesbezüglich überraschende Entdeckungen machen. Denn bei der Gestaltung dieser Schleuse scheint sich eine jahrzehntelang aufgestaute Kreativität auszutoben.

Praxistipp

In großen Einkaufszentren oder Flughäfen, Bahnhöfen und anderen Orten mit vielen einzelnen Läden gibt es oft eine zentrale Schleuse für alle.

Wenn Sie auf so eine Apotheke treffen, stehen die Chancen mehr als gut, dass dieser gesonderte Versicherungsort bisher noch nie dokumentiert wurde. Und Apotheker finden es zutiefst suboptimal, wenn wesentliche Teile ihrer Ware beim Versicherungsschutz nur wegen handwerklicher Mängel, die der Vorvermittler gemacht hat, ausgeschlossen bleiben.

Kein Wunder, dass Einbruchsprofis, wenn sie nicht gleich die für ihren kriminellen Ausbildungsstand minimal gewappnete übliche Automatikeingangstür benutzen, am zweitliebsten durch die Schleuse eindringen. Also: Schauen Sie sich die Schleuse an. Auch für die Automatiktür sollten Sie spätestens nach dem ersten Schaden eine Lösung nach Maß haben.[77]

Wenn kleinere Lieferwagen, immer wieder gern verkehrsbehindernd, direkt vor der Apotheke halten, dann ist das der Lieferservice des Großhandels. Bitte gehen Sie jetzt nicht hinein, denn in der Apotheke herrscht dann gerade Springflut.

Der Großhandel ist jedoch nur eine von mehreren Möglichkeiten, wie Apotheken an ihre Ware kommen. Wenn der Hersteller es vorsieht, besteht auch die Möglichkeit des Direktbezugs.

Einen Direkteinkauf bieten vor allem Hersteller mit eigenem Außendienst, also eher die namhafteren Adressen. Einen weiteren Bezugsweg stellt der sogenannte Überweiser dar. Der Apotheker ordert dann zwar auch beim Hersteller-Außendienst, geliefert wird aber durch den Großhandel.

Den letzten, eher seltenen, jedoch für unsere Belange höchst interessanten Bezugsweg stellt die Sammelbestellung dar. Hier ordern mehrere Apotheker gemeinsam, um so maximale Mengenrabatte zu generieren.

Dieses Verfahren ist für den Vermittler aus zweierlei Hinsicht spannend. Zum einen wegen des damit verbundenen Empfehlungspotenzials. Es sind schließlich ausnahmsweise einmal viele – oft dynastisch verbandelte – Apotheker aus der Umgebung beteiligt, die kooperieren. Über lange Distanzen würde sich das Modell sonst nicht rentieren.

Zum anderen sollte der Sach-Mann sogleich elektrisiert sein und sich sehr dafür interessieren, wie denn im Zweifel diese Kommissionsware an jedem Versicherungsort aktuell versichert ist.

---

77 Dazu mehr sowie weitere Serviceideen finden Sie weiter unten im Kapitel VI.4. über Services, die ankommen.

Zurück zur Parksituation rund um Apotheken. Der Kfz-affine Vermittler sollte im Apothekenumfeld parkende Pkw ins Auge nehmen und auf Markenzeichen wie das Bayer-Kreuz, die „geistreiche" Klosterfrau als Autoaufkleber oder ein Großhändlerlogo wie beispielsweise Phönix, Noweda oder Gehe achten.

▶ Wer die rund um eine Apotheke parkenden Fahrzeuge betrachtet, kann leicht feststellen, wer gerade zu Besuch ist. Aufkleber und ein Logo verraten die Herkunft der Halter. Als „Eiliger Apotheker-Helfer" findet man immer eine gute Ausgangsposition.

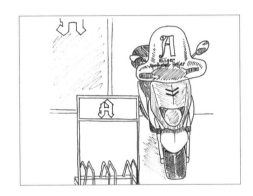

Wenn ein entsprechender Wagen gar auf dem Apotheken-Parkplatz steht, was allgemein gar nicht gern gesehen wird, dann steht bereits ein Vertreter am HV. Ein ungeschriebenes Gesetz verlangt: Wer danach kommt, wartet draußen.

Beim Vertreter-Fingerhakeln um die wertvolle Apothekerzeit mische ich natürlich kräftig mit, indem ich meinen Motorroller mit Vorliebe direkt vor dem Apothekeneingang parke. Dort, wo meist unmissverständlich mit dem Apotheken-A Platz für Fahrräder vorgehalten wird.

Mein breiter „Eiliger Apotheker-Helfer"-Hinweis auf dem Windshield kommt hier richtig zur Geltung. „Du nicht! Jetzt bin ich am Drücker", ist jeder gewarnt, der im Begriff ist, meinen Termin zu stören.

Der zweite Job meines Großstadtflitzers kommt auch gelegen: Er bietet immer wieder eine echte Steilvorlage für einen entspannten Smalltalk.

Praxistipp

Erscheinen Sie nicht zu früh. Wenn der Vertreter wieder draußen ist, lassen Sie dem Inhaber am besten etwas Zeit, um das zu verarbeiten, mit dem er gerade „zugetextet" worden ist. Denn nach dem Apotheker-Stoßgebet „Bitte nicht noch einer" nun sogar 120 statt 100 Prozent geben zu müssen, ist anstrengender und frustrierender – und zwar für beide Protagonisten!

Übrigens: Wenn Sie nun glauben, der Großhandel sei bei Apothekern besonders beliebt, irren Sie gewaltig. Denn der Großhandel diktiert heute, wie im Einzelhandel auch die großen Discounter, die Preise und Bedingungen – natürlich zulasten der Margen des Apothekers.

Insbesondere kleinere und mittlere Apotheken mit geringerem Bestellaufkommen können ein Lied davon singen. Apotheke Adhoc brachte es in seinem Newsletter vom 31. Januar 2015 in einer lesenswerten Fiktion mit dem Titel „Lebenslängliche Geiselhaft" perfekt auf den Punkt:

„Eine Apothekerin sitzt erschöpft an ihrem Schreibtisch im Büro. Die Verhandlungen waren hart, der Großhandelsvertreter hat keine Stellung kampflos geräumt. Nach viereinhalb Stunden steht das Paket. Es ist dasselbe Paket, wie mit dem anderen Großhändler gestern, aber wen wundert das noch. Zwei Prozent noch auf Rx, solange der durchschnittliche Packungspreis stimmt, und 1,5 Prozent Skonto, wenn die Ware einen Tag vor Lieferung bezahlt wird – mehr war nicht drin in dieser Woche."

1.6. Rezeptur & Labor: seit jeher die Apothekerwelt

In der Rezeptur werden Medikamente hergestellt, im Labor wird untersucht. Lassen wir in diesem Zusammenhang die frühere Zeiten verklärende Dosen-, Kolben-, Tiegel- und Fläschchen-Romantik beiseite: Das Labor von heute ist funktional. Je nach Bedarf und tatsächlicher Nutzung, variiert es zwischen Alibi-Funktion und Hightech-Reinraum.

Alibi-Labore enthalten genau die Technik, die Apotheken laut Betriebsordnung vorzuhalten haben: diverse Analyse-, Test- und Produktionsgeräte, Labor-Kleingerät, Sicherheits- und Erste-Hilfe-Set, das Laborbuch und einen extra gesicherten BTM-Giftschrank. Hinzu kommen amtlich geeichte Waagen, eine zugelassene Abzugsanlage und ein Notausgang nach außen.

All das will der Pharmazierat bei der Revision sehen und nur dafür ist es auch da. Da gerade ganz kleine Apotheken heute fast ausschließlich Fertigarzneimittel abgeben, reichen Mini-Labore und den Mindestanforderungen genügende Rezepturen aus. Solche Apotheken haben sich dem Verschreibungsverhalten der umliegenden Ärzteschaft angepasst, die vornehmlich Fertigarznei verordnet.

Praxistipp

Lassen Sie sich Rezeptur und Labor immer zeigen. Dies erlaubt wichtige Rückschlüsse auf die Risikostruktur der konkreten Apotheke. Auch Ihre Einschätzung des Versicherungswertes komplettiert sich dann sofort.

Wer sich jedoch heute mit eigener Herstellung profilieren will, und das kann sehr lukrativ sein, muss fast eine industrielle Rezeptur vorhalten. Und ein Labor, vollgestopft mit neuester Technik, *Reinraumarbeitsplätzen*, elektronischen Dokumentationssystemen, speziellen Kühlsystemen und eventuell eigenen *Blisterautomaten.* (Hier weiter ins Detail zu gehen, führe jedoch zu weit.)

In der Rezeptur stellen Apotheker zwei Produktgruppen mit unterschiedlicher versicherungstechnischer Relevanz her. Als Vermittler müssen Sie beide kennen, um den Inhaber korrekt versichern zu können.

a) Rezepturen

Rezepturen sind Präparate aller Art, die in Apotheken auf Basis eines konkret vorliegenden Rezeptes hergestellt werden.

Nehmen wir bspw. einen Augenarzt, der für einen Patienten bestimmte Augentropfen verordnet. Der Rezeptbesitzer trägt das Rezept in die Apotheke und das Fachpersonal stellt diese nach den Vorgaben des Arztes her. Solche quasi Auftragsarbeiten für Ärzte werden Rezeptur genannt. Sie sind in jeder normalen Betriebshaftpflicht mitversichert.

Nehmen wir weiter an, das Medikament bewährt sich und mit der Zeit kommen im Wochenschnitt zehn Verschreibungen. Dem weitsichtigen Apotheker entgeht das natürlich nicht und er fängt an, über Rationalisierung nachzudenken. Die Angestellten sollen effektiv eingesetzt werden, die Patienten ihre Tropfen sofort bekommen und die Laborbelegung soll sinken. Die Idee, montags zehn Portionen auf einmal anzusetzen, ist einfach zu verlockend. Nur ist die Rezeptur damit zu einer Defektur geworden.

b) Defektur

Ein Präparat, das der Apotheker nur im Hinblick auf wahrscheinlich kommende Rezepte eigenverantwortlich auf Vorrat herstellt, wird als Defektur bezeichnet. Damit ist er zum Hersteller geworden und braucht zusätzlich zur bestehenden Betriebshaftpflicht noch

---

Praxistipp

Treten Sie klar ein für den AMG-Schutz. Wenn dieser vom Apotheker nicht gewollt ist, übernehmen Sie gern die obigen Passagen sinngemäß für Ihre Dokumentation und lassen Sie sich den Vermerk vom Apotheker gesondert abzeichnen. Dieses Vorgehen kann wahre Wunder bewirken – und Sie entkommen der Haftungsfalle.

---

eine spezielle *Herstellerhaftpflicht* nach AMG. Wer das als Versicherungsvermittler nicht beachtet, steht unmittelbar beidbeinig in der Haftungsfalle.

Als Argument für einen Abschluss scheinen Defekturen wunderbar zu taugen. Tatsächlich ist es in der Praxis jedoch sehr schwer bis manchmal unmöglich, Apothekern die Notwendigkeit der sogenannten *AMG-Deckung* so zu erklären, so dass sie uneingeschränkt zustimmen.

Dies hängt mit einer unter Apothekern verbreiteten etwas schwammigen Auslegung von § 8 ApBetrO zusammen. Sie bewirkt, dass mittlerweile recht abenteuerliche Erklärungen dafür herangezogen werden, warum man trotz Defekturenherstellung doch keine AMG-Deckung benötige.

Sie sollten für sich bewerten, wie gerichtsfest die nachfolgend geschilderte Hilfskonstruktion daherkommt. Zwei Auslegungspassagen erregen Anstoß: „Defekturen [...] dürfen nur angefertigt werden, wenn sie nachweislich häufig verschrieben werden, [...] maximal 100 abgabefertige Packungen täglich [...] hergestellt werden (*Hunderterregel*)."[78]

Als Apotheker würde man wahrscheinlich ungern vor Gericht darauf hoffen müssen, welchen Grenzwert der Richter als „häufig" ansieht. Ebenso wäre es belastend, tagtäglich mit Argusaugen darüber

---

78 Vgl. http://de.wikipedia.org/wiki/Defektur.

wachen zu müssen, ob ja nicht die einhundertunderste Einheit hergestellt wird. Nicht bei den Augentropfen aus unserem Beispiel, nicht bei den Babyzäpfchen des Kinderarztes, auf die immer mehr Mütter schwören, und erst Recht nicht bei der Lieblingscreme des Hautarztes, die zu den Sommerferien hin massenhaft gefragt ist. Und all dies, nur um sich pro Jahr etwa 160 Euro für die zusätzliche AMG-*Vorsorgedeckung*, das wären also weniger als 50 Cent pro Tag, zu sparen.

1.7. Grundrisse: alles auf einen Blick

Es wären noch viele interessante Dinge aus dem Innenleben der (Rest-) Apotheke jenseits der Offizin zu berichten, was jedoch das Format dieses Buches sprengen würde. Zur besseren Orientierung finden sich auf den nächsten Seiten noch einige Grundrisse von Apotheken, die der Detmolder Apothekenausstatter Michael Höferlin dem Autor für diesen Zweck übersichtlich – weil vertrieblich vereinfacht – zur Verfügung gestellt hat.

Als Erstes von drei Beispielen wird im Nachfolgenden der Grundriss einer etwas größeren Apotheke aus den 1980er Jahren mit beginnender Freiwahl-Ausrichtung gezeigt. Kleine (Land-) Apotheken würden in aller Regel nur über zwei Abgabestellen am Handverkauf verfügen.

Hier sieht man bereits den aufgelockerten HV. In der 1960er Jahren wäre dieser einmal quer durch den ganzen Raum gelaufen. Einen eigenen Beratungsbereich gibt es noch nicht, ebenso wenig wie einen Wartebereich oder Aktionsflächen.

Als zweites Beispiel findet sich der Grundriss einer modernen Kiez-Apotheke, die über einen Kommissionierautomaten statt dem typischen Apotheken-Alphabet verfügt (um die Servicegeschwindigkeit am HV zu verbessern) und einen *Beratungszylinder*. So kann trotz des geringen Platzvolumens die geforderte Beratungsdiskretion sichergestellt werden.

Als Letztes folgt der Grundriss einer modernen Ärztehaus-Apotheke mit den gefordert möglichst vielen Abgabeplätzen für Rezeptbesitzer. Auch diese Apotheke ist ausgestattet mit einem Kommissionierer und einem Beratungszylinder.

▶ Der Grundriss zeigt eine Apotheke aus den 1980er Jahren mit beginnender Freiwahl-Ausrichtung. Es ist bereits der aufgelockerte HV zu sehen. Ein eigener Beratungsbereich wie auch ein Wartebereich oder Aktionsflächen fehlen.

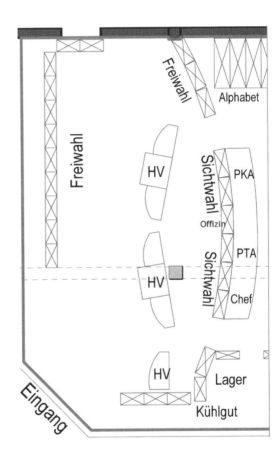

131

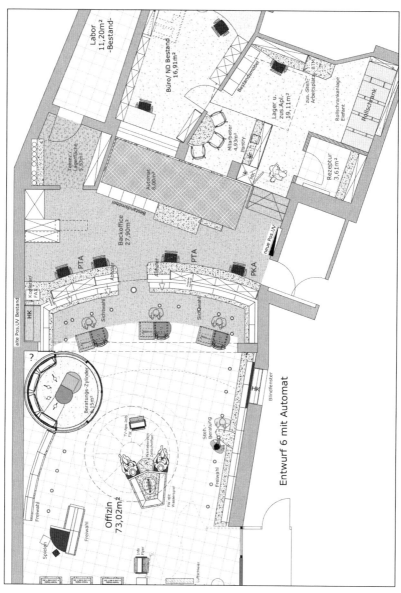

▶ Eine Kiez-Apotheke mit Kommissionierautomat statt
  Apotheken-Alphabet und mit einem Beratungszylinder.

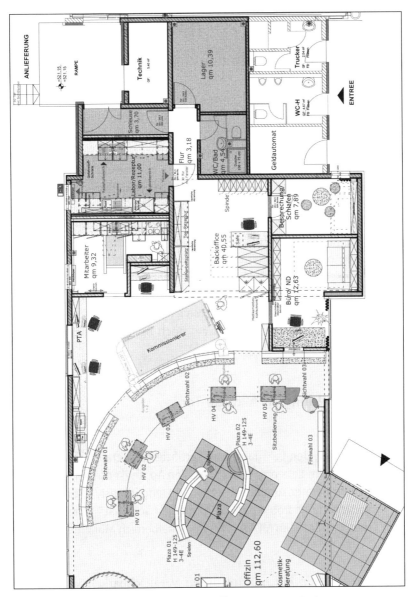

▶ Der Grundriss einer modernen Ärztehaus-Apotheke mit vielen Abgabeplätzen für Rezeptbesitzer.

2. Unter der Lupe: die Apotheken-Akquise

2.1. Mehrere Wege führen zum Ziel

Welcher Weg ist der beste? Gleich vorweggenommen: Diese Frage ist von Grund auf falsch. Seit Verkaufstrainer, Berater und Coaches mit ihren Ratschlägen unterwegs sind, wird auch der jeweils bevorzugte vermeintliche Königsweg propagiert. Zwar kann im Vertrieb jederzeit nachgemacht werden, was andere als Vorbild anpreisen. Die wort- und bildgewaltig prophezeiten immensen Erfolge bleiben in aller Regel aber aus.

Fragen Sie sich also besser: Welcher Weg passt zu mir? Für welchen Weg kann ich brennen, womit habe ich in dieser oder jener Zielgruppe oder gar in einer noch enger gefassten Kommunikationsgemeinschaft bereits gepunktet? Stallgeruch, werte Kollegen, hat in unserem Fall nichts mit landwirtschaftlichen Versicherungen zu tun. Bei unserem Stallgeruch geht es vielmehr um das gelebte Dazugehören zu seiner Zielgruppe oder – noch besser – seiner Kommunikationsgemeinschaft.

2.2. Weiterbildung als Akquise-Tool

> Es tat Not, den Lehrgang zum zertifizierten Berater Heilwesen (IHK) ins Leben zu rufen. So stellen Apotheker sicher, dass sich ihr Berater zumindest sechs Tage lang intensiv mit ihrer Versicherungsproblematik vertraut gemacht hat." (Thomas Hieble, Mentor im MDVA e.V. – Regionalbereich München)

In unseren Zeiten der multimedialen Vergleichbarkeit von Preisen und Tarifen ist Zielgruppenwissen ein wichtiger Wettbewerbsfaktor. „Erfolgreiche Versicherungs- und Finanzvermittler differenzieren sich im Wettbewerb um neue Mandate und Kunden über ihre Kompetenz und Professionalität und investieren systematisch in die eigene Weiterbildung", erklärt Norbert Lamers, der seit vielen Jahren in der Weiterbildung von Maklern tätig ist.

Hierin liege eine große Chance. In Verbindung mit einer gezielten Spezialisierung auf bestimmte Kommunikationsgemeinschaften können sich alle Vermittler, die diesen Weg konsequent gehen, eben dieser Vergleichbarkeit und damit einer preisdominierten Akquise entziehen.

Viele, sogar sehr viele Kolleginnen und Kollegen haben den Beweis bereits erbracht: Dazu gehören zunächst einmal alle „Platzhirsche" an ihrem Ort oder in ihrer Region. Weiter gibt es Spezialisten für Zielgruppen, Themen oder Vertriebswege, die für sich, ihre Kunden und auch in den Augen der Öffentlichkeit den Alleinstellungsbeweis bereits vorgelegt haben.

Hier seien nur einige Beispiele aus diesem Jahr genannt: Barbara Rojahn in der Beratung von Frauen, Nicole Gerwert bei den Zahnärzten,[79] Karsten Körwer mit seiner Generationenberatung, Stefan Beckmann zum Thema Arzthaftpflichten oder Gerald Mützel mit seinen Fitnessstudios.

Hinzu kommen der Fondsexperte Udo Kerzinger[80] oder „Mister Neue Medien" Martin Müller, der Berufsunfähigkeits-Erklärer Holger Timmermann sowie der Honorarberater Davor Horvat – um einen breiten Bogen zu spannen.

Jede Spezialisierung auf ein Thema oder eine Zielgruppe erfordert spezielles Wissen. Je spezieller das Thema oder der Alltag der Zielgruppe ist, desto tiefer muss dieses Wissen gehen. Wollen wir gar eine Branche für uns gewinnen, die seit Jahrhunderten eine ganz besondere Nische mit eigenen Risikopotenzialen besetzt wie bspw.

---

79 Ihr Zielgruppenbuch ist im Januar 2017 im VersicherungsJournal-Verlag erschienen, siehe www.versicherungsjournal.de/buch/zielgruppenanalyse-zahn-aerzte-366.php.

80 Siehe sein Praktikerhandbuch zum Fondsverkauf, www.versicherungsjournal.de/buch/praktikerhandbuch-fondsverkauf-einfach-gemacht-328.php.

Apotheker, Jäger oder Seeleute, sollten wir in deren Welt möglichst traumwandlerische Sicherheit erlangen, um dort auf breiter Front erfolgreich zu sein.

Praxistipp

Bevor Sie den ersten Apotheker angehen, beantworten Sie sich bitte die nachstehenden Fragen ganz genau. Kann ich mit Apothekern? Passe ich zu denen? Mag ich die? Kann ich ihre Erwartungen erfüllen? Welchen Mehrwert kann ich bieten, den Apotheker dringend brauchen?

Das ist das wertvollste Selbst-Coaching, das Sie jemals durchlaufen können.

Schon seit Jahren plädiert das genossenschaftlich organisierte *Heilwesennetzwerk RM eG* für eine bessere Ausbildung von Beratern, die Kliniken, Ärzte oder eben Apotheker betreuen. Insbesondere Berater für Dienstleister im Gesundheitswesen, deren Berufe von branchentypischen Rahmenbedingungen und Gefährdungen gekennzeichnet seien, müssten in besonderem Maße über Fachkenntnisse verfügen, erklärte Horst-Peter Schmitz, Gründer und Vorstandsvorsitzender des Heilwesennetzwerks.

In praktisch allen Bereichen des Gesundheitssektors werde viel zu oft mit unpassenden Versicherungs- und Finanzierungskonzepten gearbeitet. Dies könne schwerwiegende Folgen haben, bis hin zu erzwungenen Praxisaufgaben oder Schließungen von Apotheken, berichtet Horst-Peter Schmitz im Magazin Health & Care Management.[81]

---

81 Vgl. Health & Care Management, Neuer IHK Lehrgang: Berater im Heilwesen, 5. April 2016, www.hcm-magazin.de/neuer-ihk-lehrgang-berater-im-heilwesen/150/10660/326554.

In Kooperation mit einem Weiterbildungsdienstleister habe seine Genossenschaft deshalb in bisher zwei IHK-Bezirken – Bonn und Magdeburg – eine spezielle Fortbildung für Versicherungsmakler ins Leben gerufen. Dieses Angebot soll Vermittler mit den speziellen Risiken von Ärzten und Apothekern vertraut zu machen. Zudem sollen für die Heilwesenberufe verbindliche Qualitätsstandards für die Absicherung etabliert werden.

Bei dem neuen Zertifikatslehrgang der Industrie- und Handelskammern handelt es sich um eine sechstägige Fortbildung mit anschließender Prüfung.[82]

Mit der Erfahrung aus vielen hundert Seminaren, aus Coachings sowie eigenen Beobachtungen und Erfahrungen meiner Kollegen im Heilwesennetzwerk kann ich sagen:

Die Geschäftserfolge der spezialisierten Kollegen beruhen alle auf einem einzigen interdependenten Faktor. Ihre Klientel passt zu ihnen und für ihre Kunden sind sie entweder „einer von ihnen" oder sie sehen im jeweiligen Kollegen „den Experten für ihren Bedarf". Nur wenn beide Seiten zueinander passen, klappt es auch mit dem dauerhaften Erfolg als Versicherungsvermittler.

Nicht jeder wird sofort für sich entscheiden können, ob er Zugang zum Berufsstand der Apotheker finden oder weiterhin mit diesem fremdeln wird. Genau bei dieser Überlegung hilft dieses Buch. Wenn Sie Apotheker gewinnen wollen oder zunächst nur neugierig sind auf diese Spezies, dann beginnt Ihr Weg in den neuen Arbeitsalltag nun hier: bei der Akquiseplanung.

2.3. Der bekannte Weg: das Telefon

Apotheker sind Menschen, die gemeinhin vieles genauer nehmen als andere. Sie müssen es tun, denn bei Medikamentendosierungen

---

82 Siehe www.perspectivum.com/webtool.php?modul=seminare&baustein=ver anstaltungen&zcNode=0&seite=&m=1&k=32&mcp=1&naviPos=Seminare &s=133.

darf es weder „etwas mehr sein" noch etwas weniger. Apotheker lernen früh im Studium, dass es immer um das „Milli" geht – egal ob Gramm, Liter oder sonstige Einheiten.

> „Es gibt keinen Königsweg! Michael Jeinsen schwört auf Kaltakquise, Christian Ring aufs Telefon. Björn Schmidt kooperiert mit Apotheker-Organisationen, Volkmar Haegele nutzt die neuen Medien und wir gehen den Weg über Ärzte. Alles geht. Aber jeder Weg braucht seine eigene klare Strategie." (Bernd Cicholas, Versicherungsmakler und Ärzteberater, Köln)

Diese Verpflichtung auf besondere Sorgfalt und Genauigkeit sollten Sie bei der Apotheker-Akquise ernst nehmen. Bei Terminen bedeutet 14.00 Uhr auch 14.00 Uhr. Nicht etwa 13.45 Uhr, weil Sie gut im Straßenverkehr durchgekommen sind, und auch nicht 14.15 Uhr, nur weil Sie keinen Parkplatz gefunden haben.

Großartig, werden Sie nun denken. Ein Kunde, der auf Pünktlichkeit Wert legt. Sie werden sofort alle Apotheken im Umkreis recherchieren, den Inhaber oder die Inhaberin feststellen – und ab ans Telefon, um Termine zu machen. Nur los und viel Erfolg! Die Erfahrung lehrt jedoch: Aus dem Stand heraus klappt das so gut wie nie.

Denn Apotheker müssen es genau nehmen in einem Arbeitsumfeld, das sie nur sehr begrenzt selbst bestimmen und gestalten können. Ständige Störungen kennzeichnen ihren Beruf im Arbeitsalltag, angefangen vom Kunden über Vertreter bis hin zu diversen Aufsichtsinstitutionen.

Alle Verantwortung lastet allein auf den Inhabern, denn die Mitarbeiter haben – soweit nicht approbiert – allesamt de jure eben doch nur helfende Funktionen. Um den Apothekenalltag sicher und gefahrlos zu gestalten, gibt es eine überbordende Qualitätsbürokratie, die garantieren soll, dass nichts schief geht.

▶ **Gedankenspiel**

Wie würden Sie sich fühlen, wenn Sie als Versicherungsmakler mit drei Mitarbeitern trotzdem von jedem Kunden persönlich angefragt werden? Und wenn Ihre Mitarbeiter bei jeder Auskunft, bei jeder Entscheidung und jedem Tarif zu Ihnen kämen, um sich zu vergewissern, dass dies so in Ordnung ist?

Wie sähe Ihr Tag aus, wenn Sie alle Beratungsdokumente jederzeit vorzeigbar halten müssten, weil gleich ein Ombudsmann hereinplatzen könnte, um das alles zu prüfen? Und wie fühlten Sie sich, wenn von alledem immer und jederzeit Ihre Existenz als Selbstständiger abhängen würde? ◀

Ehrlich gesagt: Sie, wie wahrscheinlich auch alle anderen Unternehmer oder Freiberufler, würden wahrscheinlich die drei Mitarbeiter sofort abmahnen. Sie würden sich, wann immer es geht, außerhalb der Kundensichtweite verschanzen, um schnellstens die letzten Beratungstermine gemäß dem Versicherungsvertragsgesetz (VVG) zu dokumentieren. Selbst ein radikaler Schnitt käme Ihnen vermutlich in den Sinn: Den Laden schließen, um in Zukunft etwas Sinnvolles zu machen.

Das Berufsbild der Apotheker schreibt aber genau diese drei oben karikierten Arbeitsinhalte vor: Nur das pharmazeutische Personal darf rezeptpflichtige Medikamente abgeben.

Apotheker haben die Pflicht zur Kundenberatung und sie müssen die strengen Anforderungen im Interesse der Volksgesundheit nicht nur im Rahmen einer Qualifizierung nachweisen, sondern auch permanent im Qualitätsmanagement dokumentieren. Bei nachgewiesenem Fehlverhalten drohen empfindliche Strafen bis hin zum Approbationsentzug – vulgo dem Berufsverbot.

Was also würden Sie tun, wenn Sie in diesen Rahmenbedingungen arbeiten müssten? Klar erkannt, Sie würden alles daransetzen, sich von einer anderen Seite keine zusätzlichen Themen oder Termine aufnötigen zu lassen. Sie würden einen dauerhaften Abwehrkampf gegen jeden führen, der Sie wegen etwas vermeintlich Marginalem stört und Ihnen damit die Zeit stehlen will.

Bei Apothekern kommt hinzu: Sie vereinbaren höchst ungern Termine, weil sie eben in allem, was sie tun, so korrekt sind. Ein gegebener Termin ist vorzubereiten und pünktlich einzuhalten.

Apotheker wissen aber genau, dass ein einziger kranker Mitarbeiter, ein ausuferndes Kundengespräch, gar eine drohende Revision oder einfach nur apothekenfreundliches Erkältungswetter ausreichen, um ihre Planung über den Haufen zu werfen. Wenn sie also, aus ihrer Sicht gesehen, weniger bedeutsame Termine gar nicht erst vereinbaren, brauchen sie diese weder vorzubereiten, noch zusätzlich zu den sonstigen Widrigkeiten des Apothekenalltags durchzuführen.

Praxistipp

Wenn Sie einen Termin vereinbaren und früher da sind, dann bestellen Sie beim Bäcker gegenüber lieber noch einen Kaffee und lassen die Zeit bis zum Gespräch verstreichen.

Sollten Sie sich verspäten, rufen Sie fünf Minuten vor dem vereinbarten Zeitpunkt in der Apotheke an und avisieren die Verspätung, auf dass man es dem Chef ausrichten möge. Verlangen Sie nicht nach diesem selbst! Das könnte bereits zu viel der Störung sein.

Versicherungstermine gehören im Allgemeinen zu den weniger wichtigen Terminen – jedenfalls so lange, wie noch nichts Konkretes passiert ist. Andererseits gibt es immer auch Zeitfenster, die es sich zu nutzen lohnt. So macht es z. B. Kollege Christian Ring aus Dresden,[83] einer der besten Telefonakquisiteure in Apotheken. Seine Strategie ist vordergründig erstaunlich, denn er greift an, wenn die

---

83 Siehe CfM GmbH & Co. KG Versicherungsmakler, www.cfm-makler.de.

Sache bereits erledigt ist: Nämlich immer dann, wenn eine Neugründung im Handelsregister erscheint.

Zu diesem Zeitpunkt müssen ja nagelneue Policen bestehen, gleichzeitig ist das Thema aber noch frisch. Deshalb kann Christian Ring am Telefon Fragen stellen, die der Vorvermittler voraussichtlich nicht einmal kannte. Storno und Umdeckung sind dann ebenso möglich wie eine *Summen- und Konditionsdifferenzdeckung* (SKDD) der dann auslaufenden Verträge.

Generell ist es allerdings recht unerquicklich, in Apotheken telefonisch um einen Termin mit dem Chef zu bitten. Sind Sie aber, wie es oben beschrieben wurde, ein begnadeter Telefon-Akquisiteur? Dann legen Sie los und viel Erfolg! Sollten Sie einen Apothekentermin bekommen – was nach dem Gesetz der großen Zahl durchaus vorkommen wird –, seien Sie bestens vorbereitet und auf die Minute pünktlich.

2.4. Der formale Weg: das Anschreiben

Briefe von Unternehmer an Unternehmer sind eine sinnvolle Sache; so manch ein gut gemachtes Mailing, das im Laufe meiner Berufspraxis – postalisch oder online – versandt worden ist, war durchaus erfolgreich. Als Beispiel sei hier ein individuell gestaltetes Mailing an Gesellschafter-Geschäftsführer (GGF) erfolgreicher Unternehmen genannt, das in den späten 1990er Jahren mit einem Kunden aus Bruchköbel zum Thema „GGF-Versorgung mit Immobilienrückdeckung" umgesetzt wurde.

112 Briefe im Raum Hanau wurden verschickt, immerhin neun GGF antworteten selbst, mit 19 weiteren wurden in einer Nachfassaktion Termine vereinbart. Aus den 28 nunmehr „warmen" Kontakten zog der Immobilienvermittler 17 kZ-, kI- oder kG-Nieten,[84] aber auch elf tiefer gehende Gespräche. Sechs Interessenten kamen bis zur

---

84 Das heißt: keine Zeit, kein Interesse, kein Geld.

Berechnung, drei haben gekauft. Insgesamt wurden neun Wohnungen protokolliert. Alle waren zufrieden.

Ich bin mir sicher, dass man in Apotheken mit entsprechend attraktiven Themen, wie beispielsweise der apothekenintern weiterhin heiß diskutierten Rezeptfreigabe der *„Pille danach"*, durchaus postalisch, per Fax oder per Mail Aufmerksamkeit erregen kann. (Übrigens: Das gute alte Faxgerät stellt in Apotheken oft noch den vielversprechendsten Weg dar, denn es bildet häufig die bestgenutzte Kommunikationsachse zwischen Arztpraxen, Apotheken und Großhandel.)

Und einige Kollegen praktizieren das auch längst. So einer der erfahrensten Apotheken-Betreuer, das Versicherungsmaklerbüro Karlheinz Schmid aus Mühlacker.[85] Die Kollegen haben es über die Jahre geschafft, durch sachkundige Informationen und apothekengerechte Betreuung die Aufmerksamkeit des Landesapothekerverbandes (LAV) Baden-Württemberg zu gewinnen. Heute, als der vom LAV offiziell empfohlene Versicherungspartner, kommen die Schreiben der Kollegen natürlich bei den Apothekern ganz anders an und werden auch entsprechend ernst genommen.

Die textliche Ansprache funktioniert also durchaus. Und es könnte sogar noch häufiger klappen – wenn da nicht das vermaledeite Apothekerbüro wäre. Alle, die jemals diesen meist als Büro und Nachtdienstzimmer doppelt genutzten Raum betreten haben, werden wissen, worauf hier angespielt wird.

Zimmer ohne Ausblick

Die weitaus meisten Apothekerbüros mutieren früher oder später zu besseren Abstellkammern mit Übernachtungsoption und Mini-TV-Gerät für lange Dienstnächte. Im Extremfall sind sie überfüllt mit allem und jedem, das in den restlichen Apothekenräumen nicht recht Platz fand. Und das ausgerechnet bei einem höchst peniblen Inhaber,

---

85 Das ist die Karlheinz Schmid Versicherungsmakler GmbH, www.schmid-online.com.

dem das Chaos oft sichtbar peinlich ist. (Für Übertreibungen angesichts natürlich existierender Ausnahmen wird an dieser Stelle um Absolution gebeten.)

Das steht im herben Widerspruch zum bislang Gesagten und bedarf – nicht zuletzt zur Ehrenrettung aller sich jetzt eventuell ertappt fühlender Apotheker – dringend einer Erläuterung, zumal der Inhaber in aller Regel daran völlig unschuldig ist. Denn solche Apothekerbüros sind räumliche Fehlplanungen erster Güte. Bei der Einteilung einer neuen oder Übernahme einer bestehenden Apotheke wählt sich der Inhaber, bescheiden wie er ist, meist das hinterste Zimmer, das da ist. Eine massive Fehleinschätzung, wie sich später im Alltag zeigen wird.

So rennen z. B. Mitarbeiter, die die Unterschrift des Prinzipals für ein Rezept brauchen, mehrmals in der Stunde zwischen Offizin und Büro hin und her. Kunden müssen deswegen längere Wartezeiten in Kauf nehmen.

Es dauert nicht lang, und der Chef zieht um. Mit Vorliebe gleich rechts oder links in den vorderen Bereich, von der Offizin nicht einzusehen, hinter die Sichtwahl. Dort wird dann ein kleiner versteckter Durchguck eingebaut, damit der Chef bei interessanten Stammkunden sofort hervorkommen, bei anderen eventuell in der Deckung bleiben kann. Spezialisierte Architekten und Apothekeneinrichter berücksichtigen diese Gepflogenheiten bereits in ihren Planungen und integrieren den Wege optimierenden Chef-Arbeitsplatz in ihre Entwürfe.

Damit wird ein separates Chefzimmer eigentlich obsolet. So beginnt dann schnell dessen sukzessive Zweckentfremdung. Der nunmehr deutlich weniger bewohnte Raum wird dabei zunehmend für andere Aufbewahrungszwecke genutzt. Unter anderem auch gern für Post aller Art, außer von Bestellungen und Großhandels-Faxen versteht sich.

Im hintersten Raum wachsen dann langsam aber unaufhaltbar drei Stalagmiten in Richtung Decke. Über der ersten Säule könnte ein Schild mit der Aufschrift hängen: „Wichtig, aber keine Zeit zum

Lesen". Über der zweiten: „Eventuell wichtig, aber keine Zeit, das herauszufinden". Die dritte Säule könnte gekennzeichnet sein mit: „Wohl unwichtig, aber keine Zeit zum Entsorgen".

▶ „Wichtig", „unwichtig", „könnte interessant sein": Die ungelesene Post stapelt sich fein säuberlich gehäuft im Büro des Apothekers. Dort wachsen die Stapel dann gen Decke. Wer hier Abhilfe schafft, macht sich beliebt.

Um es für alle Qualitätstexter deutlich zu sagen: Egal, was Sie schreiben – mit allerhöchster Wahrscheinlichkeit lässt Ihr Brief nur den dritten Stapel noch etwas mehr gen Decke wachsen.

Wenn Sie also diesen Weg gehen, dann besser in Verbindung mit einer weiteren Ansprache-Aktion. Ein Anruf oder Fax, mit dem Sie auf Ihr Schreiben verweisen, kann helfen. Und bringen Sie es auf jeden Fall zum „Ortstermin" mit – falls sich niemand mehr daran erinnern kann.

Noch besser wäre es jedoch, das Schreiben persönlich „zuzustellen". Geben Sie der Mitarbeiterin, die sich Ihnen nicht entziehen kann, eine kurze Erklärung und drücken Sie dann, wenn es geht, Ihre Post dem Chef persönlich in die Hand. Oder Sie lassen ihm Ihr Schreiben zumindest persönlich aushändigen. So stören Sie nicht allzu sehr, der Boss merkt, dass Sie „extra da waren", und die Chance steigt, dass er Ihre Post tatsächlich wahrnimmt und liest.

Für besonders engagierte Kollegen könnte auch der Nacht- und Notdienstkalender eine weitere Planungshilfe sein, denn sehr oft nutzen die Inhaber diese Dienste, um aufgelaufene Stapel abzuarbeiten. Sie sind also persönlich anwesend und haben eventuell sogar etwas Zeit und Neugier auf die Nachrichten, die ihnen gerade durch die Notdienstklappe überreicht wurden.

Praxistipp

Aus den Postbergen in den Büros meiner Kunden habe ich persönlich bereits diverse Regulierungsschecks „herausoperiert". Einige musste ich tatsächlich reanimieren – also diejenigen von Versicherungsunternehmen mit einem neuen Datum neu ausstellen lassen.

Meine Versicherer habe ich gebeten, alle Post direkt an mich zu schicken (da zieren sich einige Gesellschaften sehr). Seitdem klappt es bestens und alle sind zufrieden.

Einige Kunden geben mir jetzt all ihre Versicherungspost „zur Durchsicht". Dies wird von ihnen als extrem entlastend empfunden. Als Vermittler sieht man dabei sofort, welches Thema von wem gerade besonders gepusht wird. 80 Prozent der Versicherungspost landen übrigens stante pede in der Rundablage.

2.5. Der heiße Tanz: die Kaltakquise

Nehmen wir an, Sie haben tatsächlich einen ersten Termin vereinbart oder sich für den Tag einige unangekündigte Apothekenbesuche vorgenommen. In der Offizin angekommen, in der sich Kunden befinden, wäre es jedoch falsch, sofort auf den Termin hinzuweisen oder nach dem Inhaber zu verlangen. Denn nun gilt es, sich erst einmal „richtig zu benehmen".

Das beginnt mit der korrekten Platzwahl. Ideal ist, sich im Eingangsbereich rechts oder links in der am wenigsten frequentierten Freiwahlecke zu postieren. Das wirkt unaufdringlich, wahrt die Diskretion und zeigt den Mitarbeitern am HV, dass Sie etwas anderes wollen, als einfach Medikamente abzuholen. Sie werden also meist bei den Zahnbürsten, Windeln oder bei den Tierprodukten landen.

Allerdings wissen die Apothekenmitarbeiter nicht erst, seit Sie sich dezent in einer menschenleeren Ecke der Offizin aufgebaut haben, was Ihr Anliegen ist. Da das Personal tagtäglich mit kranken oder kränkelnden Menschen zu tun hat, ist es geschult, deren Malaisen frühzeitig zu erkennen. Wir Vermittler outen uns deshalb meist schon beim Eintreten.

Ein freundlicher Blick oder ein kurzes Nicken signalisieren Ihnen, dass Sie vortreten und Ihr Begehr der meist schon von hinten herankommenden Einkäuferin vortragen können. Ihr Verhalten entspricht dann dem eines Pharmareferenten, und als solcher sind Sie auch zunächst einmal klassifiziert worden.

Drei Arten des Akquisemodus

Bitte lassen Sie die Dame oder den Herren am HV wissen, dass es Ihnen um ein Thema geht, dass den Inhaber persönlich betrifft. Wenn dann prompt und bestimmt nachgefragt wird, um was es denn gehe, haben Sie genau drei Möglichkeiten.

Erstens, Sie antworten sinngemäß „um Versicherungen". Der Mitarbeiter verschwindet nach hinten, ist in Sekundenbruchteilen zurück und belehrt Sie, dass es in dieser Apotheke Versicherungen bereits gebe und keine weiteren benötigt würden. Oder, zweitens, Sie bleiben stur und beharren darauf, Ihr Anliegen nur Frau oder Herrn (ggf. Titel, Inhabername) persönlich eröffnen zu können. Dies kann funktionieren, muss es aber nicht.

Drittens ist dann die hohe Schule des Vertriebs. Sie verfallen in einen konspirativen Akquisemodus, indem Sie mit bedeutungsschwerer

Stimme einige apothekenspezifische Stichworte erwähnen, die mit Ihrem Besuch zu tun hätten. Dabei haben sich die Stichworte Pharmazieratklausel, Revisionssicherheit, Nachhaftung oder Defekturschutz sowie eher finanztechnische Schlüsselworte wie Bilanzschutzdeckung oder Ertragssicherungskonzept bewährt. Denn diese Begriffe lösen exakt den gewollten Reflex aus: ist Chefsache.

Nun kommt im günstigsten Fall der Ihnen bisher unbekannte Inhaber aus dem hinten liegenden Bereich auf Sie zu und schaut Sie halb gespannt, halb genervt an. Der Blick spricht Bände: „Was dieser Zeitstehler wohl von mir will?". Das ficht gestandene Versicherungsvermittler bekanntlich nicht an, denn so beginnt fast jede kalte Akquise.

In Apotheken gilt es nun jedoch, die gesamte anfängliche Smalltalk-Phase ersatzlos zu streichen und stattdessen fachlich sowie klar und deutlich direkt auf den Punkt zu kommen. Denn Sie haben maximal lediglich drei Minuten Zeit. Das stichhaltig treffendste Argument in einen einzigen Satz zu kleiden, wäre aber noch viel besser!

Aber Achtung: Um nicht Schiffbruch zu erleiden, müssen Sie spätestens jetzt in der Apothekenwelt und Apothekersprache sicher zu Hause und in der Lage sein, deren Bezug zur Versicherungswelt für Apotheker kurz und schlüssig nachvollziehbar zu umreißen. Sie sollten also die wichtigsten apothekenspezifischen Risiken kennen und der Apotheke, in der Sie gerade stehen, auch richtig zuordnen können.

Apothekeninhaber in der Offizin haben grundsätzlich nie die Zeit oder die Lust für längere Gespräche. Weder mit einem Kunden, sollte es nicht um die Beratung zu konkreten Medikamenten oder Hilfsmitteln gehen, noch mit Vertretern und zu allerletzt mit uns Versicherungsvermittlern.

Doch es geht erstaunlich gut, wenn der Apotheker in Ihnen sofort einen Top-Fachmann erkennt, der, wie er selbst, exakt und genau die Symptome umreißt und die nötigen Wirkstoffe punktgenau benennen kann.

Das erste Gespräch in der Offizin kann nur einem einzigen Zweck dienen: Vom Inhaber hinter den HV gebeten zu werden. Sollte das gelingen, werden Sie Ihren Augen und Ohren nicht trauen, in welcher Rekordzeit sich der eben noch genervte, skeptische und ablehnende Inhaber zu einem neugierigen, netten, offenen und kompetenten Gesprächspartner mausert.

Praxistipp

Das Gespräch mit dem Inhaber in der Offizin sollte also kurz gehalten werden. Am besten ist, Sie kündigen in Ihrem Satz gleich die konkrete Zeit an, die Sie benötigen – und die dann keinesfalls überzogen werden darf.

Führen Sie z. B. an: „Im Interesse Ihrer Zeit: zwei Minuten für" oder „nur eine Minute, um nicht zu lange zu stören" oder „drei Fakten in drei Minuten, die Sie interessieren dürften". Dann benennen Sie kompakt die am stärksten ins Auge fallenden versicherungstechnischen Risiken der Apotheke Ihres Gesprächspartners und machen mit einem Stichwort neugierig auf Ihre Lösungsvorschläge.

2.6. Der gordische Knoten oder „aus kalt mach' warm"

Der Vermittler an sich zieht „wärmere" Gesprächseinstiege den ganz „kalten" vor. Schon leicht erwärmte, ja, selbst laue Kontakte gelten gemeinhin als chancenreicher, erfüllt von der Hoffnung darauf, tatsächlich neues Geschäft zu schreiben.

Und dies ist auch gerechtfertigt, denn – besteht bereits eine Beziehung zum potenziellen Kunden – fällt der Vertragsschluss deutlich leichter. Deshalb ist es nun an der Zeit, nach den frostigen Tipps aus dem Kaltakquise-Repertoire für ein etwas wohligeres Vertriebsklima zu sorgen.

a) „Eigene" Apotheker

Natürlich werden Sie zunächst „Ihre" Apotheker angehen. Sie haben ggf. bereits einen oder zwei im Firmen- oder Privat-Bestand, und sei es nur als Kfz- oder Tierhalterhaftpflichtkunden. Und wenn kein Apothekeninhaber dabei ist, dann eventuell ein Approbierter, eine PTA oder PKA, ein Rentner, der regelmäßig Medikamente ausfährt, oder eine Raumpflegerin, die für die Einhaltung der Hygienevorschriften in einer Apotheke zu sorgen hat.

b) Neue Medien

Selbstverständlich sind auch Apotheken mittlerweile in den neuen Kommunikationsmedien wie Xing, Facebook, Twitter, Linkedin oder Youtube vertreten. Jungen und medienaffinen Maklern bietet sich darüber eine gute Gelegenheit, erste Kontakte zu knüpfen.

Sie können einfach verlinken, regelmäßig interessante Nachrichten zum Thema Apothekenversicherung posten oder auf Postings von Apothekern konkret und sachlich antworten, wie es die Kollegen Volkmar Haegele oder der mehrfach als Jungmakler des Jahres ausgezeichnete Daniel Nömayr[86] schon seit einiger Zeit tun.

Letztes Jahr zu Weihnachten hat der Kollege Haegele[87] dann den nächsten Schritt vollzogen: Er hat alle Apotheken seiner Region, die an den Feiertagen Nachtdienst hatten, am Abend besucht, um ein kleines Präsent zu überreichen.

„Sieben dankbare Notdienst-Apotheker, sowohl bekannte wie neue Gesichter angetroffen, jedoch noch niemals so glückliche, weil jemand an sie denkt. Das ist viel mehr als ein Beruf", schrieb er mir in seiner Weihnachtsgruß-Mail. Aber auch unter Akquise-Gesichtspunkten betrachtet hat sich der weihnachtsabendliche Einsatz

---

86 Vgl. http://www.jungmakler.de/jungmakler_im_portraet_daniel_noemayr.
87 Siehe Nordkurs Invest, www.nordkurs.eu.

gelohnt: „drei längere und sympathische Gespräche, ein Folgetermin und mehr Aufmerksamkeit auf Facebook". Auch Apotheker, die immer wieder helfen, freuen sich eben über ehrlich gelebte Anerkennung.[88]

c) Bewerbung

An dieses Beispiel muss sich nun zwingend ein Tipp anschließen, der vor einigen Jahren von Apotheken-Spezialvermittlern auf der PharmAssec-Akademie[89] im österreichischen Tannheim erarbeitet worden ist.

Angesichts vielfältiger negativer Erfahrungen bei der Apothekeransprache trifft sich dort auf Initiative von Gerhard Bachthaler aus Kirchheim unter Teck und dem Vorexaminierten und Apothekenberater Helmut Haller aus Bad Reichenhall eine Art Makler-Erfa-Gruppe zur Fortbildung und zum Gedankenaustausch mit dem Ziel, neue Zugänge zu Apothekern zu entwickeln.

Einer davon – und einer der erfolgreichsten – ist die Bewerbung als *„Apotheker-Helfer"*. Bei dieser handelt es sich um ein in Form und Inhalt an ein Bewerbungsschreiben erinnerndes Schriftstück.

Es führt alle Vorteile für Apotheker auf, die mit einer apothekengerechten Absicherung durch einen spezialisierten Versicherungsmakler vor Ort verbunden sind. Diese „Bewerbungsmappe" haben einige meiner Kollegen bereits mit gutem Erfolg in Apotheken eingesetzt.

Die größten Erfolge jedoch resultieren aus der Übergabe dieser Mappe in der ersten Stunde des Nachtdienstes. Dann nämlich kommen 100 Prozent der notwendigen Informationen zum zuständigen Empfänger (denn die allermeisten Nachtdienste machen Chef oder Chefin persönlich).

---

88 Vgl. hierzu auch www.apotheke-adhoc.de/nachrichten/nachricht-detail/werbung-mit-weihnachtsdienst-facebook/.

89 Siehe www.pharmassec.de/pharmassec-akademie.html.

Und wenn man darauf verzichtet, die Nachtklingel der Apotheke zu bedienen, stört man obendrein nicht. Dann bietet sich im Nachtdienst meist immer ein Zeitfenster, sich solche Sachen einmal anzusehen (auch Apotheker sind neugierig), und schon ist die Info da, wo sie hin soll. Der Rest ist dann nichts anderes als Warmakquise par excellence.

> Ich stamme aus einer alteingesessenen Münchener Apotheker-Familie. Damit war mir die Spezialisierung quasi in die Wiege gelegt. Doch trotzdem gilt es, sein Expertenwissen immer wieder neu zu untermauern und den Kundenservice zu verbreitern. Erst wenn Bekanntheit, Kompetenz und Nutzen zusammenpassen, ist der Apotheker zufrieden. (Karl Müller-Lanzl, zertifizierter Berater Heilwesen (IHK) aus Zorneding)

d) Empfehlungen

Empfehlungen gehören zum Einmaleins des Versicherungsvertriebs und sollten deshalb wie selbstverständlich genutzt werden. Aber nicht bei Apothekern. Hier führt das sonst so bewährte Empfehlungsmarketing regelmäßig in die Katastrophe. Eine Frage wie „Sagen Sie, Herr Dr. Meier, welche anderen Apotheker kennen Sie denn so gut, dass Sie Ihnen diese Vorteile auch gönnen würden?" kann – wenn auch arglos gemeint – zur abrupten Beendigung des Gesprächs führen.

Zwar kennt Apotheker Meier alle Kollegen im Umkreis von mehreren Kilometern ganz genau. Er gönnt ihnen aber nichts. Das liegt nicht nur an der unternehmerischen Konkurrenzsituation, sondern an den Auswirkungen des bereits bekannten Heilmittelwerbegesetzes.[90]

---

90 Siehe Kapitel III. Der Apotheker, das unbekannte Wesen.

Ich selbst habe zunächst darauf verzichtet, Empfehlungen einzuholen, da mich mein befreundeter Ex-Pharmareferent Bernd Teschner[91] immer wieder vor allzu forschen Anfragen (zu denen ich eigentlich eher neige) gewarnt hat. Es hat dann vier Jahre gedauert, bis
das Thema Empfehlungen doch an Fahrt aufgenommen hat.

Bis sich der eine oder andere doch gemüßigt sah, dem Kollegen
mal einen kleinen Tipp zu geben, brauchte es eine kritische Masse an
Apotheker-Kunden – und vor allem eine ganze Reihe von Schaden-
regulierungen, die „zur vollsten Zufriedenheit" erledigt worden sind.
Dies natürlich nur innerhalb des eigenen Netzwerkes. Und mir ist
auch völlig klar, dass ich einige „Clans" nicht angehen darf, wenn ich
den Verlust derer, die ich bereits habe bzw. betreue, nicht riskieren will.

e) ERFA

Auch Apotheker haben sogenannte Erfa-Gruppen. Doch ihre Er-
fahrungs-Austausch-Zirkel zeigen signifikant andere Merkmale, als
diejenigen anderer Berufsgruppen. Wenn sich beispielsweise Handwerker als Interessengruppe treffen, dann innerhalb von Innungs-
grenzen. Bei Hausärzten stammen die Teilnehmer meist aus einer
einzelnen Stadt oder Gemeinde. Sie sind sowieso auf Zusammenarbeit angewiesen.

Erfa-Gruppen von Zahnärzten, um ein weiteres Beispiel zu nennen, sind homogen aufgebaut. Ihre Mitglieder verfügen jeweils über
ähnlich große Praxen oder dieselben Spezialisierungen. Hier ist der
Einzugsradius etwas weiter gefasst.

Wenn Apotheker eine Erfa-Gruppe bilden, dann sind die Mitglieder – etwas überzogen formuliert – in Flensburg, Weißwasser,
Garmisch und Aachen zu Hause. Man trifft sich in Kassel oder Ful-
da. Je weiter weg von der eigenen Apotheke eine Aktion stattfindet,
desto kooperativer werden Apotheker. Wer also auf Erfa-Gruppen als

---

91 Zum Thema Pharmareferent siehe auch Seite 158 f.

Warmakquise-Radiator setzt (was durchaus sehr erfolgreich sein kann), sollte entsprechend gut motorisiert beziehungsweise flexibel sein.

f) Vorträge und Veranstaltungen

Vorträge auf Veranstaltungen sind großartig! Viele potenzielle Kunden versammeln sich an einem Ort, um sich vom Expertenstatus des Vortragenden zu überzeugen.

Solche Vortragstermine zu verabreden, ist insbesondere bei Apothekern jedoch schwierig. Die Erfa-Gruppen als Forum zu nutzen, ist meist mit Kilometerschinderei verbunden.

Besser wäre, die Kammern anzugehen. Diese sind jedoch aller Erfahrung nach Versicherungen gegenüber dermaßen skeptisch eingestellt, dass sie Absicherungsthemen in ihren Veranstaltungen kaum behandeln, und wenn doch, dann von branchenfremder Seite aus gesehen, also z. B. durch die Brille des Verbraucherschutzes oder von Institutionen wie Stiftung Warentest. In Versicherungsthemen habe ich beide Institutionen bisher beim besten Willen nicht als Best-advice-Quellen wahrgenommen.

Bessere Chancen, in einer Veranstaltung vortragen zu dürfen, bieten die Landesapothekervereine. Diese nehmen sich der wirtschaftlichen und unternehmerischen Belange ihrer Mitglieder an und haben Weiterbildungsangebote im Programm.

Hier kann man mit Spezialwissen punkten, z. B. mit den apothekenspezifischen Risiken oder einer „kleinen Klauselkunde" der Besonderheiten von Heilwesenpolicen. Auf jeden Fall ist es hier wichtig, über etwas zu sprechen, das noch niemand vorher, zumindest jedoch so noch nicht gehört hat.

Als geeignete Foren zur Akquise bleibt noch, Apothekermessen und andere öffentliche Veranstaltungen zu nennen. Die Teilnahme an Ersteren ist allerdings äußerst kostspielig; Letztere sind meist zu schwierig (rechtzeitig) zu recherchieren, als dass man als Referent noch hinzukommen könnte.

Und doch ist genau der Gang über diese Veranstaltungen ein sehr empfehlenswerter Weg, denn selbstredend müssen auch Apotheker erhebliche Mengen an Weiterbildungspunkten sammeln. Es gibt also unzählige Weiterbildungsmaßnahmen von diversen Anbietern mit Punktevergabe, was meist für eine hohe Besucherzahl spricht.

Praxistipp

Grundsätzlich können Sie davon ausgehen, dass Apotheker ebenso wenig Lust haben, auf Abendveranstaltungen über Versicherungen zu sprechen, wie tagsüber in der Offizin. Deshalb ist es wichtig, mehr zu bieten als nur Versicherungsthemen. Wer Mehrnutzen durch ein attraktives Netzwerk oder besondere Serviceleistungen bieten kann, macht sich damit viel interessanter. Viele regionale Apotheker-Organisationen oder die regionalen Gliederungen bundesweiter Vereine bieten viele Chancen, vor Ort gezielt zu Wort zu kommen.

In ländlichen und kleinstädtischen Gegenden dürfte es, wie seit jeher, auch hier am einfachsten über „Vitamin B" gehen. Sie müssen nur jemanden kennen, der auf Sie schwört, Sie und Ihr Thema empfiehlt und auf den einschlägigen Veranstaltungen „promotet".

In Großstädten ist das meist schwer möglich. Da führt der einfachste Weg über einzelne Untergruppen, nicht gleich über die Vollversammlung der Hamburger, Kölner oder Münchener Apothekerschaft. Dort gilt eh: je exotischer, desto einfacher. Denn der Apothekerberuf wandelt sich nicht nur zu einer weiblichen, sondern auch zu einer globalisierten Profession.

Kunden wünschen sich Gesundheitsberatung in ihrer Muttersprache, weshalb in Multikulti-Gegenden und Touristikzentren viele kleinere Apotheken gedrängt an einem Ort zu finden sind. Und alle leben wunderbar von ihren türkischen, arabischen, kroatischen, italienischen, polnischen, russischen oder sonstigen Landsleuten. Sie alle brauchen auch Weiterbildungspunkte, am besten „unter sich". Folgerichtig eröffnet sich hier entschlossenen Vermittlern ein breites Spektrum an Möglichkeiten bis hin zur fast schon „heißen Akquise".

Ich persönlich habe zunächst über bei mir versicherte Apotheken einige kurze Vorträge auf Schulungsveranstaltungen arabischer und türkischer Ärzte und Apotheker gehalten. Mit gutem Erfolg, auch was die späteren Empfehlungen betraf.

Dann kam der erste „NIR-Spektrometer-Fall": Die ISPA-Apotheker[92] hatten erwogen, sich so ein Gerät zu beschaffen und gemeinsam zu benutzen. Ich sollte die Versicherungsfrage klären und musste deshalb mit allen reden. Diese attraktive Form, neue Apotheker zu erreichen, hat sich seitdem noch zweimal wiederholt. Dabei ist dann auch ein guter Kontakt zum a.novum-Apothekennetzwerk[93] entstanden, der sich bereits sowohl in Neukunden als auch in ersten gemeinsamen Veranstaltungen manifestiert hat.

Ein persönliches Highlight war jedoch eine Veranstaltung des Marketing Verein Deutscher Apotheken e. V. (MDAV) und der linda-Apotheken[94] in Berlin und Brandenburg Ende November 2016. Erstmals waren wir die Eingeladenen und durften sogar einen Info-Tisch aufbauen, um uns sowie das Heilwesennetzwerk zu präsentieren.

Wie der Zufall es wollte, war knapp ein Drittel der Gäste Kunde bei uns, viele darunter mit „Schadenregulierungserfahrung" durch unser Handwerkernetzwerk. Und genau deshalb haben diese Apotheker meinen Kollegen Bernd Teschner und mich so vielen anderen Gästen vorgestellt, so dass wir für das erste Quartal 2017 bereits zufrieden in den Kalender sehen können.

Mittlerweile hat sich hier in Berlin – und das funktioniert auch in anderen Regionen – eine Gruppe von Dienstleistern für Heilwesenberufe zusammengefunden, die jeweils beim anderen als Referenten

---

92 Das ist die Initiative Spandauer Apotheker e. V.

93 Siehe www.apunktnovum.de.

94 Siehe www.mvda.de sowie www.linda.de.

auftreten und ihre jeweiligen Veranstaltungen gegenseitig im eigenen Kundenkreis bewerben.

Der Auslöser dazu: Im November 2016 hatte eine Anwaltskanzlei einen Info-Abend zu aktuellen Themen für die Heilwesenberufe organisiert. Mit dabei ein Fachanwalt für Medizinrecht, ein Steuerberater und Wirtschaftsprüfer sowie ich als Spezial-Versicherungsmakler. An diesem Abend kamen 24 Ärzte und Apotheker, jeder der Vortragenden konnte sich den anwesenden Kunden der jeweils anderen mit seinen Spezialthemen vorstellen.

Aus dieser Testveranstaltung ist seitdem eine feste Institution geworden. Wir haben den Kreis der Organisatoren um einen Kollegen erweitert, der sich in Berlin auf Zahnärzte spezialisiert hat. Auch weitere Spezialisten werden nun themenbezogen eingebunden. Diese Regionalgruppe hat nun vereinbart, dass wir unser Info-Angebot in Zukunft halbjährlich realisieren wollen. Reihum ist stets eines der Mitglieder als Einladender dran.

Auf den Veranstaltungen soll es um ein aktuelles, virulentes Branchenthema für Heilwesenberufe insgesamt oder eine ihrer Teilzielgruppen gehen. Anlässlich des Erscheinens des neuen Zahnärzte-Buches von Nicole Gerwert und der vorliegenden Neuauflage des Apotheker-Buches fällt der Termin im Frühjahr 2017 in meine Zuständigkeit. Als aktuelles Thema wurden Cyber-Risiken gewählt.

Wir nutzen die Veranstaltung zugleich zur Vorstellung einzelner wichtiger Dienstleister aus dem Heilwesennetzwerk. Sie werden die Gelegenheit haben, sich mit eigenen Infoständen den anwesenden Ärzten, Zahnärzten, Apothekern und Sanitätshausinhabern sowie zum Termin erwarteten Multiplikatoren vorzustellen. Damit unterstreicht jeder von uns, wie tief er in sein jeweiliges Fachgebiet eingebunden ist, und dokumentiert gleichzeitig die Breite seiner fachlichen Vernetzung in Berlin und Umgebung.

Die Kunden ihrerseits erkennen, dass sie sich an jeden von uns wenden können, wenn der Gesprächsgrund entsprechend ausfällt. Dazu fordert schon die Einladung auf, die alle Kollegen ihren jeweiligen Heilwesenkunden zusenden:

EINLADUNG ZUM 2. BLOCKSEMINAR

Gesundheit – medizinische Praxen & Apotheken, Gesundheitsmanagement, rechtliche Absicherung u.a.

11. Mai 2017 – 19:45 bis 22:15 Uhr
im IMD MVZ - Institut für Medizinische Diagnostik, Siemensstraße 26a, 12247 Berlin-Lankwitz

Wir – allesamt führende Experten für heilwesenspezifische Themen – laden **Sie als Arzt, Zahnarzt und Apotheker** herzlich ein zu unserer zweiten Impulsveranstaltung rund um **Unternehmensführung, Recht und Sicherheit in Heilwesenberufen.**

Der Abend beleuchtet für Sie wieder sechs kompakte Heilwesen-Themen aus betriebswirtschaftlicher und rechtlicher Sicht sowie unter Arbeitgeber- und Sicherheitsaspekten. So erhalten Sie von jedem einzelnen Experten einen effizienten Einblick in sein Thema. Und wenn das auch Ihres ist, bieten nachfolgende Individualgespräche viel Platz für Ihre ganz persönlichen Fragestellungen.

AGENDA

19:00 Uhr, c.t.
Get-together
Info-Stände von:
180° Sicherheit, SchadenDienst24, BEITRAINING, IAP

19:45 Uhr, s.t.
Begrüßung –
Buchvorstellung Apotheker und Zahnärzte
Bernhard Müller, TRUST AG – www.trust-ag.de

20:10 Uhr
Der EuGH und die Apotheker:
Wegfall Preisbindung – Fremdbesitz vor der Tür?
RA Michael Lennartz LL.M, Lehrbeauftragter für
Medizinrecht, Univ. Düsseldorf – http://www.lennmed.de

20:30 Uhr
Arbeitsrecht und Datensicherheit
in Praxen und Apotheken
RA Marcus Gülpen, Gülpen & Garay Rechtsanwälte
http://guelpen-garay.com

20:50 Uhr
Cyber-Risiken als neue Bedrohung für
Patienten- und Kundendaten
Michael Jeinsen und Christian Ring,
Heilwesennetzwerk RM eG – http://hwnw.de

PAUSE

21:30 Uhr
Der Apothekenmarkt 2017 – Trends und Nachfrage
Jens-Uwe Rümmler, Gründungsberater
Treuhand Hannover – http://treuhand-hannover.de

21:50 Uhr
Eigene Praxis/Apotheke: Gründungsüberlegungen aus
Steuer- und Wirtschaftsberater-Sicht
Christian Guizetti – Steuerberater, Wirtschaftsprüfer
http://www.guizetti.de

22:10 Uhr
Schlusswort und Ende der Veranstaltung

Für Ihr leibliches Wohl ist gesorgt: Ab 19 Uhr wartet ein Buffet auf Sie, nach der Veranstaltung ein Snack.

Es präsentieren sich die Sicherheitsfirma 180°Sicherheit (http://180-grad.de), der Hygienesanierer SchadenDienst24 (http://berlin.schadendienst24.de), das Institut BEITRAINING (http://bei-training.de/berlin-mitte) und die Interessengemeinschaft Apotheken- und Praxisschutz im Heilwesennetzwerk (http://IAP-Schutz.de).

Für Kfz: Ausreichend Parkplätze sind vorhanden – auch nebenan hinter dem Restaurant Anfora.
Für BVG: Das Institut erreichen Sie auch mit der S 25 bis Lankwitz, dann Bus 181 bis Siemensstraße.
Wir bitten Sie höflich, **Ihre Teilnahme** oder bei Verhinderung **Ihr grundsätzliches Interesse** per Email an mj@hwnw.de zu bestätigen.
Wir freuen uns darauf, Sie an diesem Abend begrüßen zu dürfen! Und wenn Sie noch jemanden mitbringen möchten... herzlich gern.

g) Unternehmerische Investition

Wer in einer Kommunikationsgemeinschaft dauerhaft erfolgreich sein will, der braucht Kontakte. Hat er keine oder will er sie nicht mühsam selbst anbahnen, dann sollte ein Vermittler darüber nachdenken, sich jemanden an Bord zu holen, der über den nötigen Bekanntheitsgrad in seiner Zielgruppe verfügt, um Erstkontakte herzustellen.

Im Gesundheitssektor bieten sich ehemalige Pharmareferenten für eine Zusammenarbeit an. Am besten solche, die ihren Job lange gern und gut gemacht haben sowie alle Praxen oder Apotheken im weiten Umkreis in- und auswendig kennen. Sie sollten noch nicht lange aus dem Geschäft raus (und am besten bei sich zu Hause nur partiell geduldet) sein.

Schon ist es fertig, das Briefing für die Stellenanzeige. Seien Sie sich allerdings von Anfang an darüber klar, dass sich die guten Pharmareferenten ebenfalls vollkommen dessen bewusst sind, über welchen Schatz an Informationen sie verfügen.

Um einen geeigneten Kandidaten aus dem Kreis der „Bewerber" auszuwählen, reicht es völlig, seinen Namen in der einen oder anderen Praxis oder Apotheke beiläufig fallen zu lassen. Dann müssen Sie nur noch hinhören, was passiert:

- ▸ Antwort A: „Kenne ich nicht" – voraussichtlich falsch,
- ▸ Antwort B: „Gut, dass der weg ist" – garantiert falsch,
- ▸ Antwort C: „Wo ist der denn jetzt?" – möglicherweise richtig,
- ▸ Antwort D: „Was, den kennen Sie?" – ziemlich sicher richtig,
- ▸ Antwort E: „Schade, dass der in Rente ist" – Volltreffer.

Diesen Weg bin ich gegangen. „Mein" Pharmareferent a. D. heißt Bernd Teschner. Ihm verdanke ich weite Teile meines Wissens über Apotheken und seine Erfahrung hat mich in den ersten Monaten vielfach davor bewahrt, umgehend aus den Apotheken wieder rauszufliegen.

Heute ist Bernd Teschner als Info-Sammler, Schadenaufnehmer und Troubleshooter ein fester Bestandteil der Bestandsbetreuung. Und bei Schadenfällen kümmert er sich um die Koordination und den Einsatz unseres Handwerkerservices.

2.7. Resümee: zehn Gebote der Apotheken-Akquise

Es gibt zehn Verhaltensnormen, welche die Wahrscheinlichkeit, die Offizin erfolgreich zu durchqueren und in Richtung Apothekerbüro oder Nachtdienstzimmer zu gelangen, steigern. Wie Sie dies akquise-unfallfrei gestalten, ist nachfolgend in einer verkürzten stichwortartigen Abhandlung aufgeführt:

1. Sei nicht nervig – Versuchen Sie in allem, was Sie tun und sagen, so wenig wie möglich zu stören.
2. Sei Dienstleister – Erreichbarkeit, Pünktlichkeit, vorbereitet sein, alles da haben, was gebraucht wird, dies sollte selbstverständlich sein.
3. Betrete keine volle Offizin – Sind mehr Kunden da als Beratungsstellen, lassen Sie es sein.
4. Niemals zu zweit – Wenn ein anderer Vertreter in der Apotheke ist, bleiben Sie draußen, bis er geht.
5. Mache Platz – Verlassen Sie diskret die Offizin, wenn nach Ihnen viele Kunden kommen und darauf warten, bedient zu werden.
6. Sei immer der Letzte – Lassen Sie jeden Kunden vor, der sonst noch vor Ort ist oder gerade in die Apotheke kommt.
7. Sei aufmerksam – Wenn Kunden auf den Apothekeninhaber warten, unterbrechen Sie sofort Ihr Gespräch und lassen diese vor.
8. Fasse Dich kurz – Präsentieren Sie Kompetenz pur und bieten Sie ein eindeutiges Qualitätsversprechen.

9. Halte Augenhöhe – Bieten Sie „Zeit sparen" und „Sicherheit gewinnen". Machen Sie deutlich, dass Sie die Verantwortung für Ihre Arbeit übernehmen und für Ihren Rat dem Apotheker gegenüber haften.
10. Schön rarmachen – Kommen Sie nur vorbei, wenn es nötig ist, und vermeiden Sie jeden Druckverkauf.

Praxistipp

Apotheker finden es großartig, wenn es Ihnen gelingt, immer dann da zu sein, wenn Sie gebraucht werden oder etwas Aktuelles ansteht. Ansonsten sollten Sie sich eher selten sehen lassen.

Es ist sinnvoll, gleich zu Anfang deutlich zu machen: Wenn Sie kommen, geht es um die Apotheke. Wenn der Apotheker mag, kann er Sie gern zu allen anderen Versicherungsthemen anrufen. Man wird das zu schätzen wissen – und die Vollmandate kommen später von allein.

Wenn nicht, fragen Sie nach der ersten geglückten Schadenbearbeitung erneut an: „Wie wichtig wäre Ihnen dieser Service auch im privaten Bereich?". In dieser Situation stört das niemanden.

VI. Apotheken richtig versichert

„In Sachen Revision gibt es kein vielleicht oder eventuell...
denn kein Apotheker würde jemals gegen Auflagen seines
Pharmazierates oder Amtsapothekers verstoßen. Selbst dann
nicht, wenn die Versicherung das von ihm verlangen würde.

Deshalb sollte jede Apothekeninhaberin und jeder Apothekeninhaber prüfen, ob seine Versicherung für den Fall der
Fälle gemäß dem Votum des PhR regulieren muss, weil es
so im Vertrag steht." (Thomas Hieble, Delegierter der Bayeri-
schen Landesapothekerkammer)

Glauben Sie nicht alles, was vermeintliche Experten oder die Fachpresse schreiben, und legen Sie deren Empfehlungen nicht ungeprüft
Ihrer Beratung zugrunde. Denn manchmal irren auch jene Fachleute
und Branchenbeobachter. Wie z. B. einer Darstellung des Branchen-
portals Procontra online zum Thema Sachversicherungen zu entnehmen ist:

„Branche ist nicht gleich Branche und Betrieb ist nicht gleich Betrieb. Jedes Unternehmen hat einen individuellen Versicherungsbedarf, aber dennoch gibt es Sachversicherungen, die praktisch jedes
Unternehmen braucht. Eine Betriebshaftpflicht zählt hier zu. Die
Haftung erstreckt sich auf Fehler, die dem Chef oder seinen Mitarbeitern passieren können. Wenn beim Apotheker Salben falsch
gemischt werden und es deswegen zu gesundheitlichen Schäden
kommt, ist dies der Fall."[95]

Zu Beginn stimmt das Zitat, doch der haftungsrelevante Fehlgriff
steckt im letzten Satz, dem Apotheker-Beispiel. Denn genau hier
greift die Betriebshaftpflicht eben nicht immer, siehe Defekturen.

95 Siehe Procontra online, Verschenktes Gewerbegeschäft, 7. Juli 2014.

Spezielle Berufe brauchen eben immer Maßanzüge statt allgemeines Riskmanagement von der Stange.

1. Von der Stange oder auf Maß

Versicherungen begrenzen Risiken ihrer Kunden, um diese vor einer überdurchschnittlichen Belastung durch Schadensfälle zu schützen. Je nach Strategie und Zielgruppe eines Versicherungsanbieters, kann der Schutz eher allgemein oder spezifisch definiert sein.

Die Wahl der Strategie hängt im Wesentlichen von der Größe der zugrunde liegenden Grundgesamtheit ab. Generell werden Tarife so gestaltet, dass sie auf eine möglichst große Personenzahl passen. Klassisch z. B. für Familien, Kraftfahrer oder Gewerbetreibende; heute immer öfter auch für Frauen, Singles oder Senioren.

Die Art und Anzahl der versicherten Risiken sowie der generelle Umfang des Versicherungsschutzes ist in den Allgemeinen Versicherungsbedingungen geregelt. Spezielle Abweichungen können in Besonderen Versicherungsbedingungen (BVB) individuell vereinbart werden.

Dieses System hat enge Grenzen, wie bereits vor 110 Jahren deutlich wurde. Als Robert W. Gerling sich 1904 als Versicherungsmakler niederließ, gründete er kurz darauf den Rheinischen Versicherten-Verband.

Der Grund hierfür war einleuchtend: Die Industriekunden – eine kleine, aber elitäre Zielgruppe – fanden unter dem Schirm der damals verfügbaren Policen nicht den Schutz, den sie benötigten. Entweder war das Gebotene deutlich zu teuer, oder aber das abzusichernde Gut war als nicht versicherbares Risiko ausgeschlossen.

Robert W. Gerling änderte dies, indem er zunächst mit einem Rabattverfahren die Prämien reduzierte und anschließend mit den frei gewordenen Mitteln Sonderrisiken eindeckte. Ein höchst attraktives Zielgruppenkonzept war geboren. Diesmal für die Großindustrie, die ihn nur fünf Jahre später dazu drängte, ein eigenes Versicherungsunternehmen zu gründen. Der Gerling-Konzern schließt seitdem – heute als Know-how-Träger unter dem Dach der HDI-Gruppe – mit individuellem Risikomanagement Deckungslücken bei der deutschen Großindustrie.

Ähnlich ergeht es gegenwärtig den Apotheken. Auch sie sind eine zu kleine Zielgruppe, als dass sich alle Versicherer ihrer mit eigenen Tarifen annehmen würden. Einige große Namen wie die Württembergische, Helvetia oder eben der HDI haben es gewagt, spezielle Konzepte zu entwickeln. Für die allermeisten Aktuare klang jedoch anscheinend „Grundgesamtheit der Heilberufe" deutlich attraktiver, so dass Apotheker sich in dieser Kategorie einfinden müssen.

Bei der überwiegenden Mehrheit der über 200 in Deutschland zugelassenen Sachversicherer[96] gibt es keinerlei Möglichkeiten, *apothekenspezifische Risiken* mit den AVB rechtsverbindlich abzudecken.

Der individuelle Einschluss über die BVB gestaltet sich in der Praxis größtenteils äußerst schwer, denn die meisten Gesellschaften zeigen sich hier wenig kooperativ. Und wenn es doch gelingt, dann fast immer zu unübersichtlichen Konditionen oder gar nur mit nicht hinnehmbaren Einschränkungen.

So findet sich etwa gelegentlich uneingeschränkter Versicherungsschutz nur, „wenn kein Verstoß gegen Vorschriften" vorliegt. Wie soll es aber bspw. eine Fehlbedienung geben, ohne dass irgendeine der vielen hundert Vorschriften, die in Apotheken gelten, verletzt wäre? Oder der Kühlschrankinhalt wird nur unter der Vorgabe mitversichert, dass der Kühlschrank „ständig gewartet und gepflegt" wird. Ständig – das ist immer, nicht wahr?

Damit haben wir zwei von über 20 Risiken benannt, die entweder häufig oder ausschließlich in Apotheken vorkommen. Diese müssen Sie nicht nur kennen, sondern auch in ihrer Tragweite verinnerlicht haben, wenn Sie in Apotheken als Experte für Versicherungsangelegenheiten auftreten wollen.

---

96 Quelle: Bundesanstalt für Finanzdienstleistungsaufsicht (BaFin).

2. Produktpartner: Wen nehmen?

2.1. Passende Partner finden: eine Hilfe zur Selbsthilfe

Sie werden vielleicht enttäuscht sein, dass ich jetzt keine Unternehmensnamen auflliste, erst recht nicht als Ranking. Doch dazu bin ich weder befugt noch in der Lage. Außerdem wäre es nur eine Momentaufnahme, denn auch dieser Markt ist natürlich in Bewegung.

Wichtiger noch: Im Gegensatz zur Ausschließlichkeit und den Mehrfach-General-Kollegen ist für uns Makler die eigenständige Auswahl unserer Produktpartner wichtiger als die Dienstwagenausstattung. Diese Leistung kann und wird uns niemand abnehmen.

> „Als unabhängiger Versicherungsmakler beobachte ich für meine Apothekenkunden selbstverständlich den Markt. Das ist leichter als gedacht, denn nur wenige Anbieter liefern für die Zielgruppe der Apotheken überzeugende Lösungen.
>
> Meist wird diese Risikogruppe mit den anderen Heilberufen zusammengefasst. Das ist für Apotheker mit ihren speziellen Risiken nicht ausreichend." (Christian Ring, zertifizierter Berater Heilwesen (IHK) aus Dresden)

Was Sie im Folgenden jedoch sehr wohl erhalten werden, ist ein praxiserprobtes „Stützkorsett", das auf viele eigene Praxisjahre und das Wissen meiner Kollegen der Interessenvereinigung Apotheken- und Praxisschutz, allesamt Spezialmakler aus dem Heilwesennetzwerk, zurückgreift. Es enthält alle Stangen und Stäbchen, um Ihrer Vermittlungsarbeit am Ende die richtige Form zu verleihen.

Zur möglichst objektiven Beschreibung der aktuellen Lage stütze ich mich auch auf viele weitere Mitglieder des Heilwesennetzwerkes, die beruflich nichts mit Versicherungen, dafür aber umso mehr mit Apotheken zu tun haben. Wenn es um die Versicherung ganz spezieller Berufsbilder geht, kennt der Vermittler die konkreten Absicherungsbedürfnisse in aller Regel besser und deutlich präziser als die versichernde Gesellschaft. Und Apotheken weisen unter den etablierten Berufen unstreitig ein sehr spezielles Berufsbild auf.

Exkurs

Auswirkungen der IDD

Aus aktuellem Anlass ist ein Blick auf die Insurance Distribution Directive (IDD) angeraten. Die EU-Versicherungsvertriebs-Richtlinie muss bis spätestens zum 23. Februar 2018 in nationales Recht umgesetzt werden.

Zwar hat das Bundeskabinett das zu Beginn des Jahres präsentierte Gesetz zur IDD-Umsetzung in deutsches Recht etwas abgemildert, „dennoch verändern sich die Wettbewerbsbedingungen erheblich."[1] Insbesondere, weil danach Angestellte und Ausschließlichkeit der Versicherer mit Hinweis auf Beratungsobliegenheiten direkt auf die Kunden von Maklern zugehen könnten – ja, sogar müssten.

Auch der Verband Deutscher Versicherungsmakler (VDVM) skizziert die neue Gefahr: Käme, wie laut Vorlage vorgesehen, ein gekürzter § 6 Absatz 6 VVG,[2] wäre das auch für Spezialmakler ein Risiko. Denn dann würden ggf. zielgruppenunerfahrene Mitarbeiter des Versicherungspartners die Apotheker verwirren. [3]

Der VDVM jedenfalls lehnt die Änderung strikt ab. Noch weiter geht der neue Aufsichtsratsvorsitzende des Heilwesennetzwerkes, Prof. Dr. Hans-Peter Schwintowski. Er

---

1 Vgl. VersicherungsJournal.de vom 19. Januar 2016.

2 Vgl. Gesetz über den Versicherungsvertrag oder Versicherungsvertragsgesetz, www.gesetze-im-internet.de/vvg_2008/.

3 Vgl. www.procontra-online.de/berater/recht-haftung/.

▶

beurteilt den Entwurf als nicht BGB-konform.[4] In der Tat begründete ein so geändertes VVG neben der des Maklers auch für die Versicherungsgesellschaften eine dauerhafte Beratungspflicht. Sollte das so kommen, werden wir Makler ab 2018 eine weitere „Front" zu beackern haben, nämlich die Begehrlichkeiten unserer Versicherungspartner und deren Ausschließlichkeitsorganisationen.

Wenn dann versicherungsgebundene Mitarbeiter ohne tiefes Spezialwissen auf Kunden zugingen, entstünde bei diesen eine massive Verunsicherung. Dann muss das Standing des regionalen Fachmanns gegen das Branding einer bekannten Marke angehen.

Die Frage ist offen: Werden Apotheker auch dann standhaft bleiben, wenn ihnen ein Mitarbeiter des Versicherers mangels besseren Wissens erklärt, dass Klausel X oder die vereinbarte BVB Y, auf die der Makler vorher bestanden hat, gar nicht nötig seien?

Und was wäre, wenn Ausschließlichkeitsvertreter, ausgestattet mit allen Daten und Fakten des Kundenvertrages, mit Hinweis auf die Beratungspflicht gemäß VVG (neu) Apothekern eine Direktbetreuung anböten? Wie dieses „Verkaufsgespräch" ablaufen würde, ist jetzt schon klar: „Wir müssen Sie eh beraten. Sie wissen doch: Viele Köche verderben den Brei … kommen Sie doch einfach gleich direkt zu uns."

Ehrlicher wäre zu sagen: „Ich habe zwar nicht die blasseste Ahnung, was Sie tun und brauchen, bin aber zuständig. Also bitte hier unterschreiben". Aber das wird so sicher nicht erfolgen. Mit dem Fazit „gut gemeint, ist eben nicht gut gemacht!", bringt VDVM-Vorstand Dr. Hans-Georg Jenssen die Sache auf den Punkt.[5]

4 Vgl ebd.

5 Vgl. ebd.

Diese hier skizzierte, denkbare Entwicklung kann nicht ohne Auswirkungen auf die Produktpartner-Wahl bleiben. Und nicht ganz unwahrscheinlich: Die Tendenz der Versicherer, direkte Kundenbeziehungen aufzubauen, ist seit Jahren an Online-Plattformen und strategischen Zusammenschlüssen der Gesellschaften abzulesen.

Es steht also Maklern gut an, bei der Partnerwahl auch die Konsequenzen über 2018 hinaus zu bedenken und den Begehrlichkeiten der Versicherer schon jetzt durch die richtige Partnerwahl einen möglichst stabilen Riegel vorzuschieben.

Doch es sind nicht nur die internationalen Konzerne und die großen inländischen Namen auf Anbieterseite, die man hier mit Argusaugen betrachten sollte, die Nischenanbieter gehören auch auf den Prüfstand. Im Apothekenbereich bieten einige Spezialanbieter als Deckungskonzeptmakler und Assekuradeure diverse Tarife, die in Bezug auf den Absicherungsumfang, die Versicherungswerte und den Beratungsprozess einige Unterschiede aufweisen.[97]

Letzteres kann bspw. daran liegen, dass Apothekeninhaber – also versicherungstechnische Laien – sich ihren Schutz mit einzelnen Modulen selbst zusammenstellen. Dies birgt einerseits ein latentes Risiko, kann andererseits aber auch nachvollziehbare Gründe haben.

Etwa, wenn „der Apotheker oder die Apothekerin auf die Finanzen schauen müssen, z. B. in einer Gründungsphase. Oder auch, dass sie auf der anderen Seite in einem etablierten Geschäftsbetrieb so guten Ertrag erwirtschaften, dass nur die allerwichtigsten Risiken abgesichert werden und der Inhaber es riskiert, die mit einer relativ geringen Wahrscheinlichkeit eintretenden Versicherungsfälle aus eigener Kasse zu begleichen".[98]

Wenn jedoch nicht gleichzeitig eine systematische Vor-Ort-Betreuung der Neu- und Bestandskunden durch die Spezialanbieter stattfindet, sind hier Fehlentscheidungen, gespeist aus der Laiensicht,

---

97 Siehe www.pharmassec.de, www.aporisk.de und Apotheke Adhoc, Branchennews: Apothekenversicherung individuell oder all inclusive.

98 Siehe Apotheke Adhoc, Branchennews: Braucht der Apotheker im Geschäftsbetrieb wirklich jede Versicherung?

quasi vorprogrammiert. Das alles sollte jeder Makler bei der Partnerwahl berücksichtigen. Es dürfte sich also nicht nur im Hinblick auf
die IDD-Umsetzung langfristig lohnen, verstärkt auf die individuelle
Maklerorientierung des Versicherungspartners zu achten.

Doch zurück zur Spezialzielgruppe Apotheken und zu ihrer besonderen Risikosituation. Wegen der apothekenspezifischen Risiken
können Sie bei der Apotheken-Eindeckung getrost alle Standard-
Checklisten, mit denen Sie sonst arbeiten, zu Hause lassen.

Denn diese führen zwangsläufig in Haftungsfallen, die mit Blick
auf die Vermittlerrichtlinie und die sich ändernde Rechtsprechung
heute wirklich niemand mehr leichtfertig in Kauf nehmen kann.
Oder erwarten Sie, dass Sie nach einer umfassenden, kompetenten
und risikogerechten Apothekenbegehung samt entsprechender Dokumentation auch nur einen Inhaber dazu bewegen können, genau
die Risiken aus dem Versicherungsschutz auszuschließen, die ihm am
meisten schaden können?

Praxistipp

Wenn Sie lediglich exakt den Teil dieses Buches konsequent
umsetzen, der zu Ihnen passt, werden Sie keinerlei Probleme
haben, hinreichend Apotheker derart von Ihrer Fachkompetenz für Apothekenabsicherung zu beeindrucken, dass sie
Ihnen das Maklermandat antragen.

Werten Sie den oben geschilderten Ansatz bitte nicht als eine
Art Arbeitsbeschaffungsmaßnahme für Versicherungsvermittler,
sondern als große Chance, Ihre Kompetenz zu beweisen – mit ge-
waltiger Schubkraft für Ihren Expertenstatus. „Experte ist, wer von
anderen dafür gehalten wird".[99] Damit weist der hier bereits zitierte

---

99 In: Christiani: Magnet Marketing.

Unternehmerberater Christiani auf die Tatsache hin, dass es am Ende immer nur unsere Kunden sind, die darüber entscheiden, ob wir als vertrauenswürdige und sachkundige Autoritäten gelten.

Da es bisher jedoch nicht viele in den Status eines „Experten für Apothekenversicherungen" gebracht haben, sind – trotz der genannten kompetenten Kollegen – immer noch zu viele Apotheker, was die apothekenspezifischen Risiken angeht, laienhaft versichert. Laienhaft versteht sich in dem Sinne, dass weder der Versicherungsnehmer noch sein Berater einen blassen Schimmer davon haben, was versicherungstechnisch angeraten, machbar und bezahlbar ist.

Es gilt also, Versicherer einer makler- und apothekengerechten Flexibilitätsprobe zu unterziehen, was im Prinzip kein Hexenwerk ist. Denn ein erklecklicher Teil des Abänderungsbedarfes ließe sich grundsätzlich mit einfachen Präzisierungen einzelner Punkte in den Allgemeinen Versicherungsbedingungen oder mit Hilfe ergänzender BVB-Vereinbarungen lösen.

Andere Risiken erfordern gesonderte Vereinbarungen mit den Produktlieferanten, um den Standardversicherungsschutz apothekengerecht zu erweitern.

Es sind einige wenige, für eine angemessene Apotheken-Inhaltsversicherung aber entscheidende Passagen, die einer Mehrheit unter den Gesellschaften immer wieder Eindeckungsprobleme bereiten. Allen voran die Abbedingung der Unterversicherung sowie der 40-Prozent-Klausel im Versicherungswert (AVB-Stichwort: Zeitwertersatz).

Auch mit der Begrenzung des Eigenschadens auf alle Approbierten oder gar den Inhaber allein tun sich die meisten Häuser schwer. Ebenso mit dem Einschluss der Pharmazieratklausel in die Warenlager-Deckung. Auch die Regelungen bei der Betriebsunterbrechung sowie der Ertragsausfallversicherung bieten oft ein willkommenes Optimierungspotenzial.

Ganz zu schweigen von einem hinreichenden Versicherungswert für den Inhalt der Medikamentenkühlschränke, um hier vorgreifend die wichtigsten Punkte zu nennen.

▶ Ob Kaffee auf der Tastatur, ein vergessener Putzschemel im Kommissionierer oder der Klassiker, ein abgebrannter Adventskranz: Auch in Apotheken passieren alltägliche Unfälle. Da ist es sinnvoll, den Eigenschaden nur auf den Inhaber zu begrenzen, damit wenigstens die Fehler der Mitarbeiter reguliert werden können.

Deutlich weniger schwer tun sich damit diejenigen Versicherer, Assekuradeure und Deckungskonzeptgeber, die eigene Branchenlösungen für Apotheken anbieten. Hier begänne für den Vermittler dann die Klein-klein-Arbeit des Bedingungs- und Klauselvergleichens.

Doch keine Sorge, wenn dies nur einmal konzentriert angegangen wird, sind die wichtigsten Kriterien in kürzester Zeit identifiziert. Diese Aufgabe selbst zu erledigen, darum werden Sie nicht herumkommen. Patentlösungen sind hier nicht zu erwarten.

Stattdessen wird Ihnen jetzt ein passables Küchenrezept geboten, wie sich die (eh nicht sonderlich überfüllte) Marktstandauslage der Spezialanbieter schnell auf eine überschaubare Essenz attraktiver Lösungen einkochen lässt.

Gehen wir einfach davon aus, dass nach dem Kochen in Ihrer „Consommé royale" maximal drei alternative „Versicherer-Filetstücke" schwimmen sollten. Ansonsten sollte Ihre Garküche schnell wieder sauber, die Küchenabfälle kompostiert und alle unerwünschten Geschmacksrichtungen für immer und ewig VVG-tauglich vakuumiert und weggeschlossen sein.

Um die in Frage kommenden Zutaten an Gesellschaften, Konzepten und Tarifen, die später den Basis-Fond bilden sollen, am Markt zu finden, sind keine Spezialkenntnisse vonnöten. Man sollte einfach durch den Markt „googeln", um dort dann mit einigen gezielt ausgesuchten Stichworten genau die richtigen Ingredienzien herauszupicken.

Wenn Sie bei Ihrer Internetsuche nach einem geeigneten Partner mit dem Begriff „Apothekenversicherung" anfangen, über „Spezialkonzept Apothekenabsicherung" weitersuchen, um bei „Zielgruppenpolicen Apotheke" aufzuhören, haben Sie alle denkbaren Schlüsselworte durchprobiert und Ihr „Einkauf" wäre erledigt.

Nachfolgend wird Ihnen nun das Entree der aktuell Verdächtigen (in alphabetischer Reihenfolge und ohne Anspruch auf Vollständigkeit) präsentiert:

- AIG Europe Ltd., Direktion für Deutschland, Frankfurt am Main/Heilbronn,
- Ampas Aachener und Münchener Partner-Service GmbH, Hamburg,
- Allianz Allgemeine Versicherungs-AG, München,
- ApoRisk GmbH, Karlsruhe,
- Basler Sachversicherungs AG, Bad Homburg v.d.H.,
- CuraPharm Versicherungsmakler GmbH, Bremervörde,
- CuraPharm Arnz & Co. Versicherungsmakler oHG, Mettmann,
- Deutsche Ärzteversicherung AG, Köln,
- Ergo Versicherung AG, Düsseldorf,
- Gothaer Versicherungsbank VVaG, Köln,
- Helvetia Business Pharma, Frankfurt am Main,
- HDI Versicherung AG, Hannover,
- MLP AG, Wiesloch,
- Nürnberger Allgemeine Versicherungs-AG, Nürnberg,
- PharmAssec Apotheken Assekuranz, Kirchheim unter Teck,
- R+V Versicherung AG, Wiesbaden,

▸ Wüstenrot & Württembergische AG, Stuttgart,
▸ Zurich AG (Deutschland), Frankfurt am Main.

Vom Weltkonzern bis zum Deckungskonzeptmakler ist in dieser Liste so ziemlich alles vertreten, wahrlich eine Riesen-Bandbreite. Und ich kann Ihnen bereits jetzt verraten, dass Sie bei der näheren Analyse eine ebenso große Bandbreite in Sachen Qualität feststellen werden. Zu einer sorgfältigen Prüfung gehört also auch immer die Analyse der potenziellen Partnergesellschaft. Auch hier gibt es große Unterschiede.

a) Zur Frage der Haftung

Die formalen Kriterien, die anzulegen sind, kennen Sie zur Genüge: Es geht um die Gesellschaftsform, Bilanz, Geschäftssitz etc. Unter dem Gesichtspunkt der Enthaftung ist es durchaus ein großer, bei Insolvenz existenzieller Unterschied, ob Sie sich für Spezialkonzepte von Versicherungsgesellschaften, Assekuradeuren oder Deckungs-konzeptmaklern entscheiden. Eine sorgfältige Auswahl und Dokumentation ist also auch aus Haftungserwägungen heraus dringend angeraten.

Apropos Haftung, das ‚Unwort‘ unserer Branche: Hierzu ist natürlich alles längst klar geregelt. Wer immer noch denkt, dass er die Vermittlerhaftung loswird, wenn er nur keinen Kunden darüber aufklärt, der irrt. Bei Apothekern hat es sich sogar sehr bewährt, den Interessenten sehr früh zu sagen, dass man selbstredend für seinen Rat die volle Haftung übernehme und gegen Fehler selbstverständlich versichert sei.

Die Haftung der Vermittler ist im Versicherungsvertragsgesetz und durch die Rechtsprechung (für Makler u. a. im „Sachwalterur-teil" des Bundesgerichtshofs) geregelt. Wesentlich ist dabei u. a. die Schadenersatzpflicht (§ 63 VVG), welche bestimmt, dass der Versicherungsvermittler zum Ersatz des Schadens verpflichtet ist, der dem

Versicherungsnehmer durch die Verletzung einer Pflicht nach § 60 oder § 61 VVG entsteht.

Bei Verletzung der Pflichten durch einen Versicherungsvertreter oder Assekuradeur haftet demnach letztlich der Versicherer. Der Assekuradeur tritt typischerweise als selbstständiger Risikoträger auf. Assekuradeure sind aber mit weitreichenden Vollmachten ausgestattete Mehrfach-Versicherungsvertreter (§ 59 Abs. 2 VVG), die als Vertreter nach §§ 164 ff. BGB für die durch sie vertretenen Versicherer Versicherungsverträge abschließen.

b) Spezialmakler und Haftung

Da bei Zielgruppenkonzepten allgemein und im speziellen Apotheken-Versicherungsmarkt erst recht die Frage nach dem für diese Klientel geeignetsten Konzept so große Bedeutung hat, ist an dieser Stelle die detaillierte Betrachtung der im Markt agierenden Spezialmakler in Bezug auf die Ausgestaltung von Haftung geboten.

Assekuradeure bringen ihre Konzepte als gebundene Vermittler oder Generalbevollmächtigte des oder der Versicherungsunternehmen an den Markt. Versicherungsunternehmen, die sich für besondere Nischenmärkte eines Assekuradeurs bedienen, tragen dafür wie für alle hauseigenen Produkte das volle Haftungsrisiko – auch für Fehler, Versäumnisse oder Unterlassungen des Assekuradeurs.

Anders gestaltet sich dies bei Versicherungsmaklern allgemein, auch deckungskonzeptgebenden: Sie haften für Verstöße gegen eigene Maklerpflichten stets selbst.

Die Risiken für eigene Fehler liegen erfahrungsgemäß in handwerklichen oder in versehentlichen Beratungs- und Dokumentationsmängeln, im Rahmen der vertrieblichen Kommunikation oder in Versäumnissen bei der Betreuung wie z. B. bei Fristen und Obliegenheiten. Deshalb müssen ungebundene Versicherungsmakler zur Erlangung ihrer Gewerbeerlaubnis eine Vermögensschadenhaftpflichtversicherung nachweisen.

Ein solcher Experte hat in aller Regel ein eigenes Bedingungswerk für eine besondere Zielgruppe geschrieben oder ein bestehendes anhand der spezifischen Bedürfnisse einer Zielgruppe weiterentwickelt. Dafür muss er dann einen Versicherer finden, mit dem zusammen er das Konzept auf den Markt bringen darf.

Die im Apothekenmarkt agierenden Deckungskonzeptmakler sind in diesem Sinne „normale" Makler, die sich jedoch spezialisiert haben. Sie haften den bei ihnen versicherten Apothekern für eigene Fehler und Versäumnisse mit allen Folgen der umfangreichen Haftung des Versicherungsmaklers und – falls erforderlich – auch Untermaklern aus dem Dienstleistungsvertrag.

Welches System für ihn und seine Kunden sicherer ist, dürfte dem erfahrenen Vermittler klar sein.

c) Solvenz und Finanzstärke

Das zweite Basisrisiko ist mit der Solvenz des auszuwählenden Partners verbunden.

Während eine solche bei Aktiengesellschaften und Versicherungsvereinen auf Gegenseitigkeit sicherlich in hinreichender Form vorausgesetzt werden kann, empfiehlt es sich für den partnersuchenden Versicherungsvermittler, bei einer GmbH oder OHG grundsätzlich entsprechende Informationen bei den Gesellschaften anzufragen und einen prüfenden Blick in die veröffentlichungspflichtigen Handelsbilanzen zu werfen. Wofür, außer vielleicht, um eine ladungsfähige Adresse zu recherchieren, gäbe es diese schließlich sonst?

2.2. Zur Partnerwahl: ein Kochduell

Das oben Genannte ist dann schon alles, was an Solidätsgrundlagen einer Vorprüfung unterzogen werden sollte. Wer jetzt noch übrig ist, kann getrost mit in den großen Kochtopf zum „Partner-Einkochen".

Rezept aus dem Vermittler-Kochstudio

Die nötigen Zutaten

✗ Je einen Zettel mit den Namen der jeweiligen Anbieter oder Tarife vorbereiten. Wichtig: Schließen Sie hier bitte keinen Produzenten aus, auch wenn er Ihnen noch nie so richtig »geschmeckt« hat.

✗ Nicht zu knapp portionieren. Lassen Sie Platz für Beilagen und die Garnitur.

✗ Die Bedingungswerke dieser Anbieter (rechtzeitig vorher) auf dem Markt anfordern oder sich die entsprechenden Downloads besorgen.

✗ Die Checkliste zu diesem Buch (siehe Link im Anhang).

✗ Wählen Sie ganz nach Ihrem Geschmack vier bis fünf (für eine Stunde) oder acht bis zehn (für zwei Stunden) apothekenspezifische Risiken aus.

✗ Notizblock (für ungeübte Köche empfohlen), Stifte - gern in mehreren Farben, ein Papierkorb.

Die Vorbereitung

✗ Definieren Sie ein störungs-, PC- und telefonfreies Stündchen, maximal zwei. Länger köcheln soll es nicht.

✗ Sorgen Sie für angenehmes Ambiente und vitaminreiche Snacks, einen gesunden Tee oder für den Abendgenießer eine gute Flasche Wein (vielleicht).

Das Vorgaren

✗ Sortieren Sie die Zettel zunächst nach dem Alter der Konzepte. Die Älteren oben, das Jüngste unten.

✗ Begutachten Sie die Filetstückchen der drei bis fünf ältesten Konzepte und beschränken Sie sich dabei ausschließlich auf die weiter unten vorgestellten apothekenspezifischen

Risiken. (Für Schnellkochtöpfe: Konsultieren Sie hierzu das Inhaltsverzeichnis.)

X Notieren Sie die gefundenen Stichworte auf den entsprechenden vorbereiteten Zetteln.

X Vergleichen Sie nichts und bewerten Sie bis hierher kein einziges Detail - selbst, wenn es jetzt schon etwas schal riecht.

X Wenn Sie damit durch sind, lassen Sie das Filetierte bei Tee oder Wein gut durchziehen.

X Was haben Sie gefunden, was nicht? Was war klar, was trübe? Was ging einfach, was schwer?

X Nun vergeben Sie bitte Ihre ganz eigenen Geschmacksnoten, Schulsystem genügt.

X Schreiben Sie diese auf die vorbereiteten Zettel und legen Sie sie in Notenreihenfolge bereit.

Das Ausbeinen

X Stellen Sie nun den Papierkorb bereit.

X Beginnen Sie dieselbe Prozedur noch einmal, diesmal starten Sie mit dem jüngst angefertigten Gericht.

X Arbeiten Sie zügig! Die Handgriffe sollen präzise sitzen, die Ware ist verderblich.

X Köche, die ganz auf Nummer sicher gehen wollen, sollten sich Notizen machen.

X Kommt Ihnen eine Passage bekannt vor, unterbrechen Sie den Garvorgang sofort.

X Stellen Sie fest, woher Sie diese Stelle kennen. Prüfen Sie dann, ob es weitere Parallelen gibt.

X Entsorgen Sie faule Äpfel in den Papierkorb. Gerade auch abgeschriebene Tippfehler!

X Was übrig bleibt, wird wie beim Vorgaren benotet und dann unter die entsprechenden Notenhaufen gezogen.

Das Auftischen

X Schärfen Sie nach mit den Voten der Vorkoster aus der einschlägigen Fachpresse und/oder den würzigen Kommentaren im Internet.

X Tauschen Sie Ihr Rezept und Ihre Erfahrungen mit denen anderer Restauranttester aus, am besten beim gemeinsamen Essen und Trinken.

X Eliminieren Sie jetzt die Produzenten, die Ihnen keinesfalls auf den Tisch kommen, im Papierkorb. Aber vorher Ihr Urteil für Ihr Kochbuch dokumentieren, um den schalen Haftungsnachgeschmack im Entstehen zu neutralisieren.

X Nehmen Sie sich sodann die drei verbliebenen besten Filetstücke vor und lösen Sie Ihre Vermittleranfragen aus.

X Fordern Sie frisch vom Wochenmarkt alle Beilagen wie auch die Garnitur an. Bewerten Sie deren Anlieferung streng. Was und wie schnell wird Ihnen aufgetischt?

Das Fertiggaren

X Mixen Sie die eingegangenen Zutaten mit Ihren Urteilen und kochen Sie so Ihre Consommé immer weiter ein.

X Ziehen Sie eine Handvoll Gewürze in Form weicher Faktoren unter, waschen Sie die Garnitur gründlich durch.

X Wenn Sie mögen, lassen Sie den Smutje kommen, der Ihnen zukünftig assistieren soll.

X Lassen Sie alles noch ein letztes Mal gut einköcheln.

Die Consommé royale kann aufgetragen werden

X Jetzt allseits guten Appetit! Vergessen Sie jedoch niemals, Ihr Rezept Ihren Kunden zu präsentieren.

X Keine Angst, sie werden es nicht nachkochen. Aber alle sollen erfahren, warum es in Ihrer Küche so besonders gut schmeckt.

2.3. Flexibilität ist Trumpf

a) Versichererbedarf ≠ Ärztebedarf ≠ Apothekerbedarf

Dass einmal kalkulierte Tarife als solche nicht verändert werden können, dürfte allen Lesern klar sein. Die meisten Verbesserungswünsche der Versicherungsvermittler betreffen ohnehin Vertriebliches, beispielsweise bezüglich individualisierbarer Werbemittel, zielgruppengerechter Texte oder spezieller Fachunterstützung aus dem jeweiligen Haus.

Noch mehr Wünsche betreffen den Betrieb beziehungsweise die Verwaltung, etwa beim Postversand oder bei der Erstellung vereinfachter, weil entschlackter Formulare. Gern diskutiert und wichtig sind in diesem Zusammenhang auch die Prozesse in der Schadenregulierung oder der Umgang mit einigen Obliegenheiten, die Behandlung von Fristen oder zumindest beispielhafte Aussagen zu möglicher Kulanz.

Generell kann man mit Fug und Recht behaupten, dass die größten Gesellschaften mit Sonderwünschen für gewöhnlich auch die größten Probleme haben. Je kleiner der Produktgeber, desto eher bekommt man ein belastbares Votum für Sonderwünsche. Jedenfalls gesetzt den Fall, dass man sich bei dieser Adresse als Vermittler bereits einen Namen gemacht hat.

Natürlich gibt es auch diverse große Adressen mit eigenen Spezialkonzepten. Diese sind in aller Regel auf den Gesundheitssektor in seiner Gesamtheit abgestellt. Wenn Aktuare jedoch an Policen für das Heilwesen denken, dann geht es fast immer um Ärzte, genauer: um Fachärzte. Die Apotheker gelten dabei ebenso als Beifang, wie z. B. Haus- oder Kinderärzte.

An Psychologen, Physiotherapeuten, Sanitätsfachhäuser etc. denkt anscheinend niemand. Lediglich der Berufsstand der selbstständigen Hebammen wurde offensichtlich einer gründlichen Analyse unterzogen – weswegen diese seit Kurzem von bezahlbarem Haftpflichtschutz de facto ausgeschlossen sind.

Die Logik dieser Ärzteorientierung ist sachlich durchaus nachvollziehbar. Bilden Ärzte doch die mit Abstand größte Gruppe innerhalb des medizinischen Personals. Sie tragen obendrein das weitaus größte Risiko.

Die Folge dieser Arztfokussierung ist allerdings, dass kleinere Entitäten mit geringerem Risikopotenzial innerhalb einer Versichertengemeinschaft nun mal, versicherungsmathematisch hergeleitet, schlicht und ergreifend in Relation zum tatsächlich vorhandenen Risiko zu hohe Prämien zu zahlen haben. Apotheken in allgemeinen Heilwesentarifen unterliegen deshalb dem Apriori-Verdacht, im Verhältnis zu den tatsächlich hinterlegten Werten und Leistungen zu teuer versichert zu sein.

> **Praxistipp**
>
> Machen Sie es sich ganz einfach. Erklären Sie heilwesentarifierten Apothekern diese Logik der Preisfindung. Apotheker kennen sich in Statistik aus, können rechnen und wollen garantiert nicht für Ärzte mitbezahlen.

b) Zwei Anekdoten zur Einstimmung

Ein wunderbares Lehrstück in Sachen „Wie man's nicht macht" lieferte einer der großen Marktteilnehmer. Bei dem infrage stehenden Druckstück, aus Apothekersicht ein Formular reif fürs Gruselkabinett, handelt es sich um einen profanen „Fragebogen zur endgültigen Beitragsanpassung nach Ziffer 13 AHB" – so, wie er alljährlich die Versicherten verwirrt.

Der hier zitierte Fragebogen jedoch bringt Apotheker in absoluter Rekordzeit auf einen Puls von deutlich über 180. Denn das Formular befragt sie nicht nur (völlig berechtigt) nach der Anzahl der beschäftigten Personen und Lieferungen pharmazeutischer Produkte nach

Übersee. Jemand hat also bei der Zusammenstellung der Fragen mitgedacht. Wäre hier das Ende – alles wäre gut gewesen.

Doch nicht so bei diesem Versicherer: Hier fand wohl mitten im Aufsetzen des Formulars ein Schichtwechsel statt. Ein Kollege aus der „Kundenbetreuung Land" muss übernommen haben. Der fragte dann unseren bis dahin völlig arglosen Apotheker im Weiteren nach der Anzahl von Gabelstaplern, der Kopfzahl an Pferden – inklusive Ponys – und der aktuellen Größe der apothekeninternen Hunderotte.

▶ Wenn der Amtsschimmel wiehert: Die Versicherer-Bürokratie kann so manch einen Apotheker zur Verzweiflung bringen, wenn er Anfragen zu Tierhaltung und Landwirtschaft beantworten muss.

Der Kommentar des Apothekers, den er auf dem mir vorliegenden Exemplar angebracht hat, lautet: „Danke, dass ich mich mit diesem Mist beschäftigen darf!". Und ich frage mich trotz dieser der Landwirtschaft durchaus Sympathie beweisenden Antwort des Apothekers („Mist!"), ob der Kollege von der „Landsparte" das am Ende richtig verstanden hat.

Wer die treue und ihre Prämien stets pünktlich zahlende Apothekerschaft zu seinen Kunden zählen möchte, der sollte auch passende Formularblätter erstellen, welche nicht an der Zurechnungsfähigkeit des Ausstellers zweifeln lassen. Dies sollte weder am Geld scheitern, noch als ein untergeordnetes und organisatorisches Problem angesehen werden.

Den angeschriebenen Apothekern jedenfalls signalisieren solche inhaltlich unpassenden Formblattfragen nichts anderes als Desinteresse, gepaart mit einer gehörigen Portion Ahnungslosigkeit. Denn der Absender merkt offensichtlich nicht einmal, dass Gabelstapler in Apotheken – wenn überhaupt – nur zu Abrisszwecken eingesetzt werden und Tierhaltung höchstapothekenrechtlich strengstens verboten ist.

Das weiß selbst jener sprichwörtliche Gaul, den man bekanntlich bereits vor der Apotheke hat „kotzen sehen" – anstatt sich drinnen einfach ein rezeptfreies Anti-Brechmittel oder (für den homöopathischen Zossen) eine gepflegte dicke Ingwerknolle zum Kauen zu besorgen.

Praxistipp

Gehen Sie genau dann auf Akquise, wenn Sie merken, dass wieder einmal solche Briefe kursieren. Rund um das Jahresultimo böte sich es an. Fragen Sie einfach, ob Ihr Versicherer sich auch schon nach den stolzen Apothekenrossen erkundigt hat. Sie fliegen entweder raus oder haben einen genialen Gesprächseinstieg.

Zu einem weiteren Fall, diesmal aus dem aktuellen Vertriebsleben. Viele von Ihnen können diese leidvolle Geschichte sicher nachzeichnen, waren vielleicht sogar dabei:

Vor fünf Jahren sangen wir den Apothekern alle das Lied von der „ApothekenRente". Ein Trupp von Versicherungscowboys und Gesellschaftsrittern umkreiste damals die deutschen Apotheken. Papiergeschosse flogen in schierer Massen, die telefonische Erreichbarkeit näherte sich über Wochen einem unter anderen Umständen erfreulichen Mindestmaß.[100]

Erste Pharmazierat-Sheriffs wollten schon besorgt die Dienstfähigkeit erfragen – allein, auch sie kamen nicht durch zu ihren Leuten. Kurzum: Es lief ein regelrechter Akquise-Western. Die Konsortialgang von der Apo-Rente zog durchs Land und in ihrem Gefolge eine Schar Geschäfte witternder Versicherungsgesellschaften, Grüppchen von autonom agierenden Vertrieblern und reichlich bärbeißige Gesellen der hartgesottenen Vertriebe. Sie alle folgten dem Lockruf des Geldes.

Aus Pietätsgründen soll hier auf eine weiterführende Filmkritik verzichtet werden. Sergio Leone, der legendäre Italo-Western-Regisseur, hätte jedenfalls seine helle Freude an dem Schauspiel gehabt; und Ennio Morricone (dem Genre ebenso verbundener Musiker) hätte nicht einmal eine neue Titelmelodie komponieren müssen. Denn drehbuchkonform hat am Ende kaum einer unter den Haudegen geschrieben. Bis heute werden sich immer noch viele aus der Originalbesetzung fragen, warum das so war.

Hier nun die Lösung zu dieser Vertriebs-Massenkarambolage: Die oben aufgeführten Beteiligten hatten alle das falsche Kaliber geladen. Mit ihrem raubeinigen Auftritt haben sie die Apotheker nur scharenweise gegen sich und damit auch gegen das Thema betriebliche Altersversorgung aufgebracht – statt ihnen Unterstützung anzubieten.

Doch wer sich vorab nur ein klitzekleines persönliches Bild vom Apotheken-Alltag gemacht und dieses in seiner Akquisestrategie nicht nur berücksichtigt, sondern sogar konsequent nach vorn gestellt hätte, der hätte – wie sicher nicht nur die Erfolge der Kollegen der IAP beweisen – betriebliche Altersversorgung in großen Einheiten geschrieben.

Das schlagende Argument eines jeden serviceorientierten Beraters in Sachen betriebliche Altersversorgung sollte bekannt sein. Was

---

100 Siehe hierzu auch den Abschnitt VI.3.6. zur bAV, Seite 247.

überzeugt unvermeidlich in einhundert von einhundert bAV-Akqui-
segesprächen, womit gewinnt der bAV-affine Makler jeden Firmenkunden? Na klar: Zeit sparen und Arbeit abnehmen. „Ich mach' das
für Sie! Eine kleine Mitarbeiterversammlung…". Aber erstaunlicher-
weise kommt das Gespräch in jeder Apotheke an diesem Punkt ab-
rupt zu seinem Ende.

War es nicht gerade das, was dieses Buch bislang empfohlen hat?
Versicherungsvermittler sollten genau dies für ihre Apotheker tun:
Zeit sparen und Arbeit abnehmen. Warum also soll genau das jetzt
gerade falsch sein?

▶ Eine Mitarbeiterversammlung
wird in Apotheken nicht gern
gesehen. Schließlich herrscht
hier Präsenzpflicht, immer
muss jemand den Betrieb auf-
rechterhalten. Eine Beratung
vor versammelter Mannschaft
ist damit kaum möglich.

Eine Mitarbeiterversammlung bildet in Apotheken, zusammen mit
dem Pharmazierat und dem Fall eines plötzlich langzeiterkrankten
Approbierten, das Trio der drei apokalyptischen Visionen. Wenn eine
solche dann noch von einem aktionistischen Vermittler beschworen
wird, beginnt auch der gestandene Apotheker zu streiken.

Zur Erklärung: In Apotheken herrscht Schichtdienst. Viele Mitarbeiter sind teilzeitbeschäftigt. Manche arbeiten nur samstags, andere schließen nur auf. Es gibt keinen Raum, in dem man sich ver-

sammeln könnte, und gäbe es ihn – wäre das verboten. Schließlich herrscht in Apotheken eine Präsenzpflicht in der Offizin, denn Kunden- oder Lieferantenverkehr herrscht eigentlich immer. Abgesehen davon, ist das Telefon zu besetzen usw.

Wie viel Zeit und Arbeit kostet es also einen Apotheker, die Mindestmenge von zwei Mitarbeiterversammlungen zu realisieren? Und was ist mit der Zeitplanung? Für wie lange wirft es dann seinen Dienstplan durcheinander? Schon der Versuch, eine Versammlung in Erwägung zu ziehen, wird umgehend bestraft.

Praxistipp

Wer in Apotheken bAV schreiben will, der sollte keine Taktung planen, sondern muss dem Inhaber anbieten, sich „hinten" hinzusetzen und immer, wenn gerade mal Ebbe ist, einen Mitarbeiter zu beraten.

Bieten Sie aktiv an, dass das Gespräch sofort unterbrochen wird, wenn der Kundenstrom wieder anschwillt. Kommen Sie zum Aufschluss und zum Wochenenddienst. So lange, bis Sie alle Mitarbeiter erreicht haben. Das geht übrigens schneller als Sie denken, denn diese selbst wollen Sie so schnell wie möglich „da hinten" wieder raushaben.

Sie haben nun zwei von aberhundert Gepflogenheiten kennengelernt, die in unserer Branche ihr Unwesen treiben, aber dem Usus in Apotheken widersprechen. Und die sicherlich auch ein wenig die dort vorhandene Abneigung erklären, sich mit unseren Themen zu beschäftigen.

Jeder Versicherungsordner in Apotheken ist voll von unsinnigen Formularen. Oder sie liegen in einem der gen Decke wachsenden Stalagmiten (siehe Seite 144). Am besten fangen Sie beim Stapel „Wichtig, aber keine Zeit zum Ablegen" an. Heften Sie den Kram ab, bevorzugt unter großzügiger Beteiligung der Rundablage „P" wie Papierkorb. Zeigen Sie das Ergebnis Ihrem Apotheker – gerade auch mit explizitem Hinweis auf „P" – und er wird Sie mit Sicherheit umgehend in sein Herz schließen.

c) „Unapothekerische" Bürokratie vermeiden

Es sind nicht nur apothekenspezifische Einschlüsse in den Bedingungswerken, auf die es bei der Wahl der geeigneten Versicherungspartner ankommt. Die zigfach existierenden sogenannten weichen Kriterien sind oft einfacher zu erreichen und können nicht selten den ausschlaggebenden Unterschied ausmachen.

Apotheker dürfen, wie beschrieben, bis zu vier Apotheken als Inhaber betreiben. Der Mehrbesitz breitet sich am Markt zunehmend aus. So sollte es möglich sein, alle Apotheken, die ja ein grundsätzlich ähnliches bis gleiches Risiko darstellen, auch tatsächlich in einer Police zusammenzuführen, die dann das Gesamtrisiko abbildet.

Dies würde dem Apotheker Bürokratie ersparen. Es würde ihm auch deutlich mehr Flexibilität, was die Verteilung der Lagerwerte oder die Schwerpunktbildung angeht, erlauben. Darüber hinaus ist eine gebündelte Betrachtung in aller Regel nicht nur einfacher aktuell zu halten, sondern auch verwaltungstechnisch und preislich günstiger.

Und es dürfte doch kein Problem sein, sich z. B. bei dem aus Apothekersicht völlig unsinnigen Formblatt mit der veterinärwissenschaftlichen Zählung von Tierköpfen in Apotheken – ausschließlich derer, die bereits seit Jahrzehnten in Formalin lagern – um eine Alternative zu kümmern. Setzen Sie sich dafür ein, dass Ihre Apotheken ein um den beanstandeten hinteren Teil reduziertes Formular zugeschickt bekommen. Und wenn die Postabteilung des Versicherers das nicht kann, dann kümmern Sie sich selbst drum.

Aus Erfahrung kann ich sagen, dass Versicherungspost und Apothekerdenken in aller Regel zwei Welten mit geringer Schnittmenge darstellen. Häufig treffen hier zwei diametral entgegengesetzte Absicherungsdenken frontal aufeinander. Obwohl – oder besser gerade weil – es sich um zwei Professionen handelt, die beide nur allzu gern alles auf die Goldwaage legen.

Aus dem Wunsch, alles richtig und vollständig auszufüllen, ergeben sich bei den von Aktuaren oder Hausjuristen inspirierten Formblättern – deren Sinn selbst Fachleuten manchmal nicht unmittelbar einleuchtet – immer wieder Missverständnisse und Nachfragen. Dies fängt bei der Antragstellung an, geht dann über die jährliche Datenerhebung weiter und endet bei der Schadenbearbeitung nicht selten im Fiasko. Deshalb seien Sie willig, bereit und in der Lage, Ihren zukünftigen Apothekerkunden bei dieser Arbeit aktiv zu assistieren.

Praxistipp

Sollten Sie aus organisatorischen, zeitlichen oder entfernungstechnischen Gründen nicht in der Lage sein, aktive Hilfe zu leisten, wählen Sie am besten unter den in Frage kommenden Premiumapotheken-Spezialkonzeptanbietern denjenigen aus, der Apothekern generell am wenigsten Papier zuschickt, die wenigsten Fragen stellt und diese am verständlichsten stellt.

Zur besseren Vergleichbarkeit nutzen Sie eine stichwortartige Auflistung dessen, was ein guter Versicherungspartner können und wollen müsste, damit er als Partner eines Apotheken-Spezialmaklers in die engere Wahl kommt.

Natürlich dürfte es so gut wie unmöglich sein, alles auf einmal „eingedeckt" zu bekommen. Aber je mehr Vermittler danach fragen, desto eher wird es möglich werden, für spezielle Kundengruppen auch die passend adaptierten Lösungen zu bekommen. Am besten,

Sie gehen die im Anhang erwähnte Musterliste Punkt für Punkt danach durch, was die Partner Ihrer Wahl bereits heute anbieten.

d) Unverzichtbar: Fachwissen und Vor-Ort-Service

> Dem entspricht, dass der Versicherungsmakler von sich aus das Risiko untersucht, das Objekt prüft und den Versicherungsnehmer als seinen Auftraggeber ständig, unverzüglich und ungefragt über die für ihn wichtigen Zwischen- und Endergebnisse seiner Bemühungen, das aufgegebene Risiko zu platzieren, unterrichten muss."
> (BGH, IVa ZR 190/83; Zitat nach. Baumann, Frank; Beenken, Matthias; Sandkühler, Hans-Ludger: Profi-Handbuch Maklermanagement. 2010 Freiburg, Haufe-Lexware)

Unstreitig ist es möglich, sein Auto oder seinen Hund über eine Web-Plattform zu versichern. Ebenso sind Unfall-, Rechtsschutz- oder Risikoleben-Policen und alle anderen hochstandardisierten Versicherungsprodukte für den Onlinevertrieb geeignet. Denn die benötigten Angaben sind sowohl in Menge wie Inhalt eindeutig und klar.

Ist alles korrekt befüllt, stimmt die Standard-Police. Das beweisen maklergerechte Online-Portale wie bspw. Zeitsprung.de für das „einfache" private Sachgeschäft jeden Tag.

Doch schon bei den Themen Haus oder Pferd wird es eng. Da muss im Zweifel genauer hingeschaut werden. Sowie ein Gewerbe mit im Spiel ist, sowieso. Wenn ein Makler sich hier allein auf die Angaben des Kunden verlässt, dürfte das Absicherungsergebnis nur noch zufällig passend sein. Denn Wohnung ist nicht gleich Haus, der Hausrat setzt sich immer unterschiedlich zusammen und Ackergaul ist nicht gleich Springpferd.

Dasselbe gilt für Firmen. Die bAV mit ihren Durchführungswegen und Gestaltungsoptionen ist ebenso wenig online einheitlich zu gestalten, wie sich auch jede Firma mehr oder weniger stark von einer anderen unterscheidet und sich deswegen nicht in ein Schema pressen lässt. Es mangelt an Standards – es sei denn, es gäbe vorverhandelte Rahmenverträge. Und ohne Standards können Musterpolicen selbst für einzelne Zielgruppen niemals allumfassende Richtigkeit haben.

Die Konsequenz daraus: Der Vermittler muss sich von dem zu versichernden Objekt ein eigenes Bild machen. Ein Laie – und das sind trotz (oder korrekter: gerade wegen) Internetwissen und Musterangeboten alle Kunden nun mal – kann die richtigen Antworten eben nicht wissen.

Des Weiteren kann es in einzelnen Berufen, Tätigkeiten oder Lebenssituationen Risiken geben, die in keiner Standardlösung bedacht sind – eben weil sie gerade kein Standard sind! Beispiele gibt es hier genug: Vorstände von internationalen Aktiengesellschaften, Beamte mit besonderen Entscheidungsaufträgen, Leistungssportler, Frauen in Scheidungssituationen, Oldtimerbesitzer, operierende Ärzte ohne Grenzen im Auslandseinsatz, Unternehmen mit Kunden in den USA, Herzchirurgen, Freeclimber, Datenbeauftragte, Notärzte oder eben Apotheker.

Wer diesen und vielen anderen Spezialkunden Standardpolicen anbietet, ist mit nahezu hundertprozentiger Sicherheit im Haftungsrisiko. Denn a) kann die Lösung nicht „best advice" sein, weil sie nicht „suitable" ist; und b) kann es der Kunden nach menschlichem Ermessen nicht wissen.

Dieses Risiko tritt immer dann auf, wenn der Vermittler:

▸ seinem Kunden nicht die richtigen Fragen stellen kann, weil er ihn nicht richtig kennt,
▸ die Sonderrisiken des Kunden nicht versteht,
▸ an die Möglichkeiten eines oder weniger Produktanbieter gebunden ist oder ihm Ventillösungen verboten sind.

▸ den Versicherungs- oder Risikoort nicht selbst in Augenschein nimmt.

▸ vom Kunden verlangt, Werte und Risikopotenzial selbst einzuschätzen.

▸ Oder wenn der Versicherungsvermittler die von Kunden genannten Summen und ausgeschlossenen Risiken unreflektiert übernimmt und/oder

▸ seine Dokumentation nicht präzise genug abgefasst ist bzw. er auf jährliche Überprüfungen am besten direkt vor Ort beim Kunden verzichtet.

Versicherungsmakler ist ein beratender Beruf, weil Kunden mit Sonderrisiken jenseits der Standardpolicen nicht in der Lage sind, den individuell notwendigen Versicherungsschutz selbst zu definieren. Ärzte nicht, Leistungssportler nicht, Stallungsinhaber fremder Pferde und wohl manchmal selbst Rechtsanwälte nicht.

An Apotheker sind hier noch strengere Maßstäbe anzulegen, denn kaum ein anderer Beruf ist derart vielen Gesetzen, Verordnungen und Richtlinien unterworfen. Man könnte fast behaupten, dass jeder pharmakologisch relevante Handgriff in einer Apotheke exakt vorgeschrieben ist. Wenn Fehler passieren oder Schäden auftreten, liegt also fast immer ein Verstoß gegen mindestens eine Vorschrift vor und es droht, versicherungstechnisch gesprochen, fast überall die grobe Fahrlässigkeit.

Deshalb ist es zumindest für Versicherungsmakler in Spezialzielgruppen ebenfalls quasi grob fahrlässig, sich kein persönliches Bild vom Versicherungsbedarf bei diesem konkreten Kunden zu machen.

Einzige Ausnahme: Man versichert ausnahmslos immer alles das, was für Apotheker relevant ist, in einer so großen Summe, dass eine Unterdeckung nach menschlichem Ermessen unmöglich ist. So ein All-risk-Konzept würde dann den Vor-Ort-Besuch aus haftungstechnischer Sicht obsolet werden lassen; aus vertrieblicher aber kaum und aus Gründen der Kundenbindung erst Recht nicht.

Der Kunde ist der Leidtragende

Es gibt sicher noch zig andere Haftungsfallen, aber das beschriebene Vorgehen, schlicht auf Standardlösungen zu vertrauen, stellt sicher die häufigste dar. Es ist klar, dass nicht jede dieser Handlungen oder Unterlassungen Haftung nach sich zieht. Man kann schließlich auch dem Lappland-Reisenden einen Lendenschurz verkaufen und sich von ihm schriftlich bestätigen lassen, dass er damit nicht frieren werde.

Wer aber – und dieses Bild macht die Krux deutlich – im Fall des Falles immer der Leidtragende ist, das ist der Kunde. Er merkt erst dann, was er eigentlich versichert hat, wenn ihm der Versicherer mittels Ablehnungsschreiben erstmals vollumfänglich über die nicht versicherten Summen-, Werte- und Deckungslücken informiert.

Ein PR-Artikel bei Apotheke Adhoc bringt die Problematik ziemlich gut auf den Punkt: Versicherungsthemen seien für Apotheker vollkommen unzweifelhaft eher fachfremd. „Sie brauchen deshalb einen sach- und fachkundigen Experten an Ihrer Seite."

Das Versicherungskonzept müsse auf diese konkrete Apotheke mit diesem konkreten Inhaber ausgerichtet sein, heißt es dort. Es bedürfe ausführlicher und für versicherungstechnische Laien verständlicher Informationen und sachgerechter Beratungsinstrumente und Serviceleistungen.[101]

Was der Autor, ein freier Fachjournalist, der im Auftrag eines Marktteilnehmers tätig ist, jedoch an dieser Stelle übersieht, ist eine klare Konsequenz, die aus seinen sehr treffenden Zeilen zu ziehen ist: Damit disqualifiziert sich jede modulare Lösung ohne persönliche Vor-Ort-Beratung, bei der der Apotheker auf der Basis „einer ausführlichen Informationsbereitstellung" selbst auswählt, was er gerne hätte, als zwingend ungeeignet.

---

101 Verkürzt zitiert aus: www.apotheke-adhoc.de/branchennews/alle-branchennews/branchennews-detail/sind-sie-als-apotheker-richtig-versichert/?L=0&cHash=55ed9f51e168d35dfc54415766028b4c&sword_list[]=ApoRisk&no_cache=1.

Praxistipp

In Deutschland hat jeder Kunde das Recht, sich ungeeignet, unzureichend oder auch gar nicht zu versichern. Ich denke nur, er sollte es vorher wissen. Und wissen heißt nicht, es unterschrieben zu haben, sondern es für seinen Apothekenalltag wirklich verstanden und dann bewusst so entschieden zu haben.

Genau darum dreht sich ein schwelender Dissens unter den Spezialversicherern für Apotheken: Kann eine Apothekenabsicherung ohne Ortstermin zur individuellen Beratung und ohne eine Vor-Ort-Betreuung während der Vertragslaufzeit für Apotheker funktionieren?

Das dahinterstehende Szenario: Es geht um durchaus nennenswerte Rabatte, die gewährt werden, wenn sich Apotheker auf der Basis eines unstreitig apothekengerechten Spezial-Bedingungswerkes ihren Versicherungsbedarf mit den dazu notwendigen und bekanntermaßen meist sehr umfangreichen Unterlagen selbst konfektionieren. Auf dieser Basis kann sich der Apotheker dann seinen Wunsch-Schutz zusammenstellen.

Dem lösungssuchenden Makler bleibt die Einschätzung nicht erspart, ob es angesichts der umfassenden und heterogenen Risikolage in Apotheken lege artis ist, einen Prämiennachlass durch Verzicht auf eine Vor-Ort-Betreuung bei ansonsten angemessenen Bedingungen als Qualitätsvorteil anzupreisen.

Ist es nicht vielmehr so, dass in dem Moment, in dem ein Laie beginnt, seinen Schutz modular auszuwählen, die Qualität zwingend sinken muss? Eben weil er kein Fachmann für Versicherungsfragen ist und er als Apotheker die mehrseitigen Unterlagen entweder aus Zeitgründen nicht gelesen, oder aber – auch das kommt oft vor – zwar Wort für Wort gelesen, aber in der fachlichen Tiefe nicht durchdrungen haben kann.

Auch solche Abwägungen sollten Einfluss auf die Partnerwahl haben. Für beide Seiten: bei Vermittlern gegenüber Produktgebern und beim Apotheker gegenüber dem Vermittler seiner Wahl.

Bedenken Sie zu guter Letzt: „Enthaftung" durch dokumentierte Kundenentscheidung ist das eine. Dauerhafte Kundenbeziehungen durch die bestmögliche Absicherung zu wahren, ist etwas anderes. Wenn Sie einen gravierenden Schaden – Stichwort Kühlschrank, Herstellerhaftung, Pharmazieratklausel oder NIR-Spektrometer – am Ende nicht regulieren können, sind Sie in Windeseile aus allen Apotheken raus. Denn negative Empfehlungen verbreiten sich immer und überall.

Praxistipp

Wie auch immer Sie Apotheker akquirieren und welche Lösung Sie vorlegen: Bestehen Sie auf einer Apothekenbegehung mit persönlicher Inaugenscheinnahme der real existierenden Versicherungsrisiken vor Ort. Tragen Sie erkannte Risiken dem Apothekeninhaber persönlich vor. Denn er sieht die versicherungstechnischen Risiken in seinen Routinetätigkeiten nicht, während er die pharmakologischen Risiken zwar kennt, aber deren Auswirkungen bei unzureichendem Versicherungsschutz nicht realistisch abschätzen kann.

---

3. Apothekenspezifische Risiken, auf die es ankommt

3.1. Der Apothekenwert

Auch wenn Apotheker üblicherweise eine auskömmliche Zusage seitens des zuständigen Versorgungswerkes in Aussicht haben: Das Risiko, einen signifikanten Einkommensverlust zu erleiden, ist für einen

Apothekeninhaber recht groß.[102] Denn neben der jederzeit möglichen Arbeitsunfähigkeit durch Erwerbs- oder Berufsunfähigkeit lauern auch hier Gefahren, die es in anderen Berufen zumindest in dieser Ausprägung nicht gibt. Hierzu zählt bereits der eigentlich harmlose Wegzug einzelner oder gar aller umliegenden Ärzte, z. B. in ein neu gebautes Ärztehaus.

Am anderen Ende der Skala der möglichen Risiken droht die Katastrophe des Approbationsentzuges. Doch das betrifft immer nur Einzelfälle. In großer Zahl hingegen können Apotheker massive finanzielle Einbußen erleiden, wenn – wie mehrfach geschehen – eine Änderung der Apothekenbetriebsordnung, die mit den Gegebenheiten der eigenen Apotheke nicht in Einklang zu bringen ist, Gesetzeskraft gewinnt.

Das absolute Horrorszenario für alle Apotheker ist der sogenannte Fremdbesitz. Damit ist das Aufweichen der Apothekenbetriebsordnung gemeint, das darauf zielt, dass ein Apothekeninhaber nicht mehr zwingend approbiert zu sein hat. Die Fremdbesitzwelt sähe in kürzester Zeit so aus, dass sich die einschlägigen Drogerieketten ebenso wie die Discounter dieser Welt darum reißen würden, angestellte Apotheker zu gewinnen, die in ihren Märkten Apotheken als Filialleiter betreiben.

Das Schicksal und damit Ende der inhabergeführten Apotheke wäre dann ebenso in kurzer Zeit besiegelt, wie das des selbstständigen Apothekers als Beruf. Und gleichzeitig mit großer Wahrscheinlichkeit auch das Ende einer flächendeckenden Versorgung der Bevölkerung.

Dass dies kein Science-Fiction-Szenario ist, beweist ein Vorstoß des stellvertretenden Vorsitzenden des GKV-Spitzenverbands, Johann-Magnus von Stackelberg. Hatte er doch das Modell der inhabergeführten Apotheke als „mittelalterliche Gildenstruktur" bezeichnet.[103]

---

102 Vgl. VersicherungsJournal.de vom 13. Juni 2014.

103 Siehe hierzu Abschnitt III.2.3. „Clash of Clans": Animositäten unter Apothekern, Seite 37.

Die Krankenkassen, meinte er weiter, wollten den Apothekenmarkt umkrempeln, auch wenn sich die Regierung für den Erhalt des Fremd- und Mehrbesitzverbots ausgesprochen habe. „Ich glaube, dass die Struktur des Apothekenmarktes dringend zur Diskussion gestellt werden muss", sagte von Stackelberg. Dies kam einer Kriegserklärung erster Güte an alle Apotheker gleich. Bei der ABDA stand man dann auch gleich (wieder und völlig zu Recht) auf den Barrikaden.[104]

Auch Lücken im Versicherungsschutz gehören zum Arsenal der möglichen Rücklagenkiller. Denn gerade einige der apothekenspezifischen Risiken, auf die wir im letzten Kapitel dieses Buches zu sprechen kommen, können das im Alter zur Verfügung stehende Kapital auf einen Schlag deutlich schmälern.

Andere Ursachen führen zu einem eher schleichenden Einnahmerückgang bei Apotheken. Sie sind auf einen steigenden Marktdruck zurückzuführen, der mehr und mehr Apothekenschließungen zur Folge hat. Diese werden wiederum immer häufiger durch Insolvenzen ausgelöst.

Der dauerhafte Druck auf Preis und Margen, ausgeübt von Regierungen, Krankenkassen, Großhandel und Industrie, sowie die zunehmend preisaktive Discounter- und Internetkonkurrenz fordern zusätzlich ihren Tribut. Aus diesen Gründen hat die Bundesregierung Recht mit ihrer Aussage, dass es Selbstständige ohne Alterssicherung nicht mehr geben sollte.[105]

Besonders hart trifft es all diejenigen, bei denen gravierende Änderungen der Apothekenbetriebsordnung die Altersvorsorgepläne platzen und Altersrücklagen schmelzen ließen. So geschehen, als z. B. die Einrichtung eines Notausgangs für das Labor oder als 2012 ein barrierefreier Zugang zur Apotheke gefordert wurden. Das traf und betrifft weiterhin alle, die entweder ihr Labor im Keller eingerichtet

---

104 Siehe Apotheke Adhoc vom 30. Januar 2015, www.apotheke-adhoc.de/nachrichten/ nachricht-detail/apothekenmarkt-gkv-spitzenverband-kritisiert-strukturenapothekenketten-filialapotheken-1/.

105 Vgl. VersicherungsJournal.de, Ausgabe vom 10. August 2012.

haben, oder bei denen z. B. eine hochherrschaftlich-elegante Treppe hoch zur Offizin führt.[106]

Für beide Vorgaben galten übrigens die sonst üblichen langen Übergangsfristen nicht. Im günstigsten Fall hatte das massive Umbaukosten, nicht selten im sechsstelligen Bereich, zur Folge. Diese gingen natürlich zulasten der Rücklagenplanung des Inhabers. Dem stand zumindest ein entsprechender späterer Veräußerungswert entgegen.

Deutlich schlimmer traf es Apotheken, für die eine bauliche Lösung nicht umsetzbar war, weil bspw. vor dem Apothekeneingang nicht genügend Platz für eine Rampe oder einen Aufzug vorhanden war oder weil die Stadtverwaltung einen Umbau verbot. In manchen Fällen ließ es das Labor im Keller nicht einmal zu, einen Notausstieg über ein Fenster einzurichten.

Manches Mal war der Apotheker schlicht zu alt, um die Neuerungen noch durchführen zu wollen. Oder (was ganz profan auch passiert ist) die Hausbank stellte sich quer und lehnte der ohnehin nicht gut gehenden Apotheke die Finanzierung der Umbaumaßnahmen ab.

Ein drittes Beispiel für die weitreichenden Folgen von geänderten Verordnungen war die Herausnahme der Sanitäreinrichtungen sowie der Pausen- und Büroräume, soweit sie nicht als Notdienstzimmer ausgelegt waren, aus der Berechnung für die Mindestgröße einer Apotheke. Dies geschah im Jahr 1995, seitdem wird nur noch die Flächensumme von Offizin, Lager, Labor und Notdienstzimmer zur Ermittlung der vorgegebenen Mindestgröße von 110 m² herangezogen.

Mit den bereits bekannten langen Übergangsfristen war das auch für Inhaber kleinerer Apotheken, die ohne diese zuvor in der Aufstellung berücksichtigten Räume nun nicht mehr auf die geforderte Mindestgröße von exakt 110 m² kamen, kein Problem. Denn solange sie weder vorhatten, ihre Apotheke einer Grundrenovierung zu

---

106 Vgl. Apotheke Adhoc vom 20. Februar 2015.

unterziehen, noch die Apotheke abgeben wollten, blieb erst einmal alles, wie es war.

▶ Geänderte Verordnungen und deren Folgen oder eine falsche Ruhestandsplanung können große Löcher in die Rentenkasse der Apotheker schlagen. Dann muss nicht selten noch bis ins hochbetagte Alter am HV gearbeitet werden.

Das Problem trat in dem Moment auf, in dem sie aufhören wollten oder mit der Planung einer zukünftigen Betriebsabgabe begannen. Da ein möglicher Nachfolger keine neue Betriebserlaubnis für die abzugebende Apotheke bekäme, kaufte diese auch keiner. Der zu erzielende Erlös war also null, was ein riesiges Loch in der privaten Rentenschatulle aufriss.

Dem Inhaber – vom unmöglichen Umbau oder von der nun zu kleinen Apotheke betroffen – blieben nur drei Alternativen, die allesamt durch erheblichen Mehraufwand an Zeit und Geld, den Verzicht auf Verkaufserlöse oder Freizeit im Alter die eigene Lebensplanung radikal verändern würden:

- ▶ noch einmal von vorn anfangen und rechtzeitig woanders neue Apothekenräume anmieten,
- ▶ den Mietvertrag nicht mehr verlängern und die Apotheke schließen oder

▸ einfach „Augen zu und durch" praktizieren, das heißt unermüdlich weiterzuarbeiten wie weiland der hochbetagte Johannes Heesters.

„Im Rentenalter noch in der Apotheke stehen und arbeiten – für gar nicht so wenige Apothekeninhaber ist das Alltag: In Bayern und Baden-Württemberg etwa sind 14 Prozent der aktiven Apothekenleiter älter als 65, in Niedersachsen sind noch ein 91-jähriger Apotheker und eine 90-jährige Apothekerin aktiv und in Hamburg hat [...] ein 73-Jähriger eine neue Apotheke eröffnet", berichtet in diesem Zusammenhang ein Branchenmedium.[107]

Die beiden ältesten betroffenen Apothekerinnen in Berlin waren knapp unter beziehungsweise deutlich über 80. Die Ältere ist vorletztes Jahr im Dienst verstorben.

3.2. Die Versicherungswerte

Vermittler, die in Heilwesenbranchen tätig sind, benötigen zur Absicherung meist mehr als den üblichen Standard. Gerade bei Fachärzten, Chirurgen und erst Recht bei selbstständigen Hebammen bildet die Haftpflicht oft ein Eindeckungsproblem.

Deshalb gibt es zunehmend Experten wie bspw. das vor fünf Jahren gegründete Heilwesennetzwerk.de. Es hat sich dem Risikomanagement für Heilberufler verschrieben und kooperiert in der Umsetzung mit Vermittlern.

Um Apotheken in geeigneter Höhe versichern zu können, sind unbedingt einige Spezialitäten aus dem Apothekenrecht zu beachten. Die damit implizierten versicherungstechnischen Konsequenzen sollten dem Apotheker-Kunden verdeutlicht und im Beratungsprotokoll dokumentiert werden. Ansonsten entstehen Haftungsrisiken, die es nur und ausschließlich in der Apothekenversicherung gibt.

107 Siehe Apotheke Adhoc, Newsletter vom 4. Februar 2015.

„Gerade Wasser beschädigt nicht nur Einrichtung und Vorräte, oft bleiben Apotheken aus Hygienegründen sogar länger
geschlossen als die eigentlichen Sanierungsmaßnahmen andauern.

Um auch Großschäden zu meistern, sollte die Versicherungssumme für Sachschäden nochmal in gleicher Höhe
für die Betriebsunterbrechung zur Verfügung stehen." (Marc
Löscher, Apothekenexperte der Karlheinz Schmid Versicherungsmakler GmbH in Mühlacker)

a) Werteversicherung

Der Wert des Apothekeninhalts ergibt sich aus der Addition von Warenlager, Apothekeneinrichtung sowie der technischen Ausstattung.
Entscheidend ist hier, dass alle drei Werte nur und ausschließlich
zum Neuwert zu kalkulieren sind.

Das Warenlager ist in jeder Werteversicherung grundsätzlich
zum Neuwert versichert, denn Medikamente können wegen ihrer
Verfallsdaten grundsätzlich nie in den Zeitwertvorbehalt fallen.
Nicht so jedoch die in vielen Apotheken vorhandenen älteren Ein-
richtungen.

Gemeinsam mit Antiquariaten, Kaffeehäusern oder ebenso
manchem Juwelier gehören auch Apotheken zu den traditionsrei-
chen Geschäftsmodellen, deren historische Einrichtung einen Wert
sui generis darstellt.

Die Inhaber pittoresker alter Betriebe sind sich bewusst, wie
wichtig gerade das Flair, das diese ausströmen, in der lokalen Konkurrenzsituation zur Abgrenzung zu den doch meist aseptisch wir-
kenden modernen Discounter-Apotheken ist. Am alten Offizinmo-
biliar hängt ein Großteil ihres Geschäftserfolges, denn viele Kunden
bevorzugen und genießen heute noch den Einkauf in einer historischen Apotheke.

Soweit die Kundensicht im vorderen Bereich der Räumlichkeiten. Und weiter hinten – im Lager, Labor, dort, wohin nie ein Kunde kommt – besteht erst Recht kein Grund, die seit Jahrzehnten bewährten Apothekerschränke und Laboreinrichtungen ohne Not zu verändern. Ein Generalalphabet ist i. d. R. eine Maßanfertigung, denn es galt bereits vor 50 Jahren, jeden Winkel einer Apotheke optimal auszunutzen.

Mit Aufkommen der Fertigarzneimittel stieg schließlich in kurzer Zeit der Lagerbedarf für Packungen aller Art und Größe. So finden sich im hinteren Bereich von Apotheken immer wieder Musterbeispiele alltagserprobter handwerklicher Möbelbaukunst: solide, funktional und „unkaputtbar". Selbiges gilt analog für viele Laboreinrichtungen. Warum also austauschen? Es sei denn, irgendwann einmal muss wegen akuten PKA-Mangels doch ein Kommissionierautomat angeschafft werden.

▶ Müssen nach einem Schaden Automatiktüren oder Mobiliar neu angeschafft werden, beginnen meist erst die Probleme. Die Versichererleistung reicht dafür oft nicht aus. Ohne funktionierende Ausstattung darf der Apotheker aber nicht öffnen.

Stellen wir uns nun vor, in welchem Zustand sich diese historische Apotheke nach einem größeren Schaden befindet. Wie wird eine einfache Police von der Stange, die die gängigen Allgemeinen

Versicherungsbedingungen hinterlegt hat, die entstandenen einzelnen Schäden regulieren? Schlagen Sie einfach in den AVB der Werteund Inhaltsversicherung jeder beliebigen Versicherungsgesellschaft nach: Dort werden Sie mit höchster Wahrscheinlichkeit sinngemäß die nachfolgend aufgeführte Vereinbarung finden:

§ XY Versicherungswert – Der Versicherungswert der Betriebseinrichtung ist:

▸ „1.1 der Neuwert. Dies ist der Betrag, der aufzuwenden ist, um Sachen gleicher Art und Güte in neuwertigem Zustand wiederzubeschaffen oder sie neu herzustellen; maßgeblich ist der niedrigere Betrag;

▸ 1.2 der Zeitwert, falls er weniger als 40 Prozent des Neuwertes beträgt […] Der Zeitwert ergibt sich aus dem Neuwert der Sache durch einen Abzug entsprechend ihrem insbesondere durch den Abnutzungsgrad bestimmten Zustand“.

Wie wird heutzutage im Zweifel nach dieser Klausel in unserer älteren Apotheke reguliert? Waren zum Neuwert, neuer Medizinkühlschrank zum Neuwert, sonstige Einrichtung und technisches Gerät zum Zeitwert; Einrichtung 43 Jahre alt, Zeitwert nach Abnutzung nahe null Euro. Aus Kulanzgründen wird der Versicherer dem Apotheker für die Schäden an seiner alten Offizin-Einrichtung sowie für Lager und/oder Labor schätzungsweise runde 10.000 oder 20.000 Euro bieten.

Das wäre de jure sogar ein überbedingungsgemäß optimales Angebot, denn hier wäre grundsätzlich lediglich eine Summe leicht über dem gemeinen Wert zu erstatten gewesen. Wie oder wann der Besitzer an neues Mobiliar käme, wäre seine Sache. Zunächst könne man sich ja erst einmal auch provisorisch behelfen. Doch dies funktioniert eben nicht in Apotheken!

Das damit verbundene Problem liegt – wie so oft – in der Apothekenbetriebsordnung begründet. Nach deren Vorgaben darf eine

Apotheke nach einem Schadenfall, der zu einer Betriebsunterbrechung führte, erst dann wieder öffnen, wenn eine erfolgreiche Wiedereröffnungsrevision stattgefunden hat. Doch diese wird erst dann anberaumt, wenn „Lager, Labor und Offizin in einem revisionsfähigen Zustand" sind, wie es § 4 der Apothekenbetriebsordnung verkürzt vorschreibt.

Zur Erteilung der Wiedereröffnungserlaubnis prüft der Pharmazierat, ob sowohl im Lager als auch im Labor alle vorgeschriebenen Aufbewahrungs- und Herstellungsutensilien vorhanden sind. Dabei will der amtlich bestellte Sachverständige alles sehen und überprüft einmal durch die gesamte Inventarliste, vom Apothekerschrank bis zur letzten Feinwaage. Provisorien jedweder Art wird er garantiert nicht durchgehen lassen.

▶ Historische Apotheken wirken malerisch und begeistern die Kunden. Für ihre Inhaber bergen sie meist ein unbekanntes finanzielles Risiko, da sie de jure oft nicht zum Neuwert versichert sind.

Als die erste Auflage entstand, kämpfte ein junger Apotheker in Berlin um die Eröffnung seiner neu erworbenen Apotheke. Dies wurde ihm vom Pharmazierat verweigert, weil der Öffnungsmechanismus der Automatiktür nicht mehr vorschriftsmäßig funktionierte. Die Tür ging zwar rechtzeitig auf, schloss aber zu schnell.

Eine sofortige Reparatur war unmöglich, denn alsbald stellte sich heraus, dass es für dieses ältere Modell keine Ersatzteile mehr gibt. Die geplante Eröffnung zum ersten Februar 2015 war damit geplatzt.

Am Ende ging es dann doch gut aus, weil ein findiger Handwerker zusammen mit einem Elektriker eines uns bekannten Automatiktürservices eine Lösung fand, die der Pharmazierat schließlich „zur Not" akzeptieren konnte. Die Tür funktioniert übrigens – was Provisorien ja grundsätzlich nachgesagt wird – bis heute völlig einwandfrei.

Dieses Beispiel illustriert auch die Probleme eines nach dem Prinzip Nullachtfünfzehn versicherten Apothekers: Er steht mit höchst kulant gewährten 10.000 Euro da, darf aber erst wieder eröffnen, wenn er für mehrere Zehntausend Euro eine komplett neue Apothekeneinrichtung angeschafft hat. Eine gebrauchte Automatiktür, die genehm ist, bekommt er schließlich nicht.

Dasselbe gilt für die Apothekeneinrichtung – auch diese gibt es zum Schadentag voraussichtlich gerade nicht gebraucht. Der Einrichtungswert ist für kleine Apotheken über den Daumen mit 300.000 Euro zu veranschlagen. Diese verteilen sich in etwa wie folgt:[108]

- ▸ Planung .... ab 10.000 Euro
- ▸ Labor/Rezeptur .... 60.000 Euro
- ▸ Offizin je nach Ausführung .... 60.000 – 80.000 Euro
- ▸ Warenlager .... 80.000 Euro
- ▸ EDV .... 30.000 Euro
- ▸ Kühlschränke .... 5.000 Euro
- ▸ Safe & BTM-Schrank .... 5.000 Euro
- ▸ Beleuchtung .... 10.000 – 20.000 Euro
- ▸ Literatur .... 6.000 Euro
- ▸ Deko, Werbung etc. .... 5.000 Euro

---

108 Quelle: Ralf Kellner, B.I.G. Gesellschaft für Beratung und Zertifizierung im Gesundheitswesen Deutschland mbH, Magdeburg.

Nun zur Gretchenfrage: Wie beschafft sich der Apotheker auf die Schnelle, ohne aktuelle Einnahmen, aber bei voll weiterlaufender Kostenbelastung die fehlende Liquidität für die bis zur Wiedereröffnung anfallenden Kosten und die neue Einrichtung?

Für Apotheker war das früher kein Problem: Man ging zu seiner Hausbank und bekam ohne große Umstände einen Überbrückungskredit gewährt. Heute, bei den jetzigen Usancen des Kreditgewerbes, kann man jedem Apotheker nur viel Erfolg, noch mehr Langmut und möglichst 150 Prozent private Sicherheiten wünschen, wenn er zum Gespräch mit dem Ratingbeauftragten an den bankinternen Bonitäts-PC gebeten wird.

Praxistipp

Bieten Sie – unabhängig vom Alter des Apothekeninventars – niemals einer Apotheke eine Versicherungssumme von unter 300.000 Euro zuzüglich des Warenwerts an. Das ist die unterste Grenze und auch nur für ganz kleine Apotheken akzeptabel.

Mittlere Größen sollten bis 500.000 Euro versichert sein und große nach individueller Kalkulation entsprechend höher. Am besten wäre eine hohe pauschale Summe für Ihren gesamten Bestand.

Sie können sich ausrechnen, wie lange es in dieser Situation dauern wird, bis sich Ihr Kunde fragt, warum die von Ihnen vermittelte Versicherung eigentlich nicht alles bezahlt hat und warum Sie ihn damals bei Vertragsabschluss seiner vermeintlichen Neuwertersatzpolice nicht über dieses Risiko informiert haben. Denn irgendwo auf Seite eins bis drei der Police steht natürlich dick und fett: Versicherung zum Neuwert.

b) Haftpflichten

„Ich hatte, wie vorgeschrieben, eine Haftpflichtversicherung abgeschlossen und als vorsichtiger Mensch für eine höhere Deckungssumme auch höhere Beitragszahlungen in Kauf genommen." (Wahl, Straub: Rezeptfrei)

Bei vielen meiner Policenchecks musste ich leider feststellen, dass Apothekerin Wahl mit dieser oben zitierten Haltung offensichtlich einer Minderheit angehört – zumindest in „meinem Revier". Denn die in vielen, vornehmlich kleineren Apotheken real vorzufindende Haftpflicht-Deckungssumme rangiert zwischen 1,5 und drei Millionen Euro. Mittlere bis große Apotheken weisen für gewöhnlich versicherte Summen zwischen drei und fünf Millionen aus.

Beides ist, gelinde gesagt, viel zu wenig. Auch Apothekerin Wahl empfiehlt zehn Millionen Euro Haftpflichtsumme. Bitte bedenken Sie, dass Apotheken – bei aller Sorgfalt, Kontrolle und zertifizierten Prozessen – tagtäglich hundertfach der Gefahr eines Personenschadens ausgesetzt sind, der schwerste gesundheitliche Konsequenzen mit sich bringen und schlussendlich auch tödlich enden kann.

Das passiert öffentlichen Bekundungen zufolge selbstverständlich nie – und doch hatte laut einem Praxisbericht eine Mitarbeiterin in einem speziellen Fall „offenbar ein falsches Medikament an einen Kunden abgegeben. Sie hatte zwei Packungen, die sich ähnlich sahen und sogar ähnliche Namen trugen, schlicht verwechselt. So einfach war das. Und so folgenschwer."[109]

Der Kunde von Apothekerin Wahl hat übrigens glücklicherweise überlebt. Doch wie hoch ist im Zweifel die Rechnung für ein halbes Jahr Aufenthalt auf der Intensivstation? Und worauf könnten sich die Kosten bei einer dauerhaften Schädigung summieren?

---

109 In: Wahl, Karin: Risiken und Nebenwirkungen

Genug der Risikoszenarien, von denen garantiert auch kein Apothekeninhaber hören will. Es gibt bessere Zahlenbeispiele, die zur Überzeugung unserer Kunden herangezogen werden können.[110]

So ist hierzulande für jeden Kfz-Halter eine Mindest-Haftpflichtsumme für Personenschäden in Höhe von 7,5 Millionen Euro gesetzlich vorgeschrieben. Doch wie hoch ist fast jeder Autofahrer in Deutschland versichert? Meist mit pauschalen 100 Millionen Euro, darunter machen es die meisten Versicherten nicht. Bei ihnen scheint die Risikoeinschätzung also nicht getrübt zu sein.

Wenn selbst der sprichwörtliche Sonntagnachmittag-Kaffeefahrt-Lenker mindestens 7,5 Millionen Versicherungssumme nachweisen muss: Warum sollte dann eine Apotheke, die – um im Bild zu bleiben – werktäglich zwischen neun und zwölf Stunden höchst aktiv am Geschäftsverkehr teilnimmt, mit weniger als der Hälfte dieses Haftpflichtschutzes hinkommen?

Praxistipp

Bieten Sie Apothekern niemals weniger als fünf Millionen Euro zuzüglich Haftpflichtsumme an. Das ist die grade noch vertretbare unterste Grenze. Setzen Sie Ihre Fachkompetenz und Ihre Haftungsübernahme voll ein.

Apothekeninhaber sitzen diesbezüglich mit Ihnen in einem Boot. Sie verstehen Ihre Bedenken viel besser als andere Kunden. Ich gehe mit zehn Millionen Euro an den Start und bestehe darauf, damit am Ende auch ins Ziel zu kommen. Oder die Apotheke möge sich woanders versichern.

Ein weiterer sich anbietender Beratungsansatz stützt sich auf die Herstellerhaftpflicht, die sogenannte AMG-Deckung. Diesen pauschalisierten Versicherungsschutz müssen – oder besser sollten, denn

---

110 Vgl. VersicherungsJournal.de vom 5. März 2015.

hierzu gibt es in der Apothekerschaft deutliche Meinungsverschiedenheiten – alle Apotheker vorweisen können, die Defekturen oder Eigenmarken selbst herstellen.

Die vorgeschriebene pauschale Versicherungssumme für die AMG-Deckung beträgt übrigens 120.000.000 Euro. Warum wohl, darf man getrost einmal fragen, wurden diese 120 Millionen Euro gesetzlich festgelegt?

▶ Die Medikamentenabgabe ist mit einigen Risiken verbunden. Eine Fehlabgabe kann fatale Folgen haben. Haftpflichteinschlüsse sind deswegen auf jeden Fall zu prüfen.

3.3. AVB allein ist keine Lösung

Werden Apotheken lediglich nach den Standardbedingungswerken versichert, tut sich eine gravierende Haftungsfalle auf. Es sollte deutlich bessere Alternativen geben.

Und die gibt es tatsächlich in Form von Spezialpolicen aller Art. Einige von ihnen kappen nur die größten Risiken, andere decken einzelne Zusatzrisiken ab und wieder andere erlauben dem Vermittler, nach Lust und Laune dieses oder jenes Risiko unter dem Policenschutzschirm zu versammeln. Sehr wenige Konzepte setzen voll auf Enthaftung und bieten ausschließlich maximale All-risk-Deckung.

Sie schließen alle versicherbaren Risiken ein oder lehnen die Policierung ab.

Im Folgenden gehen wir nun die wichtigsten Risiken durch, die es entweder nur in Apotheken gibt, oder denen dort aus berufsrechtlichen Gründen eine besonders gravierende Bedeutung zukommt. Sollten Sie Apotheker-Kunden diese Lösungen mit einem Produktpartner nicht bieten können, nehmen Sie Abstand von dem Tarif oder lassen Sie sich vom Kunden unterschreiben, dass er freiwillig deutlich schlechter versichert sein möchte als es am Markt (und oft sogar für einen ähnlichen Beitrag) möglich ist.

Praxistipp

Bei Apothekenpolicen sind Sie als Versicherungsvermittler tatsächlich in der glücklichen Lage, Ihr Haftungsrisiko, wie bei einem Lautstärkeregler, von voll auf null selbst zu bestimmen. Nutzen Sie diese Chance im eigenen und im Interesse Ihrer Kunden.

Deshalb: Sollten Sie Ihr Rezept vom Kochstudio nun nicht mehr ganz so schmackhaft finden, dann gehen Sie am besten jetzt sofort zurück an den Herd (beziehungsweise ins Kapitel VI., Abschnitt 2.2.).

3.4. Die „Must-haves"

Als Erstes kommen die Klauseln und Sondervereinbarungen, die Sie, um die Anforderungen der Apothekenbetriebsordnung zu erfüllen und daher aus Haftungsgründen, für jede Apotheke eindecken sollten. Damit wären im Fall des Falles die Suitable-advice-Kriterien, also die Faktoren für eine passende und geeignete Absicherung, erfüllt. Fangen wir wieder bei den Werten an, um uns anschließend den Haftungsthemen zuzuwenden.

a) Versicherungswert

Obwohl die Zeitwertregel auch vorher schon in den Bedingungen niedergelegt war, konnten Versicherungsnehmer bis ins Jahr 2000 darauf vertrauen, dass alle im Gebrauch befindlichen und ordnungsgemäß gewarteten Betriebseinrichtungen stets zum aktuellen Neuwert ersetzt wurden. Denn bis zu diesem Zeitpunkt fand die sogenannte „Goldene Regel" Anwendung, die fast alle Mitglieder des Gesamtverbands der Deutschen Versicherungswirtschaft e.V. (GDV) einvernehmlich anerkannt haben.

Was viele Vermittler nicht wissen: Genau diese Empfehlung wurde vom GDV im Folgejahr wieder zurückgezogen, viele Gesellschaften wollten das Risiko nicht mehr tragen. Ist also ein Apothekeninhalt zu Bedingungen ab 2001 zum Neuwert versichert, so muss das trotzdem nicht für Inhalte gelten, deren Zeitwert unter 40 Prozent gesunken ist.

> ► **Verhandlungsziel**: Abbedingung der 40-Prozent-Klausel für Apotheken. Ohne Wenn und Aber.

b) Unterversicherung

Die Unterversicherungsklausel beziehungsweise die damit zusammenhängenden Mitwirkungspflichten stellen die meisten Apotheken vor große Probleme.

Während eine Auflistung aller defekten oder abhandengekommenen Dinge leicht erstellt werden kann, gestaltet sich die Auflistung aller heilen und vorhandenen Sachen regelmäßig sehr schwierig. Viele Apotheken haben das Inventar bereits vom Vorbesitzer übernommen, die Anschaffungsbelege für älteres Laborgerät etc. sind oft nicht mehr aufzufinden. Somit sind die Inventarwerte meist, wenn überhaupt, nur mit großem Aufwand zu dokumentieren. Hier muss also ein externer Schätzer hinzugezogen werden – mit allen damit verbundenen Risiken und Nebenwirkungen.

Der Wert des Warenlagers ist zwar problemlos zu ermitteln, doch dessen Bestand unterliegt im Jahresverlauf erheblichen Schwankungen. Das hochvolatile Lager birgt also ein anderes Risiko. Üblicherweise beträgt der Lagerwert in kleineren Apotheken mindestens 40.000 bis 60.000 Euro. Wenn jedoch eine Grippewelle anrollt, kann sehr schnell das Doppelte der sonst bevorrateten Medikamente auf Lager genommen werden.

Bei einem Schadenfall zum falschen Zeitpunkt besteht also fast immer Unterversicherung. Oder aber der Inhaber müsste das ganze Jahr über die höchsten Wertspitzen versichert haben, was er in aller Regel nicht tut.

Dieses Ärgernis ist am besten dadurch zu vermeiden, dass der Policengeber auf Unterversicherung verzichtet. Das ist jedoch weitestgehend marktunüblich, denn lediglich einzelne Spezial-Deckungskonzepte haben die Unterversicherungsprüfung generell abgeschafft.

> **Verhandlungsziel**: Vereinbaren Sie einen Unterversicherungsverzicht. Die Unterversicherungsprüfung muss komplett weg.

c) Betriebsunterbrechung (BU)

Häufiger und länger als die meisten anderen Unternehmen müssen Apotheken nach einem versicherten Sachschaden eine Weile schließen. Die Gründe dafür liegen in den zuvor beschriebenen schärferen Hygiene- und Lageranforderungen aus dem Apothekenrecht sowie in der Notwendigkeit, dass der für die Region zuständige Pharmazierat oder Amtsapotheker eine erfolgreiche Wiedereröffnungsrevision durchführt. „Ein solches Schadenereignis kann das finanzielle Aus für den Apotheker bedeuten."[111]

---

111 In: Büser, Wolfgang; Schmidt, Peter: Gut versichert in der Apotheke. 2011 Eschborn. Seite 32.

Üblicherweise findet sich in bestehenden Inhaltsversicherungen von Apotheken jedoch der Einschluss einer „kleinen BU" dokumentiert. Diese versichert den Rohertrag bis zur maximalen Versicherungssumme von meist einer Million Euro.

Da dieser auf die gesamte Haftzeit bezogene Maximalwert jedoch in Bezug auf den tatsächlichen Schließungszeitraum oft nicht ausreichend ist, empfiehlt sich eine „große BU" mit größerer Versicherungssumme. Dafür ist in Apotheken ein Richtwert von rund einem Drittel des Jahresumsatzes angeraten.

Angesichts der zu beobachtenden Klimaveränderungen, die keine Entwarnung für Deutschland bedeuten,[112] ist unbedingt darauf zu achten, dass die Betriebsunterbrechung durch Elementarschäden in der gleichen Höhe als versichert gilt. Oftmals werden diese Schäden nur mit reduzierten Summen oder lediglich auf Anfrage gegen Zuschlag mitversichert.

> ▸ **Beratungsziel**: Bei der Versicherungssumme für Betriebsunterbrechungen auf eine ausreichende Höhe achten. Abhängig von den individuellen finanziellen Verpflichtungen sollte die Versicherungssumme etwa 30 Prozent des Jahresumsatzes betragen.

d) Kühlgut

Der Inhalt von Kühlschränken ist gewöhnlich entweder gänzlich ausgeschlossen, oder nur bei einem Stromausfall des öffentlichen Netzes mitversichert, und dann zumeist in einer für Apotheken lächerlich niedrigen Summe. Die meisten Versicherer halten offensichtlich den Warenwert einer mittelmäßig sortierten Tiefkühltheke im Supermarkt für den heranzuziehenden Grenzwert.

---

112 Vgl. Pfefferminzia vom 5. Dezember 2016, www.pfefferminzia.de/prognosen-zum-klimawandel--keine-entwarnung-fuer-deutschland--1480949522/.

Doch in Apothekenkühlschränken lagern empfindliche Medikamente in Preiskategorien mehrerer Tausend Euro pro Stück bis hin zu Spitzenwerten bei 30.000 Euro pro Einheit. Gemäß entsprechender Vorgaben ist eine größere Anzahl von Medikamenten sogar innerhalb bestimmter Temperaturbereiche zu lagern.

Bei vielen dieser Präparate ist zudem die Kühlkette zwingend einzuhalten. Insbesondere für Impfstoffe, Hormone, Onkologika und Zytostatika für die Krebs- oder Aids-Behandlung regelt eine eigene Verordnung den Transport und die Lagerungstemperatur. Von daher tragen Apotheken in Bezug auf das Risiko eines Kühlschrankausfalls grundsätzlich ein erhöhtes Risiko.

20.000 Euro sind in jedem Apothekenkühlschrank üblich. Aber auch Werte von 50.000 Euro und mehr sind keine Seltenheit. Diese sind nicht nur durch einen möglichen Ausfall der öffentlichen Stromversorgung bedroht. Wegen der exakt einzuhaltenden Lagervorschriften können bereits wenige Grad Celsius ausreichen, damit das Kühlgut nicht mehr abgebbar ist.

Die „normalen" Medizinkühlschränke, wie sie jahrelang in Apotheken üblich waren, bilden die geforderten Temperaturlimits nicht eindeutig ab. Daher finden sich an diesen Geräten zusätzliche Temperatursensoren sowie meist ein Temperaturkalender, in den die zuständigen Mitarbeiter ihre regelmäßig abgelesenen Werte eintragen müssen. So kann sich dann der Pharmazierat oder Amtsapotheker bei der nächsten Revision von der ordnungsgemäßen Lagerung des Kühlgutes überzeugen.

Sicherer sind Medikamente in einer seit einigen Jahren auf dem Markt befindlichen Gruppe von Medizinkühlschränken, die die DIN 58345 erfüllen.[113] Diese Geräte verfügen über eine deutlich empfindlichere Temperaturmessung bis in den ersten Kommastellenbereich. Die empfehlenswerten zeichnen obendrein die Temperaturwerte auf.

Die wichtigste Neuerung jedoch ist ein eigenes „Notstromaggregats" in Form eines Akkus. Diese zusätzliche Stromquelle ermöglicht

---

113 Vgl. Arzneimittel- und Wirkstoffherstellungsverordnung (AMWHV), www.gesetze-im-internet.de/amwhv/BJNR252310006.html.

den Geräten die Einhaltung der vorgeschriebenen Temperaturwerte auch ohne Steckdosenstrom zumindest über Nacht oder sogar über normal kurze Wochenenden.

Der Versicherungsschutz darf sich deshalb selbstredend nicht nur auf die Lieferungsunterbrechung vom Stromanbieter beschränken. Auch Sicherungsschäden, Versagen der maschinellen Kühleinrichtung inklusive Kühlmittelaustritt und dadurch verursachte Abweichungen von der vorgeschriebenen Temperatur oder Luftfeuchtigkeit sollten mitversicherte Risiken sein.

▸ **Verhandlungsziel**: Erweiterter Kühlgutschutz auch bei Sicherungsdefekt und technischem Versagen. Mindestens 25.000 Euro Versicherungssumme. Alternative: Anbieten einer gesonderten Kühlgutversicherung.

Praxistipp

Da bisher noch nicht alle Apotheken entsprechend umgerüstet haben, sind noch viele Kühlschränke im Gebrauch, die diese Norm nicht erfüllen. Sie wurden meist mit Temperatursonden nachgerüstet, die täglich abgelesen werden. Sie sollten sich also vor einer Aussage zum Versicherungsschutz die Kühlschränke Ihrer Kunden genauer ansehen.

---

e) Pharmazieratklausel I

In so gut wie jedem Bedingungswerk ist unter der Überschrift „Gutachterverfahren" sinngemäß die folgende Vorgehensweise festgeschrieben: Versicherer und Apotheker benennen je einen Gutachter. Diese bestimmen einen Obmann, der schlussendlich über die Schadenregulierung verbindlich entscheidet. Angemessen ist dieses Verfahren für Apotheken eigentlich nicht.

Welche Waren nach einem Schadenereignis noch abgebbar sind und welche nicht, entscheidet – wie bereits im Kapitel IV.1. dargelegt – im Zweifel ausschließlich der zuständige Pharmazierat oder Amtsapotheker. Er legt auch fest, ob eine Apotheke nach einem Schaden geschlossen werden muss, und wenn ja, wann sie wieder öffnen darf. Bleibt die Apotheke also länger als nötig geschlossen, fallen Mehrkosten an, die irgendjemand tragen muss.

> ▸ **Verhandlungsziel mit dem Versicherer**: Es gilt das Votum des Pharmazierates. Basta!

f) Pharmazieratklausel II

Grundsätzlich enden Betriebsunterbrechungen immer sinngemäß „mit dem Abstellen des Schadens". Also alles repariert, Handwerker weg, gereinigt und gelüftet – und zur Abnahme bereit, wie es beim Stubendurchgang vor dem Wochenende beim Bund heißt. Und genau hier liegt das Problem. In welchem Beruf gibt es denn sonst noch einen Spieß? Richtig: beim Apotheker. Da ist das sogar vorgeschrieben, sonst darf er nicht wieder öffnen.

Das ist die bereits erwähnte Wiedereröffnungsrevision. Und gehen Sie bitte davon aus: Pharmazieräte und Amtsapotheker sind noch sehr viel „pingeliger" als jeder Kompaniefeldwebel. Ihr Apotheker-Kunde kann wahrscheinlich längst mehrere Lieder davon singen.

Wann also die Betriebsunterbrechung tatsächlich endet, liegt allein in der Hand des Pharmazierates. Er prüft bei so einer Wiedereröffnungsrevision natürlich nicht die Reparaturarbeiten, er prüft viel mehr: nämlich die gesamte Betriebsbereitschaft der Apotheke.

Dabei wird die gesamte Checkliste, die auch bei der Eröffnungsrevision durchgegangen wird, angelegt. Von der ordnungsgemäßen Einrichtung der gesamten Apotheke über die bestimmungsgemäße Lagerung aller Waren, den BTM-Schrank und die Aktualität der Versicherungsbestätigung zur Präqualifizierung bis hin zur

Lagerung von Lebensmittelzusätzen wie bspw. *Bittermandeln*, die wegen ihrer Giftigkeit hierzulande fast nur über Apotheken abgegeben werden.[114]

Wenn dann irgendetwas nicht stimmt, bleibt die Apotheke eben weiterhin zu. Und wenn dies mit den Reparaturarbeiten zu tun hat, dann sollte eben auch die Betriebsunterbrechung so lange andauern, bis dieser Mangel behoben ist.

Was einen solchen Mangel auslösen kann, ist übrigens ziemlich einfach einzugrenzen: Es hat entweder mit Hygiene, Feuchtigkeit oder Temperaturen zu tun, oder mit dem Abhanden- (Gekommen-) Sein bestimmter vorgeschriebener Gegenstände.

Hygiene ist in Apotheken Pflicht. Warum, dürfte klar sein. Hygienenachweise nach einem Wasserschaden sind üblicherweise vorliegende Gutachten über Pilze, Sporen und Bakterien. Auch Luftfeuchtigkeitsmessungen wurden schon gefordert.

Die Obergrenze für die Raumtemperatur in Apotheken ist 24 Grad Celsius. Liegt sie auch nur ein Grad drüber, weil draußen Hochsommer ist und ein Glaser leider kein Thermoglas eingebaut hat, die Markise noch nicht wieder montiert ist oder die neue Klimaanlage noch Lieferzeit hat – dann bleibt die Apotheke zu. Schlimmer noch – es kann sogar sein, dass die dadurch überhitzte Ware dann vorsichtshalber als nicht mehr abgebbar deklariert wird und leider deshalb auch noch zu vernichten ist.

Von daher ist es außerordentlich wichtig, dass Vermittler, deren Apotheken einen größeren Schaden mit Feuer, Wasser oder größere chemische sowie biologische Emissionen – neudeutsch Biohazard genannt – melden, absolut auf der Hut sind. Sie sollten darauf achten, dass die ausführenden Gewerke den BU-Schaden nicht dadurch noch verschlimmern, dass sie die geforderten Hygienestandards ignorieren.

Das machen übrigens nicht nur Firmen gern, sondern auch Hausbesitzer, -verwaltungen und – ja, auch Versicherungsunternehmen.

---

114 Vgl. www.apothekerkammer.de/pharmazie/apotheke/qualitaetssicherung/faq/.

Nämlich jedes Mal dann, wenn sie alle drei aus Kostengründen keine Firmen beauftragen, die höhere Trocknungs-, Reinigungs- und Sanierungskosten geltend machen sowie Hygienegutachten und Raumluftmessungen im Angebot ausweisen. (Näheres hierzu im Kapitel VI. über zusätzliche Serviceleistungen.)

> ▸ **Verhandlungsziel mit dem Versicherer**: Vereinbaren Sie die grundsätzliche Fortdauer einer Betriebsunterbrechung bis zur erfolgreichen Wiedereröffnungsrevison. Zumindest dann, wenn die Wiedereröffnung auf Mängel oder fehlende Nachweise im Zusammenhang mit der Reparatur zurückzuführen ist. Ihr Kunde wird es Ihnen im Schadenfall sehr danken.

g) Erweitere Außenversicherung

Grundsätzlich sind Waren dann in der Außenversicherung mit versichert, wenn sie vorübergehend nicht an ihrem eigentlichen Standort lagern. Mit dem Wort „vorübergehend" ist meist „längstens drei Monate" gemeint.

Apotheken brauchen jedoch eine erweiterte Definition, denn ihre „aushäusigen" Waren bestehen in der Masse aus Impfstoffen, die z. B. in Kinderarztpraxen vorgehalten werden, oder in *verblisterten* oder *gestellten* Medikamenten für die Heimbelieferung. Diese Ware kommt nicht wieder, sondern wird in Arztpraxen, Seniorenheimen oder sonstigen Pflegeeinrichtungen aufgebraucht bzw. von Betriebsärzten bei Belegschaftsimpfungen oder sonstigen Vorsorgebehandlungen verabreicht.

> ▸ **Verhandlungsziel**: Erweiterung der Außenversicherung auf das Stellen und Verblistern von Medikamenten sowie die Praxen- und Hausbelieferung. Auch wenn nichts davon jemals zurückkommt.

h) Feuerhaftung

Apotheken gibt es in Bahnhöfen, Flughäfen, Shoppingmalls, Super-
märkten und dergleichen mehr. Andere Apotheken wiederum liegen
in historischen Ortskernen mit dichter und alter Bebauung (z. B.
Fachwerkhäusern) oder in Ärztezentren, in denen teuer ausgestattete Praxen untergebracht sind. Kommt es in der Apotheke zu einem
Brand, besteht die Gefahr, dass das Feuer auf andere Gebäudeteile
oder umliegende Häuser übergreift.

Preisfrage: Eine Apotheke – von mir gerne als Beispiel genommen
diejenige am Berliner Alexanderplatz, im Bahnhof Zoo, in der Fried-
richstraße oder im Hauptbahnhof der Hauptstadt – brennt. Wegen
der möglicherweise durch Medikamentenrückstände kontaminierten
Rauchentwicklung wird die Umgebung gesperrt. Wie hoch dürfte
die Rechnung der Bahn bei einem etwa dreistündigen Betriebsausfall
auf dem zentralen Schienenstrang mitten durch die Hauptstadt sein?
Und wie groß ist der zusätzlich geltend gemachte Verlust aller anderen Mieter im Bahnhof?

Wer in solch einem Fall für umfassende Ertragsausfälle anderer
Unternehmen in Haftung genommen wird, läuft ohne üppige Absicherung mit entsprechender Versicherungssumme schnell Gefahr,
trotz Haftpflicht auf einem immensen Schuldenberg sitzenzubleiben.
Mit Blick auf die oft sehr exponierte Lage von Apotheken erscheint
eine Deckungssumme von zehn Millionen Euro angemessen.

▸ **Verhandlungsziel**: Einschluss Feuerhaftung in den Versicherungsschutz der Betriebs- und Umwelthaftpflicht. Im
  Zweifel auch gegen Zusatzprämie.

i) Rezept-Versicherung

Für Apotheker bedeuten Rezepte bares Geld. Für Diebe sind sie
jedoch völlig wertlos, weshalb sie meist zwar aus dem Tresor oder

samt demselben mitgenommen, dann aber einfach entsorgt werden. Da Rezepte versicherungstechnisch zu den Urkunden gehören und nicht zur Betriebseinrichtung, sind sie nicht automatisch in der Werteversicherung eingeschlossen. Vom Vermittler ist das ebenso zu prüfen, wie die ggf. mitversicherte Rezepthöhe. Letztere deckt in aller Regel nur einen Bruchteil dessen ab, was an Rezeptwerten üblicherweise vorliegt.

Praxistipp

Empfehlen Sie Ihren Apothekerkunden, nicht „alle Eier in ein Nest" zu legen. Aus Einbrechersicht könnten Rezepte offen rumliegen – niemand nimmt die mit. Geld und Betäubungsmittel gehören jedoch auch nicht zusammen aufbewahrt, denn dann weiß jeder Einbrecher genau, welchen Safe er mitnehmen muss.

Am besten wäre also, zwei Wertschränke an unterschiedlichen Orten in der Apotheke zu nutzen und die Rezepte irgendwo im Schuhkarton aufzubewahren. Das macht das Klauen komplizierter und rettet die Rezeptwerte.

Die weit überwiegende Anzahl an Apotheken reicht ihre Rezepte über eine sogenannte *Rezeptabrechnungsstelle* ein. Diese steht dann für den Rezeptwert gerade. „Meine Rezepte sind über die Rezeptsammelstelle versichert", diesen Einwand werden Sie deshalb häufig hören. Vergessen wird dabei leider immer der Zeitraum, in dem die Rezepte schon in der Apotheke, aber noch nicht von der Rezeptabrechnungsstelle übernommen worden sind.

Manchmal belaufen sich die Abholzeiträume auf eine Wochenfrist. Gelegentlich werden Rezepte nur zwei Mal im Monat abgeholt. Dieser Zeitraum ist dann nicht versichert und – was noch schlimmer wiegt – die Dokumentation der verbrannten oder geklauten Rezepte gestaltet sich für den Apotheker regelmäßig höchst schwierig und aufwendig. Es gibt aber auch Rezeptsammler, die den Zeitraum ohne Versicherungsschutz quasi auf null reduzieren, wie die VSA GmbH aus München oder die ALG GmbH aus Datteln. Zu deren Abrechnungssoftware gehört auch ein Scanner, mit dem alle Rezepte sofort dokumentiert werden können. Die Rezepte sind dann auch versichert. Ein Hinweis darauf wäre ein nützlicher Tipp für Ihren Kunden. Denn ein zusätzlicher Versicherungsschutz wäre dann in diesem Fall nicht notwendig.[115]

> **Verhandlungsziel**: Ausdrücklicher Einschluss von Rezeptwerten in ausreichender Höhe in die Inhaltsversicherung. Alternativ: der Vorschlag zur Nutzung einer *Rezeptabrechnungsstelle* mit Scan-Dialog.

j) Rezeptbetrug

Es kommt immer wieder zu Betrugsfällen mit gefälschten Rezepten. Hier können Mehrfachtäter durchaus großen Schaden anrichten. So ist es exakt auch geschehen, als diese Zeilen geschrieben worden sind: „In mehreren Berliner Apotheken sind […] gefälschte Rezepte für hochpreisige Psychopharmaka abgegeben worden." Die Preise der abgegebenen Medikamente würden zwischen 500 und 700 Euro liegen, schrieb Apotheke Adhoc.[116]

Ein Rezept ist – ebenso wie Bargeld – grundsätzlich nur für den Fall eines Einbruchdiebstahls versicherbar, in seltenen Fällen auch über die Trickdiebstahlklausel. Die allermeisten Versicherungsgesellschaften schließen dieses Risiko jedoch komplett aus oder begrenzen es auf bestimmte Summen. Einige binden die Erstattung an die Nutzung besonderer Aufbewahrungsorte (Safe, gesicherte Kasse etc.).

---

115 Vgl. auch Büser, Schütt: Gut versichert in Apotheken.

116 Vgl. www.apotheke-adhoc.de/nachrichten/nachricht-detail/berlin-rezeptfael-scher-unterwegs/.

> **Verhandlungsziel**: Mindestens Einschluss von Trickdiebstahl durch Rezeptbetrug in den Besonderen Bedingungen für eine Apothekenabsicherung.

k) Einschluss grob fahrlässig

Allgemein bekannt ist folgender Sachverhalt: Werden Gerüste gestellt oder Notwände errichtet und wird damit der Einbruch erleichtert, ist dies dem Versicherer anzuzeigen. Ohne diese Meldung kann der Versicherer im Schadenfall die Leistung ganz oder teilweise verweigern. Die Mitwirkungspflichten gelten jedoch für viel mehr Fälle als üblicherweise bekannt ist.

Die Chance, sich hier selbst um seinen Versicherungsschutz zu bringen, ist bei Apothekern übrigens besonders groß. Denn das Thema der groben Fahrlässigkeit behandelt einen delikaten Aspekt. Die vielen Gesetze und Vorgaben, die in Apotheken zu beachten sind, führen schließlich dazu, dass streng genommen kaum ein Eigenschaden denkbar ist, der nicht über den gesetzlichen Rahmen der Fahrlässigkeit hinausgeht.

Damit unterliegt die Masse aller Eigenschäden der latent vorhandenen Gefahr, mit dem juristischen Vorhalt der groben Fahrlässigkeit konfrontiert zu werden. Da in Apotheken die gesamte Verantwortung beim Inhaber persönlich liegt, sollten zumindest Schäden, die durch Mitarbeiter verursacht werden, trotzdem regulierungspflichtig bleiben.

> **Verhandlungsziel**: Verzicht auf die Einrede wegen grober Fahrlässigkeit, auch bei Verstoß gegen Obliegenheiten, und Einschluss der groben Fahrlässigkeit für alle Apothekenmitarbeiter bis zur maximalen Versicherungssumme. Ideal ist es, auch beim Inhaber die Quotelung bis zu einer Höchstsumme auszuschließen. Aktuell sind bis 100.000 Euro für Ihre Apothekenkunden vereinbar.

l) Einschluss – AMG-Deckung/Herstellerhaftpflicht

Wie bereits in Kapitel V.2.5. beschrieben, sind Rezepturen in jeder Betriebshaftpflicht eingeschlossen, Defekturen jedoch nicht. Denn mit Letzteren bringt der Apotheker als pharmazeutischer Unternehmer Arzneimittel unter seinem Namen in den Verkehr. Dies ist nach §§ 84 bis 94 AMG verpflichtend mit einer ergänzenden Herstellerhaftpflicht, kurz AMG-Deckung genannt, abzusichern.

Jede Apotheke sollte für diesen Fall der Fälle zumindest mit einer Vorsorgedeckung abgesichert sein. Schließlich ist die Medikamentenherstellung eine originäre Aufgabe in jeder Apotheke und ein Apotheker kann jederzeit in die Situation kommen, eigenständig Medikamente herzustellen.

Dies kann etwas passieren, weil ein Arzt in die Nachbarschaft zieht und in großer Menge entsprechende Rezepturen ausstellt. Oder auch, weil gerade eine besondere „Homöopathie-Mode" durchs Land zieht und dann über einen zugezogenen Heilpraktiker eine große Nachfrage nach einem bestimmten Mittel erzeugt.

Auch wenn aus der Apothekerschaft immer wieder zu hören ist, dass eine AMG-Deckung wegen der sogenannten Hunderterregelung für kleinere Mengen nicht erforderlich sei (siehe Kapitel V.2.e), sollte dieser Versicherungsschutz grundsätzlich angeboten werden. Denn bei jeder hundertundersten Einheit, die an irgendeinem Tag die Rezeptur verlässt, könnte bereits der gesamte Versicherungsschutz versagt werden.

Es empfiehlt sich daher prinzipiell der Einschluss mindestens einer AMG-Vorsorgedeckung. Am Ende wird ein Gericht im Einzelfall entscheiden, wie belastbar die oben skizzierten Spielräume tatsächlich sind – und darauf sollte es kein Apotheker als Versicherungsnehmer ankommen lassen.

> ▶ **Beratungsziel**: Abschluss einer AMG-Deckung. Ansonsten dezidierte Dokumentation darüber, dass diese vom Apotheker nicht gewünscht wird.

l) Umweltschaden-Haftung

Jede Apotheke ist zumindest vergleichbar mit einem kleinen pharmazeutischen Unternehmen. Gelangen z. B. im Schadenfall Medikamentenrückstände in großem Stil in die Umwelt – etwa durch die Beschädigung von Flüssigkeitsbehältern, als Verbrennungsrückstände oder ausgeschwemmt durch Feuerlöscharbeiten –, kommt die in der Betriebshaftpflicht der Apotheke enthaltene Umweltschadenhaftpflicht bis zur maximalen Versicherungssumme für alle Fremdschäden auf.

Wie hoch im Zweifel Ihre Apotheken gegen Forderungen der städtischen Wasserwerke oder der Stadtverwaltung für das Ausbaggern von Erdreich versichert ist, sollten Sie auf jeden Fall wissen.

> ▶ **Beratungsziel**: Überprüfung der bestehenden Betriebshaftpflichtversicherung in Bezug auf die vereinbarte Umweltschaden-Haftungssumme. Sie sollte das Risikopotenzial kleinerer Chemieunternehmen abbilden.

m) Nachhaftung

Die sogenannte Nachhaftungszeit ist in der Betriebshaftpflichtversicherung festgelegt – oder eben auch nicht. Oft findet sich dazu in den Bedingungen keine Regelung. In manchen Fällen ist diese Zeit auf drei Jahre, selten auch auf fünf Jahre definiert. Nachgekauft werden kann sie jedoch immer, meist gegen eine halbe Jahresprämie pro Nachhaftungsjahr.

Mit dem Nachhaftungsschutz bleiben nach einer Betriebsaufgabe mögliche Spätschäden über das Erlöschen der Police hinaus „wegen Wegfalls des versicherten Risikos" abgesichert. Im Gesundheitssektor insgesamt und eben auch in Apotheken bedeutet dies ein nicht zu unterschätzendes Risiko. Denn Haftpflichtschäden können Monate oder Jahre nach dem auslösenden Ereignis auftreten.

Und da ein Apotheker nie ganz genau sagen kann, wann und unter welchen Umständen er seine Apotheke abgibt, ist eine Betriebsaufgabe zumindest stets eine, wenn auch unbeliebte Option. Deshalb ist der Einschluss einer kostenfreien Nachhaftung hier von besonderer Bedeutung.

> ▸ **Verhandlungsziel**: Grundsätzlicher Einschluss der Nachhaftung für mindestens fünf, bei Apothekern besser zehn Jahre in den Betriebshaftpflichtschutz. Am besten kostenfrei!

n) Repräsentantenklausel

Praxistipp

Da Apothekeninhaber gemäß Apothekenbetriebsordnung eh für alles verantwortlich sind, was in ihrer Apotheke passiert, macht es Sinn, den Eigenschaden auch nur auf sie zu beschränken. Das hat die angenehme Konsequenz, dass die Fehler aller Mitarbeiter, die zu Eigenschäden führen, trotzdem reguliert werden können. Es handelt sich also um einen signifikanten Vorteil für Ihre Kunden.

Zur Erläuterung werden nachfolgend zwei typische Schadenmeldungen meiner Kunden vorgestellt: „Am 5. August 2016 habe ich das wenige Tage zuvor gekaufte Tablet auf den Arbeitstisch im Warenlager gelegt. Eine Apothekerin legte darauf einige Unterlagen ab, die später ein anderer Kollege brauchte und dabei ist das Tablet, welches er nicht gesehen hat, auf den Boden gefallen." Der dabei entstandene Schaden: rund 400 Euro.

„Gestern wollte die Einkäuferin im Kommissionierer putzen. Als ein Vertreter kam, musste sie nach vorne. Die Filialleiterin hat den

Rowa geschlossen und wieder in Betrieb gesetzt. Dabei hat sie den Elefantenfuß übersehen, der noch drin stand. Nun ist der Greifarm kaputt." Der Schaden hier knapp 40.000 Euro.

Ein dritter Schaden, der beim Kunden eines Kollegen vorgekommen ist, hat sogar über 400.000 Euro gekostet: Da ist nämlich ein größerer Teil der Apotheke abgebrannt, weil die Mitarbeiter nach der Weihnachtsfeier vergessen hatten, die Kerzen auf dem Adventskranz auszupusten.

Solche Schäden werden dem Versicherer oft gar nicht gemeldet, weil die meisten Kollegen und sogar viele Kunden wissen (oder zu wissen glauben), dass die Regulierung vom Versicherer abgelehnt wird. Denn ein Apothekeninhaber muss sich den Bedingungen der meisten Policen nach „die Kenntnis und das Verhalten seiner Repräsentanten zurechnen lassen".[117]

Wenn diese als „alle approbierten Mitarbeiter" definiert werden, steht der Inhaber bei von Führungskräften verursachten Eigenschäden latent ohne belastbaren Versicherungsschutz da. Dem folgend, ist bereits 1967 der Inhaber statt des abgebenden Apothekers in einem Fall verurteilt worden.[118]

Für Apotheker stellt die Repräsentantenklausel bereits dann eine signifikante Verbesserung dar, wenn sich diese nur auf die Ersten Damen oder Ersten Herren beschränkt. Auf jeden Fall sollten angestellte Approbierte und bei größeren Apotheken bzw. bei Mehrbesitz Prokuristen im Finanz- oder Verwaltungsbereich ausgeschlossen sein.

Ideal wäre es, für diesen Personenkreis auch die sonst vorgesehene Quotelung ausschließen zu lassen. Noch besser – und im Markt durchaus zu finden – ist die Eigenschadenbegrenzung ausschließlich auf Inhaber persönlich. Damit sind dann auch Eigenschäden aller angestellten Mitarbeiter eines Apothekers vom Versicherungsschutz gedeckt. Sie als Versicherungsvermittler können dann Schäden wie

---

117 Vgl. AVB F/Lw/Sturm etc. unter der Überschrift „Repräsentant".
118 Vgl. Der Spiegel, Artikel in Heft 48/1968, Seite 163.

die eingangs erwähnten zum Erstaunen und zur Freude Ihrer Kunden problemlos regulieren.

▸ **Verhandlungsziel**: Weil es häufige und oft teure Schäden betrifft, sollten Apothekenmitarbeiter niemals Repräsentanten sein. Dazu muss vereinbart sein, dass der „Repräsentant ausschließlich der Inhaber persönlich" ist. Alternativ: Auswahl eines Spezialkonzeptes, dass diese Regelung grundsätzlich so vorsieht.

o) Beratungshaftungsrisiken bei ungewollter Schwangerschaft

Ein in Apothekerkreisen intensiv diskutiertes Thema war die Freigabe der „Pille danach" durch die Kommission der Europäischen Union sowie der in deren Folge im Jahre 2014 von der Bundesregierung beschlossene Wegfall der Rezeptpflicht für entsprechende Präparate in Deutschland.

Bei den Apothekern ist, mangels gesetzlicher Vorgaben, die konkrete Umsetzung der Beratungspflichten bei der Abgabe der „Pille danach" in der Diskussion. Aktuell gibt es zwei solcher Notfallkontrazeptiva: „PiDaNa" mit dem Wirkstoff Levonorgestrel und „ellaOne" mit dem Wirkstoff Ulipristal. Beides kann eine Schwangerschaft nach ungeschütztem Geschlechtsverkehr verhindern, die Abgabe bedarf jedoch intensiver Beratung und den Abgleich diverser Kontraindikationen.[119]

Durch den Wegfall der Verschreibungspflicht gehen mögliche Beratungshaftungsrisiken vom Arzt auf den Apotheker über. Aus Versicherungssicht sind vor allem zwei Szenarien von Bedeutung.

Erstens: Während einer Schwangerschaft oder Geburt kann es zu Gesundheitsschäden der Patientin kommen. Das wäre im Rahmen der Personenschäden über jede Betriebshaftpflichtversicherung

---

119 Siehe www.apotheke-adhoc.de/nachrichten/nachricht-detail/notfallkontrazeptivapille-danach/ und wikipedia.org/wiki/Pille_danach.

versichert, vorausgesetzt den Fall, dass die Versicherungssumme ausreicht.

Zweitens: Es können Unterhaltsforderungen wegen einer ungewollten Schwangerschaft an den Apotheker herangetragen werden. Das wären dann Vermögensschäden, die in Standardpolicen durch einen weitverbreiteten Ausschluss im AGB-Passus zu „Vermögensschäden" oftmals ausdrücklich nicht mitversichert sind.

Mit der Abgabe der „Pille danach" sind erhebliche Anforderungen an Beratung und Dokumentation verbunden, welche die Apotheker zwingend einzuhalten haben. Diese sind jedoch noch nicht endgültig definiert: „Faktisch heißt das, dass sich jeder Apotheker zuerst einmal seine eigene Rechtsauffassung machen muss. Zumindest, bis ein Richter etwas anderes sagt", wie ein selbst ernannter „Fachapotheker für Bürokratie" in einem Apotheke-Adhoc-Blog anmerkt.

Deshalb, und weil sich die Beratungssituation potenzieller, sich in Not befindender Kundinnen voraussichtlich problematisch gestalten wird (insbesondere, weil die Beratung meist nachts am Notdienstfenster stattfindet), ist es sinnvoll, seinen Apothekern hier mehr Sicherheit zu verordnen.[120]

Es folgt ein weiteres Beispiel zur Veranschaulichung der Risiken, die mit einer Medikamentenabgabe verbunden sind. Der unumstrittene Klassiker innerhalb der Apothekerschaft, eine Art Running Gag, ist die Geschichte einer Eugynon-Enzynorm-Verwechselung aus dem Jahr 1967.

Die Zeitschrift Der Spiegel hat diesen Fall in einem Artikel (Ausgabe 48/1968) einst in all seinen Facetten aufgerollt – Prädikat: extrem amüsant. Im Nachfolgenden werden die Ereignisse in einer kurzen Zusammenfassung aufgeführt (Leserinnen mögen den der damaligen Zeit geschuldeten etwas betulichen Tonfall ihrem Geschlecht gegenüber verzeihen).

---

120 Vgl. Apotheke Adhoc, Newsletter vom 14., 15., 17. und 29. Januar 2015 sowie vom 3. und 4. März 2015.

▷ **Fallbeispiel**

„Am 25. Januar 1967 legte die Bahnwärtersfrau Ursula Knack, 27, in der Königlich-privilegierten Apotheke von 1740 zu Kellinghusen [...] ein Rezept vor." Ihr Hausarzt hatte der Mutter von fünf Kindern die Antibabypille ,Eugynon' verschrieben.

„68 Tage lang nahm Frau Ursula die Pille." Dann wurde sie erneut schwanger. Die Verwunderung darüber „wich erst, als Frau Knack dem Mediziner die leere Packung des Präparates brachte, das ihr Pharmazeut Hans G. Behrmann in der [...] Apotheke verkauft hatte: Die Bahnwärtersgattin hatte nicht ,Eugynon' Antibabypillen geschluckt, sondern insgesamt 200 ,Bohnen' des verdauungsfördernden Mittels ,Enzynorm'."

Nach neuerlichem Blick auf das Rezept gestand der Apotheker Behrmann, fälschlicherweise ,Enzynorm' gelesen zu haben. Nach der Geburt verklagten die unfreiwilligen Eltern den Besitzer der Apotheke auf Schadenersatz. Ihr Anwalt forderte Unterhaltsleistungen bis zum 18. Lebensjahr des Kindes.

Der Anwalt des Apothekers argumentierte, dass ein Kind kein Schadenfall, sondern ein freudiges Ereignis sei, das den materiellen Schaden ausgleiche. Seiner Ansicht nach könnte höchstens ein Schmerzensgeld für die während der Schwangerschaft ertragenen Mühen und Plagen erwogen werden.

Die Richter erkannten die ungewollte Geburt als Schadenfall an, „und verkündeten: Der Apotheker habe einen Schaden verursacht, der in Unterhaltskosten besteht." Der Apothekeninhaber wurde jedoch nur zum hälftigen Unterhalt verurteilt, „weil Ehefrau Ursula ihre allgemeine Pflicht versäumt habe, das zu prüfen, was sie gekauft hat." ◁

Sie sehen: Am Ende entscheidet ein Gericht, ob ein Schaden vorliegt oder nicht. Selbst der *Beipackzettel* nutzt da nur bedingt. Und genau, weil es diesen Fall gab, findet sich *„Fehlabgabe von Kontrazeptiva"* als rechtsverbindlich versichertes Risiko in Bedingungswerken einzelner Spezialdeckungskonzepte für Apotheken. Zwingend zu prüfen ist also der Haftpflichteinschluss „Abwehr unberechtigter Unterhaltsansprüche". Ergänzt um eine zusätzliche Klausel zur Sicherung von Unterhaltsansprüchen Dritter wegen ungewollter Schwangerschaft in ausreichender Versicherungshöhe, wären die neuen Risiken durch „PiDaNa" und „ellaOne" versicherungstechnisch deutlich abgefedert.

p) Rechtsschutzversicherung

Je enger der gesetzliche Rahmen, desto wichtiger ist der Rechtsschutz (RS). Für Apothekeninhaber mit ihrem eng geschnürten Korsett der Apotheken-Betriebsordnung ist diese Absicherung im Prinzip unabdingbar und jeder Apothekeninhaber sollte eine vernünftige RS-Police haben.

Dem ist jedoch beileibe noch nicht überall so. Viele Apotheker leben in dem Bewusstsein, alles so gut zu kontrollieren, das nichts passieren wird. Und in der Tat sind Rechtstreitigkeiten bei Apothekern im Vergleich zu anderen Heilberufen eher selten. Und wenn, dann streiten meist Apotheker untereinander.

Doch die Gefahren lauern nicht in Rechtsstreitereien um Marktvorteile, sie können in jedem Rechtsgebiet auftreten – heute vermehrt in Fragen des Mitarbeiter- und Datenschutzes sowie des Baurechts. Wenn also unbekannt ist, in welchem Rechtsgebiet die Übernahme von Prozesskosten erforderlich sein wird, macht es wenig Sinn, einzelne Wagnisse auszuschließen.

Benötigt werden neben dem Berufsrechtsschutz für Selbstständige, am besten ergänzt um heilwesenrelevante oder gar apothekenrechtliche Einschlüsse, auch der Vertrags-, Verkehrs- und Immobilien-Rechtsschutz als Mieter oder Vermieter. Deshalb empfiehlt es sich, eine RS-Versicherung für Apothekeninhaber gleich unter Einschluss des Privat-Rechtsschutzes der Inhaberfamilie als Allgefahrenschutz auszulegen.

Sollten Sie in einer Apotheke in der Freiwahl auf Eigenmarken stoßen, selbst hergestellte Magenbitter oder ein eigenes Drogensortiment z. B., wenn Sie gar feststellen, dass die Apotheke eigene Medikamente anbietet, wie z. B. Lebertransalben für wunde Babypopos oder spezielle Tropfen gegen trockene Augen oder was auch immer, dann sollte zwingend auch der Spezialstrafrechtsschutz für Apotheker angesprochen werden. Dazu gleich mehr im nachfolgenden Kapitel.

> ▶ **Beratungsziel**: Abschluss einer umfassenden RS-Deckung. Ansonsten dezidierte Dokumentation darüber, dass diese vom Apotheker nicht gewünscht wird.

3.5. Die „Should-haves"

Im Nachfolgenden werden Versicherungslösungen beschrieben, die nur für bestimmte Apotheken benötigt werden. Diese Themen sind also an bestimmte, in einer Apotheke vorgefundenen Situationen gebunden. Keineswegs sind sie deshalb weniger wichtig, ganz im Gegenteil: Einige erweisen sich dann, wenn die Lage es erfordert, als existenziell.

a) RS-Ergänzung um Spezialstrafrechtsschutz

„Versicherungen sind für Apotheken super wichtig, da man schon in meiner Ausbildungszeit ein Bonmot hatte, nämlich: Wenn man die Türe der Offizin morgens aufschließt, steht man schon mit einem Bein im Gefängnis".[121]

Dumm dabei ist nur: Jeder normale Rechtsschutzversicherer steigt beim Vorwurf einer Straftat leider aus und selbst der einfache

---

121 Zitat von Apothekerin Karin Wahl.

Strafrechtsschutz leistet bei vermeintlichen Vorsatzstraftaten erst nach dem Urteil – gesetzt den Fall, es erfolgt ein Freispruch.

Wer jedoch eine Apotheke betreibt, der hat ständig mit gefährlichen Stoffen zu tun und ist sich dessen auch voll bewusst. Darüber hinaus muss der Inhaber mit regelmäßig aufkommenden neuen Abrechnungsregeln zurechtkommen.

Ob beim Vorwurf vorsätzlicher Körperverletzung (Abgabe eines falschen Medikaments) oder des Betrugs (Abrechnung bei Krankenkassen): Beide Fälle ziehen meist einen langwierigen Prozess nach sich mit Kosten, die auch Apotheker höchst ungern verauslagen möchten.

Hier hilft der Einschluss des Spezialstrafrechtsschutzes in der RS-Police weiter, denn so werden Kosten bereits vor dem Urteil übernommen. Sollte es am Ende doch zu einem Schuldspruch kommen, wären diese zwar zurückzuzahlen, aber dann käme es wahrscheinlich darauf auch nicht mehr an.

Der Spezialstrafrechtsschutz deckt obendrein einige teure Positionen ab, die in anderen Rechtsschutzpolicen gedeckt oder gar ausgeschlossen sind. So ist beispielsweise meist die Expertise eines auf das Apothekenrecht spezialisierten Anwaltes erforderlich. Dessen Stundenhonorar liegt erfahrungsgemäß deutlich über dem, was von normalen Rechtsschutzpolicen übernommen wird. Der Spezialstrafrechtsschutz mit einer Erweiterung auf den Betrugsvorwurf dagegen leistet auch bei hohen Anwalts- und Gutachterkosten in voller Höhe.

> ▶ **Beratungsbedarf**: Da bei Apotheken der Vorwurf der „Körperverletzung" von Kunden-Anwälten im Zusammenhang mit der Medikamentenabgabe und von Krankenkassen der „Betrug" im Zusammenhang mit Rezeptabrechnungen gerne erst einmal vorgetragen wird, sollte der Spezialstrafrechtsschutz immer angesprochen werden. Insbesondere aber bei Apotheken mit viel Haus- und Heimbelieferungen sowie bei Defekturen.

b) Einschluss – Umweltschaden-Zusatzbaustein 1

Jede Apotheke ist ein kleines oder auch mittleres pharmazeutisches Lager, das Umweltschäden verursachen kann. Gelangen z. B. im Schadenfall Medikamentenrückstände in großem Stil ins Erdreich – etwa durch die Beschädigung von Flüssigkeitsbehältern bei einem Brand oder ausgeschwemmt durch die Feuerlöscharbeiten –, kommt die in der Betriebshaftpflicht der Apotheke enthaltene Umweltschadenhaftpflicht bis zur maximalen Versicherungssumme für alle Fremdschäden auf.

Für alle Eigenschäden jedoch, also Umweltschäden auf dem eigenen Grundstück, muss der Apotheker selber aufkommen. Da sehr viele Apotheken auf eigenem Grund und Boden stehen, können diese Kosten im Einzelfall exorbitant ausfallen. Nur der Zusatzbaustein 1 schützt davor, denn er trägt die Kosten auch für den Eigenschaden des Apothekeninhabers.

> ▸ **Beratungsbedarf:** Alle Apotheken, die auf eigenem Grund und Boden betrieben werden, sollten den Zusatzbaustein 1 eingeschlossen haben.

c) Technische Versicherungen

Apotheken sind ohne Technik und Elektronik nicht mehr denkbar. Irgendeinen Elektronikschutz brauchen alle Apotheken. Besonders wichtig ist er jedoch für solche Unternehmen, die über moderne Kommunikations-, Präsentations-, Verwaltungs- und Lagerelektronik verfügen.

Apotheker, die obendrein sensible Kundendaten online austauschen – sei es mit Krankenkassen, Rezeptsammelstellen oder im Zusammenhang mit der elektronischen Patientenkarte – kommen auch am Cyberschutz nicht vorbei. Es sei denn, sie wollen mit dem Datensektor verbundene existenzielle Risiken selber tragen.

Die allermeisten IT-basierten Schäden kennzeichnet die ihnen innewohnende latente Gefahr, dass es zu einer sofortigen Betriebsunterbrechung, zumindest aber zu plötzlichen massiven Eingriffen in die gewohnten Arbeitsabläufe kommt.

> „Technische Versicherungen sind neu zu denken. Neben Policen für Büro-, Labor- und Medizintechnik gilt es (nicht nur) für Heilwesenberufe, auch risikoorientiertes Handeln in die Gesamt-Absicherung einzubeziehen. Mit ihren multiplen Schadenbildern treffen Cyberrisiken meist gleichzeitig den Sach-, Eigen- und Fremdschadenbereich sowie weite Teile des Rechtes." (Volkmar Haegele, zertifizierter Berater Heilwesen (IHK) aus Bremen)

d) Elektronikversicherungen

Die Elektronikversicherung umfasst fast alle elektronischen Geräte, Anlagen und Systeme in einer Apotheke. Das beinhaltet auch Computer, Alarmanlage und die Automatiktüren sowie die Laborgeräte. Da der Versicherungsschutz aber zumeist auf Hauptgeräte am Versicherungsort und möglicherweise noch in der Außenversicherung beschränkt ist, sind i. d. R. zwei elektronische Systeme nicht oder zumindest nicht vollständig mit eingeschlossen.

Zubehör wie bspw. externe Festplatten oder eben der Öffnungsmechanismus der Automatiktür sind für gewöhnlich ebenso ausgeschlossen, wie der Verleih elektronischer Geräte an Kollegen. Das betrifft aktuell konkret das NIR-Spektrometer.

Eine weitere Elektronik-Problematik birgt der in vielen Apotheken mittlerweile genutzte Kommissionierautomat. Ist einer vorhanden, empfiehlt sich die Prüfung, ob es a) eine Elektronikpolice gibt, b) der Automat darin rechtsverbindlich mitversichert ist, und wenn ja, c) ob in den Leasingverträgen der Herstellerfirma eine gesonderte

Versicherung für den Kommissionierer eingeschlossen ist. Letzteres wissen die meisten Inhaber nicht sicher und freuen sich ggf. sehr über die Auflösung dieser Doppelversicherung.

▶ Wenn Automatiktüren nicht mehr richtig funktionieren, sind schnell einige Tausend Euro für die Reparatur fällig. Nach versuchten Einbrüchen kommt das sehr häufig vor.

Der Bedarf und der Umfang einer möglicherweise bereits vorhandenen Absicherung sind auf jeden Fall immer mit dem aktuellen Risikobild abzugleichen. Meist finden sich reichlich nicht versicherte Tatbestände.

Um in Bezug auf den tatsächlich versicherten Bereich endgültige Sicherheit zu schaffen, empfiehlt es sich, vom Versicherer eine präzisierende schriftliche Bestätigung einzuholen, dass der Geltungsbereich auch den Kommissionierautomaten, Registrierkassen, sonstige real vorhandene Apothekenelektronik sowie deren Zubehör umfasst.

▶ **Beratungsbedarf**: Da es kaum noch Apotheken ohne Elektronik gibt, sollte das immer ein Pflichtbaustein in der Beratung sein. Wird diese nicht gewünscht, sollte das schriftlich vereinbart werden.

Praxistipp

Mit der elektronischen Patientenkarte steigt das Datensicherheitsrisiko in Apotheken erheblich. Spätestens damit ist ein Besuch jeder Bestandsapotheke in Sachen Elektroniksicherheit und Cyberschutz aus Risikosicht angeraten und unter Haftungsgesichtspunkten geboten. Sehen Sie es einfach als wunderbaren Aufhänger für einen Servicebesuch.

---

e) Internet-Transportversicherung

Der bequeme Einkauf von der heimischen Couch aus dürfte – vor allem, wenn es nicht um verschreibungspflichtige Mittel geht – immer mehr Freunde gewinnen. Auf dieses Potenzial zu verzichten, könnte sich für Apotheker spürbar negativ auswirken.

Apotheken mit Internethandel ist eine solche Internettransportversicherung bereits seit dem 1. Januar 2014 im Apothekenrecht vorgeschrieben. Schließlich sind mit dem Internetversand neue Risiken verbunden, die abgesichert werden müssen.

Selbst für Apotheken, die nur eine Bestellfunktion im Internet hinterlegt haben, aber im engeren Sinne des Wortes keinen Online-Handel betreiben, wird dieser Schutz in Zukunft sicher auch anzuraten sein.

Bis sich in diesem Bereich die Rechtslage gefestigt hat, empfiehlt es sich auf jeden Fall, für seine Apothekerkunden zumindest den Einschluss einer Vorsorgedeckung einzudecken. Diese garantiert zumindest schon mal den Versicherungsschutz und müsste beim ersten Schadenfall, für den die versicherte Vorsorgesumme nicht ausreicht, lediglich nachversichert werden.

▸ **Beratungsbedarf:** Ganz einfach bei allen Apotheken mit Bestellfunktion im Internet anbieten. Aber auch allen, die demnächst eine neue Webseite planen.

f) Reinraum-Versicherung

Seit der ersten Auflage dieses Zielgruppenbuches haben sich zwei versicherungstechnische Risiken für Apotheken in durchaus als dramatisch zu bezeichnender Art und Weise verändert. Beide, die bereits erwähnten Cyberrisiken (siehe einige Seiten weiter unten) und die Reinraumproblematik,[122] werden wohl die kommenden Jahre eine wichtige Rolle spielen, die auch den auf Apotheker spezialisierten Versicherungsmarkt verändern wird.

Zur Reinraumthematik steht geschrieben: „Die Herstellung parenteraler Arzneimittel ist in einem separaten Raum vorzunehmen, der nicht für andere Tätigkeiten genutzt werden darf, soweit es sich nicht um die Herstellung von anderen sterilen Zubereitungen gemäß Arzneibuch handelt."[123]

Praxistipp

Ein Hilfskonstrukt kann ein Vertrag mit einer anderen ebenfalls zertifizierten Apotheke zur gegenseitigen Hilfeleistung sein. Sozusagen als Vorsorgedeckung für den Fall, dass ein Labor ausfällt. Das erhöht die Zeichnungswahrscheinlichkeit und senkt die Prämie signifikant..

Seit die Sondervorschrift diskutiert, beschlossen und verkündet wurde, haben sich die allermeisten Versicherer aus der Zeichnung des Betriebsunterbrechungsrisikos aufgrund des Ausfalles von Reinräumen zurückgezogen. Da die Zahl der Risikozeichner derzeit stetig

---

122 Siehe auch Kapitel III, Abschnitt 5.3.

123 Vgl. ApBetrO, Vierter Abschnitt. Sondervorschriften. Zuletzt geändert durch Art. 2a V v. 6. März 2015. Bekannt gemacht am 26. September 1995 (BGBl. I S. 1195). In Kraft getreten am 21. November 2016 (BGBl. I S. 2623). Siehe www.gesetze-im-internet.de/apobetro_1987/BJNR005470987.html).

sinkt,[124] macht eine Namensnennung keinen Sinn, denn schon beim Erscheinen dieser zweiten Auflage würde die Aufstellung nicht mehr stimmen. Es gilt jedoch, für seine Reinraum-Kunden die letzten verbliebenen Möglichkeiten auszuschöpfen.

Ein weiterer Gefahrenherd kann sich in baulichen Besonderheiten des Reinraumes verbergen, die ebenfalls in der ApBetrO, Sondervorschrift § 35 „Herstellung von Arzneimitteln zur parenteralen Anwendung", im Detail geregelt sind.

Darüber hinaus gibt es versicherungsrisikogetriebene Fragestellungen, die jeden Vermittler brennend interessieren sollten: Liegt etwa über dem sterilen Bereich das Badezimmer einer Wohnung oder praktiziert dort gar ein Zahnarzt mit seinem deutlich erhöhten Wasserschadenrisiko, können Reinräume auch von dritten Verursachern stillgelegt werden. Deshalb sollte jedem Antrag eine spezifische Dokumentation beiliegen.

Sie sollten also peinlich genaue Aufzeichnungen anfertigen über die bauliche Situation, das Wandsystem (doppelschalig oder sogar dreischalig), die Gebäudeöffnungen für Abluft und Klimatechnik, die Art der Türschließer (mechanisch oder elektrisch), die Luftdruckmessung und die Druckkaskaden. Angaben zu den Herstellern der Gerätschaften, das Baujahr und die erfolgten Wartungen gehören selbstverständlich ebenfalls in die Dokumentation.

Bitte beachten Sie auch, dass Kühlschränke, in denen Zytostatika, aber auch Impfstoffe und alle anderen besonders temperatursensiblen Medikamente lagern, und zwar unabhängig davon, ob im Reinraum oder außerhalb desselben, auf jeden Fall die DIN 58345 erfüllen müssen. Denn die Versicherer werden im Schadenfall auf solche Aufzeichnungen bestehen.

Im Reinraum wie in den Medikamentenkühlschränken sollte ein Stromausfall einen Alarm auslösen, der zumindest auf dem Smartphone des Apothekeninhabers erscheint, wenn nicht sogar über die Alarmanlage im Kontrollzentrum der Sicherheitsfirma aufläuft. Bei

---

124 Im Dezember 2016 waren es die Versicherer Allianz, Ergo, Mannheimer und teilweise Axa.

der Temperaturmessung in Kühlschränken gibt es übrigens noch eine Stolperfalle: Die Lufttemperatur sollte nicht direkt, sondern in einem geeigneten Medium, z. B. Glycerin, gemessen werden.

Dies alles verkompliziert die Eindeckung erheblich. Und es sollte nicht vergessen werden, dass eine Wiederherstellung eines Reinraums gut und gerne sechs Monate oder länger dauern kann. Auch das ist – neben den hohen Summen – eine Herausforderung bei der Suche nach einer adäquaten Absicherung bei Betriebsunterbrechung durch Reinraumausfall. Soweit die technischen Themen.

Nun zu den haftungstechnischen Fragen: Kein Versicherer geht bei Apothekenversicherungen automatisch von der Existenz eines Sterillabores nach aktuellem pharmakologischen Anforderungsprofil aus, da nur ein Bruchteil aller Apotheker die dazugehörige Tätigkeit betreibt. Sobald jedoch in einem Beratungsgespräch das Wort „Zytostatika" fällt, sollte Ihnen klar sein, dass es in der Apotheke ein fest verbautes Sterillabor geben dürfte.

Noch streiten sich die Gelehrten darüber, ob dieses als Obliegenheit analog der Einrüstung des Hauses dem Versicherer von sich aus als Gefahrerhöhung gemeldet werden muss, oder ob es bei der Jahresmeldung zur Hauptfälligkeit benannt werden muss, obwohl im Fragebogen nicht explizit danach gefragt wird. Sich jedoch darauf zu verlassen, ist angesichts der unter Kapitel III., Abschnitt 5.3. geschilderten Risikolage auf keinen Fall empfehlenswert.

Ergänzend dazu hat die Thematik Sterillabor auch Auswirkungen auf die Haftpflichtsituation. In jeder Betriebshaftpflicht sind ja bekanntlich die berufstypischen Tätigkeiten versichert. Berufstypisch wird eine Tätigkeit jedoch erst dann, wenn mehr als die Hälfte der Berufsgruppe diese Tätigkeit ausführt.

Auch wenn zunehmend mehr Apotheken in Reinräume investieren (oder zumindest darüber nachdenken), um so die Rezepte attraktiver Arztpraxen annehmen zu können oder eines der begehrten Krankenkassenlose zu ergattern, ist das eben bei Zytostatika und allen anderen einen Reinraum erfordernden Herstellungen trotz steigender Zahlen bei Weitem nicht der Fall.

Achtung: Verwechseln Sie das bitte jetzt nicht mit der Hersteller-haftpflicht nach Arzneimittelgesetz. Für die Herstellung von Zytostatika ist keine AMG-Deckung erforderlich, denn sie werden immer ausschließlich als Rezepturen hergestellt, niemals als Defektur. Damit ist diese Thematik auf jeden Fall ausschließlich der Betriebshaftpflicht zuzuordnen.

Jeder Vermittler mit eigenen Apothekenkunden kann spätestens nach der Lektüre dieser Zeilen den aktuellen Sachstand bezüglich der Zytostatikaherstellung, um das in seinem Bestand zu überprüfen. Und wenn da welche dabei sein sollten, ist sehr zu empfehlen, diesen Sachverhalt seinem Versicherungsunternehmen explizit zu melden, um damit jegliche Diskussion über vorvertragliche Anzeigepflicht zu vermeiden und wasserdicht im Vorhinein zu regeln.

Stellt sich dieser Versicherer dann quer, kann man entweder zu einer anderen Gesellschaft wechseln, die dieses Risiko mitzeichnet, oder aber es gesondert eindecken.

> ▸ **Beratungsbedarf**: Absolutes Pflichtthema für alle Apotheken, die einen Reinraum haben oder planen. Dieses Gespräch sollte jeder Vermittler protokolliert haben.

g) NIR-Spektrometer

Nahinfrarot- oder NIR-Spektrometer-Sharing – dieser neue Trend wird sich in den kommenden Jahren immer stärker zu einem neuen versicherungstechnischen Risiko entwickeln, das es nur in Apotheken gibt. Denn die NIR-Spektroskopie vereinfacht viele der vorgeschriebenen Prüfverfahren für Rohstoffe deutlich. Und die Geräte können zudem auch Arzneimittel zuverlässig auf ihre Identität prüfen.

„Auch wenn die Apothekenbetriebsordnung (ApBetrO) keine Erleichterungen in puncto Rezeptur für Filialverbünde vorsieht, beginnen die ersten Gruppen, teure NIR-Spektrometer zur Prüfung von Ausgangsstoffen gemeinsam zu nutzen", schreibt hierzu Apotheke

> **Praxistipp**
>
> Hat ein Kunde ein solches Gerät, dann besuchen Sie alle anderen Kunden. Leiht er sich eins, besuchen Sie erst den Besitzer und dann alle anderen. Voraussichtlich hat dieses Thema noch niemand irgendwo angesprochen.

Adhoc.[125] Immerhin haben die sachsen-anhaltinischen Pharmazieräte bereits 2013 die NIR-Geräte als Prüfmethode zugelassen.

Das versicherungstechnische Problem liegt darin, dass das Gerät entweder einem Apotheker gehört, aber von vielen genutzt wird, oder von allen Nutzern gemeinsam gekauft und betrieben wird. Das bedarf eines Schutzes, der in jeder Apotheke sowie auch unterwegs zwischen den Apotheken greift. Die Maklerkollegen der IAP haben auf diese neue Herausforderung reagiert und eine eigene Zusatzdeckung für gemeinsam genutzte NIR-Spektrometer[126] entwickelt. Das Gerät wird in einer der Apotheken mitversichert und bekommt einen zusätzlichen Transportschutz.

▸ **Beratungsbedarf**: Fragen Sie jeden „Ihrer" Apotheker, ob er ein solches Gerät gelegentlich ver- oder ausleiht. Das zeigt Kompetenz und eröffnet wunderbare Akquisechancen.

h) Cyberrisk-Deckung

Bisher achten auch Apotheken viel zu wenig auf Cyberrisiken. Zu Unrecht: Zwischen 2006 und 2011 gelangten Hackerangriffe auf einen Apotheken-Software-Server des Österreichischen Apotheker-Verlages,

---

125 Vgl. www.apotheke-adhoc.de/nachrichten/apothekenpraxis/nachricht-detail-apothekenpraxis/rezeptur-pruefung-apotheken-teilen-nir-spektrometer/?L=&cHash=0ea7c42e0d35eff9aa20e78b943fc6f9.

126 Mehr dazu unter www.IAP-Schutz.de.

wodurch Millionen Datensätze mit tausenden Patientennamen und Verkaufsdaten erbeutet wurden.[127]

Ein Apotheker aus Frankfurt erlebte im Juni 2016 durch einen Hackerangriff den Totalausfall seiner Apothekensoftware. Dadurch verursacht, konnte er zweieinhalb Tage nicht auf sein Bestellsystem zugreifen und es kam zu drastischen Umsatzeinbußen. In Wolfsburg musste im Oktober 2016 eine Apothekerin erfahren, dass plötzlich 3.000 Dateien von einer Schadsoftware befallen und nicht mehr verfügbar waren.[128]

„Unfreiwillig berühmt geworden ist die Cleemann-Apotheke in München, weil zur besten Wiesn-Zeit Ende September plötzlich nachts ein Porno im Schaufenster ihrer Apotheke lief."[129] Die Polizei wurde durch eine große Menschentraube vor dem Apotheken-Schaufenster auf das erotische Abendprogramm aufmerksam. „Die Beamten verständigten die Inhaberin, der peinlich berührt zunächst nichts anderes übrig blieb, als den Stecker zu ziehen."[130]

Natürlich war die Apotheke gehackt worden. In diesem Fall über ein banales Smartphone, erkennbar war kein wirklicher Profi am Werk gewesen. Trotzdem hatte die Inhaberin einige Mühe damit, den Hackerschaden auszumerzen. Den PR-Effekt hingegen hat sie blendend genutzt: Seit dem Zwischenfall läuft auf den Bildschirmen Infotainmentwerbung für Kondome.[131]

---

127 Vgl. www.springermedizin.at/artikel/36864-hackerangriff-auf-server-von-apothekerverlag.

128 Vgl. www.apotheke-adhoc.de/nachrichten/apothekenpraxis/nachricht-detail-apothekenpraxis/cyberkriminalitaet-hacker-angriff-auf-wolfsburger-apotheke/.

129 Vgl. www.apotheke-adhoc.de/nachrichten/apothekenpraxis/nachricht-detail-apothekenpraxis/schaufensterwerbung-diese-woche-mal-kein-porno/?L=&cHash=d8f2112adb0dc34b1238ec8f3d8bab6c.

130 Vgl. www.apotheke-adhoc.de/nachrichten/apothekenpraxis/nachricht-detail-apothekenpraxis/schaufenster-apotheken-tv-nach-porno-attacke-apotheke-lahmgelegt/?L=&cHash=eefb07dbfd3e43942c66aef7ab56f157.

131 Vgl. www.apotheke-adhoc.de/nachrichten/nachricht-detail/schaufenster-apotheken-tv-nach-porno-attacke-apotheke-lahmgelegt/.

„In Zeiten von Personalnot freuen sich die meisten Apotheker über jede Bewerbung – über fast jede. Unerfreulich wird es, wenn sich die vermeintliche Bewerbung per Mail als Cyber-Attacke herausstellt." (Alexander Müller, Apotheke Adhoc, 28. Dezember 2016)

Schlimmer trifft es Apotheker, die als Bewerbungsmails getarnte Trojaner öffnen. Solche werden immer häufiger an mitarbeitersuchende Apotheken versendet. Da passt es, dass jeder dritte Teilnehmer einer Umfrage des Informationsdienstes Apotheke Adhoc über die Gefährdung durch Computerviren angegeben hat, einen massiven Anstieg solcher Sicherheitsprobleme zu erwarten.[132]

Noch dramatischer kann die Situation werden, da nun die elektronische GKV-Gesundheitskarte im Umlauf ist. Was, wenn deren Daten in größerem Stil gehackt würden? Immerhin ist einmal bereits die digitale Kommunikation eines ganzen Krankenhauses auf diesem Wege lahm gelegt worden.[133] Über Cyberrisiken im Heilwesenmarkt wird sicherlich noch viel zu lesen und zu hören sein.

Wir Vermittler können das Medienecho nutzen und mit vorhandenen Lösungen und ggf. noch kommenden heilwesenspezifischen Präzisierungen schon heute punkten. Denn die Cyber-Versicherung schützt anders als die Betriebshaftpflicht. Sie greift bei Drittschäden, also Vermögensschäden, Datenrechtsverletzung und der Schadenabwehr. Ebenso eingeschlossen sind Eigenschäden wie die Datenwiederherstellung, EDV-bedingte Betriebsunterbrechungsleistungen und Hilfe bei Erpressung.

---

132 Vgl. www.apotheke-adhoc.de/nachrichten/apothekenpraxis/nachricht-detail-apothekenpraxis/apotheke-adhoc-umfrage-cyber-attacken-schwachstelle-offizin/?L=&cHash=7d33012532b9ff83e1eb71c250718ef6.

133 Vgl. www.apotheke-adhoc.de/nachrichten/panorama/nachricht-detail-panorama/arnsberg-cyber-attacke-legt-krankenhaus-lahm/?L=&cHash=2cfe61c53848fc7b52dcd3df8f6638d7.

▶ „Porno-Apotheke: Sex-Film statt Pillen-Werbung", titelte die Bild-Zeitung. Doch Cyberrisiken haben meist wenig mit schlüpfriger Unterhaltung zu tun. Sie gehen eher mit viel Ärger und hohen Kosten einher.

Äußerst wichtig für eine Apotheke und deshalb ein gutes Entscheidungskriterium bei der Produktpartnerwahl sind auch einige der angebotenen Service- und Assistanceleistungen, da i. d. R. schon bei einer vermuteten Informationssicherheitsverletzung die Hilfe von erfahrenen Spezialisten wie Fachanwälten, Forensikern oder aus dem IT-Krisenmanagement notwendig ist. Denn welcher Apotheker weiß schon, wann, an wen und wo die vorgeschriebenen Meldungen abzugeben sind? Versäumnisse in diesem Bereich stellen übrigens Ordnungswidrigkeiten dar.

▶ **Beratungsbedarf:** In Zukunft sicher ein weiteres Pflichtthema für jeden, der seine Apotheker vor diesem neuen Großrisiko schützen will. Nutzen Sie ganz einfach aktuelle Artikel aus Fachmedien über diesen Bereich zur Erklärung.

i) Vertreterkostenschutz

Ein Unfall, eine Krankheit, dazu noch eine Reha – das reicht schon aus, um einen Apothekeninhaber für längere Zeit außer Gefecht zu setzen. Wer in solch einer Situation seine Apotheke schließt, muss nicht nur finanzielle Einbußen hinnehmen, sondern auch damit rechnen, dass sich ein Teil seiner Kundschaft verabschiedet.

Jeder Apotheker wird das mit allen Mitteln zu verhindern suchen. Der Einsatz eines Ersatzapothekers ist daher die deutlich bessere Alternative. So läuft das Geschäft weiter, und wenn die Versicherung noch die Kosten für den Ersatz übernimmt, entfallen sogar die finanziellen Einbußen.

Wann immer der Inhaber einer Apotheke aus Unfall- oder Krankheitsgründen ausfällt, braucht er sofort einen Vertreter; sei es einen eigenen Mitarbeiter, der dann reichlich Überstunden schieben muss, oder aber einen *Vertretungsapotheker* von außen. Beide sind natürlich zu bezahlen.

Viele Apotheker haben dazu auf Anraten ihres Versicherungsvermittlers eine größere Krankenhaustagegeldversicherung abgeschlossen, die sie aus privatem, bereits versteuertem Einkommen bedienen. Das Geld aus der Versicherung würde dann im Bedarfsfall wieder in die Apotheke fließen, um den Vertreter oder die Mehrarbeit zu bezahlen.

Das private Geld kann also im Krankheitsfall nicht selbst genutzt werden, es wird stattdessen an die Firma ausgezahlt. Das ist eine vertrackte Konstellation – und damit ein sehr guter Ansatz, den Murks demonstrativ zu entwirren.

Wie viel geeigneter für diesen Fall wäre eine Vertreterkostenschutzpolice, die einige Versicherer anbieten, manchmal sogar rabattiert in Verbindung mit einer Apotheken-Spezialpolice. Die Apotheke schließt die Police auf die Gesundheit des Inhabers ab. Die Kosten bleiben also als Betriebsausgaben in der Apotheke und reduzieren die Steuerlast.

Ebenso fließt die Versicherungssumme direkt der Apotheke zu. Sie kann also einwandfrei verbucht und sofort für die Bezahlung des Vertreters eingesetzt werden. Dabei steigen dann meist auch die versicherten Summen deutlich. Des Weiteren ist moderner Vertreterkostenschutz heute sogar mit Einschluss von Burn-out und in

Verbindung mit Einmalzahlungen bei schweren Erkrankungen zu einer kleinen Keymen-Absicherung erweiterbar.

Wenn Sie dann noch mit einer Gesellschaft zusammenarbeiten, die sehr kurze Wartezeiten bietet, macht es die Sache perfekt. Ihr Ziel sollte sein, eine Police anzubieten, die bei Krankenhausaufenthalt auf Wartezeiten vollständig verzichtet. Die Vorteile dieser Lösung befördern nachdrücklich die Einsicht bei Ihrem Kunden, wer denn mehr Ahnung vom Bedarf eines Apothekers hat.

▸ **Beratungsbedarf**: Gerade für junge Apothekeninhaber ist das ein sehr wichtiger Schutz. Aber auch für alle Apothekerinnen und Apotheker, deren Anwesenheit in der Offizin zwingend erforderlich ist – also bei wenigen approbierten Mitarbeitern.

j) Dienstreisekasko-Versicherung

Spannend wird es, wenn Apothekenmitarbeiter – und das kommt gerade im ländlichen Bereich recht häufig vor – nach Dienstende auf ihren jeweiligen Heimwegen noch eben schnell Medikamente ausliefern. Auch kommt es des Öfteren vor, dass Mitarbeiter über das Wechselgeld hinausgehende Beträge bei der Bank einzahlen. In einem Flächeneinzugsgebiet ist dies oft eine effizientere Lösung als den Lieferfahrer überall hinzuschicken.

Auch Fahrten zu Weiterbildungsveranstaltungen, die von Apothekerkammer oder -verband organisiert werden, erfolgen durchaus häufig. Doch wer kommt im Schadenfall für die Kosten auf, und seien es auch nur die Selbstbehalte und Rückstufungsdifferenzen? Sicherlich ist kein Mitarbeiter gewillt, diese Last aus eigener Tasche zu zahlen.

„Kommt es zu einem Unfall, ist der Arbeitgeber gesetzlich verpflichtet, dem Arbeitnehmer sämtliche damit zusammenhängenden Kosten zu ersetzen. Voraussetzung für den verschuldensunabhängigen

Ersatzanspruch (analog § 670 BGB) des Arbeitnehmers ist lediglich die Übertragung einer Aufgabe, die ohne ein Fahrzeug nicht zu erfüllen ist und für die kein Dienstfahrzeug zu Verfügung steht."[134]

▶ Jede Fahrt mit dienstlichem Zweck – und sei dieser auch noch so marginal – kann im Zweifel als Dienstreise gewertet werden. Das sollten Apothekeninhaber bedenken.

Hier hilft eine Dienstreisekaskoversicherung weiter, die entweder für den gesamten Schaden (große Lösung) oder lediglich für die Differenzkosten (kleine Lösung) aufkommt. Allerdings knüpfen die Versicherer diese Zusatzversicherung sehr häufig an Bedingungen, die in Apotheken kaum zu erfüllen sind. So z. B. jene, dass alle Mitarbeiter beim selben Kfz-Versicherer wie die Apothekenautos abgesichert sein müssen. Hier bedarf es noch einiger Gespräche mit den in Frage kommenden Anbietern.

Auch ein alternativer Kasko-Zusatzschutz wäre denkbar. Insbesondere, wenn der Inhaber nur den Selbstbehalt und die Schadenfreiheitsrabattrückstufung übernimmt, weil seine Mitarbeiter für ihr neues, geleastes oder finanziertes Privatkraftfahrzeug schon über Vollkaskoschutz verfügen.

---

134 Verkürzt zitiert nach Büser, Schütt: Gut versichert in Apotheken.

▸ **Beratungsbedarf**: Die Dienstreisekaskoversicherung ist überall dort sinnvoll, wo Mitarbeiter häufig oder regelmäßig Dienstfahrten mit dem privaten Kfz durchführen. Das dürfte in der Hälfte aller Apotheken der Fall sein.

k) Einfacher Diebstahl und einfache Beschädigung

In Sekundenschnelle ist ein Regal mit hochwertiger Freiwahl-Ware leergeräumt. In Großstädten wie Berlin, Hamburg oder Leipzig haben sich offensichtlich Banden darauf spezialisiert, Apotheker systematisch um ihre wertvollste Ware zu erleichtern. Der Eine lenkt ab, zwei schieben körbeweise Ware in mitgebrachte Beutel – und dann rauschen alle wieder ab.

Da Apotheker jedoch Präsenzpflicht haben, können sie nicht einfach alles stehen und liegen lassen, um die Diebe zu verfolgen. Deshalb wurde in vielen Apotheken dazu übergegangen, die hochwertige Freiwahl nur mit Leerpackungen zu bestücken.

Der zeitliche und organisatorische Aufwand, diese wieder korrekt zu befüllen, wenn ein Kunde nach einem bestimmten Kosmetikartikel oder besonderen Nahrungsergänzungsmittel fragt, wird zähneknirschend in Kauf genommen. Ein entsprechender Versicherungsschutz bei einfachem Diebstahl würde Ihre Kunden beruhigen. Und eine Absicherung ist möglich und wird auch angeboten.[135]

Ebenso gelagert ist der Fall bei einfacher Beschädigung. Achten Sie darauf, dass nicht nur böswillige Beschädigung versichert ist. Denn leicht kann ein Mitarbeiter ein teures Arzneimittel fallen lassen oder eine Arzneiflasche zerbrechen. Bereits bei leichten Beschädigungen wie einer eingedrückten oder verschmutzten Umverpackung sind Arzneimittel meist nicht mehr abgebbar.

Ein anderes durchaus auftretendes Risiko stellt die Beschädigung von Laborwaagen dar. Diese hochpräzisen Waagen sind sehr

---

135 Vgl. www.apotheke-adhoc.de, „Apothekerin: Diebstähle am laufenden Band" vom 24. November 2016.

empfindlich und können nach einer Fehlbedienung schnell als Totalschaden enden. Auch hier ist ein Versicherungsschutz, der im Zweifel Ersatz für die beschädigten Gerätschaften oder ihre meist aufwendige Reparatur bietet, in Apotheken gern gesehen. Entsprechende Angebote sind heute schon zu finden.

> ▸ **Beratungsbedarf**: Diese Lösungen sind interessant für alle Lauflagen, Center-Apotheken mit viel hochwertiger Kosmetik sowie ganz besonders bei kritisch gelegenen Orten, an denen Beschaffungskriminalität an der Tagesordnung ist.

l) Erweiterter Versicherungsort

Laut Apothekenbetriebsordnung hat jede Apotheke über eine Schleuse zu verfügen. Diese muss aber nicht zwingend immer am Versicherungsort sein. So ist es erforderlich, die Schleuse samt Inhalt als grundsätzlich mitversichert einzuschließen, wo immer sie sich auch gelegen ist.

Weiterhin sollten – wenn es auch als apothekenüblich anzusehen ist – grundsätzlich alle Werbemittel unabhängig vom Standort ausdrücklich mit eingeschlossen sein. Und zwar nicht nur diejenigen, die unmittelbar an der Hausfassade der Apotheke angebracht sind.

> ▸ **Beratungsbedarf**: Alle Apotheken, deren Schleuse nicht am Versicherungsort sein dürfte wie in Flughäfen, Bahnhöfen, Einkaufscentern, und immer, wenn Sie vorab durch auffällige Werbeinstallationen zur Apotheke geführt werden.

m) Glasversicherung

Wenn nicht bereits in der Inhaltsversicherung inkludiert, ist eine hochwertige Glasversicherung für Apotheker in jedem Fall anzuraten.

Denn viele Apotheken – insbesondere diejenigen, die um die Jahrtausendwende eröffnet wurden – kann man scherzhaft durchaus als „Aquarium-Apo" bezeichnen. Diese Exemplare bestehen innen wie außen fast ausschließlich aus Glas oder glasähnlichen Kunststoffen. Zudem kommt in Apotheken recht viel und oft großflächiges Spezialglas zum Einsatz, so beispielsweise für den erforderlichen Wärmeschutz der Schaufenster, eingebaute Notdienstklappen oder Dachkuppeln.

Innen in der „Aquarium-Apo" finden sich häufig Regalsysteme oder aufwendig gefertigte Wandverkleidungen aus Glas oder Kunststoff, außen sind sicherlich diverse Werbeleuchtschriften an oder in der Nähe der Apotheke angebracht. All das muss eine Glaspolice selbstverständlich beinhalten.

Eine Nachmessung zur Überprüfung ist dringend angeraten: Oft scheitert die vorhandene Absicherung an der simplen Quadratmeter-Begrenzung – der Vorvermittler hatte wohl bei seinem Vor-Ort-Besuch keinen Zollstock dabei.

▸ **Beratungsbedarf**: Besteht bei allen „Aquarium-Apotheken", denn wer im Glashaus abgibt, sollte auch alle Scheiben versichert haben.

3.6. Die betriebliche Altersversorgung

„Für mich ist die Zielgruppe der Apotheken so spannend und interessant, weil man hier neben den Sachversicherungen auch im Leben-Bereich, etwa bei Krankheit – Stichwort Vertreterkostenschutz – sowie bei BU/EU mit Sonderkonzepten und Spezialklauseln punkten kann, während sich der Wettbewerb hauptsächlich an den medialen Themen wie etwa der betrieblichen Altersvorsorge abarbeitet." (Daniel Nömayr, Versicherungsmakler aus Ganghofen)

▶ **Hinweis für den Vermittler**

Als Netzwerker möchte ich meinen Kunden für jedes Thema die bestmögliche Beratung anbieten. Deshalb habe ich ausgewiesene Experten aus meinem Netzwerk gebeten, die folgenden Absätze des bAV-Kapitels federführend zu begleiten. ◀

a) Das Betriebsrentenstärkungsgesetz

Vorab ein paar Worte zum Betriebsrentenstärkungsgesetz (BRSG), das sich derzeit noch im Beratungsprozess befindet und zum 1. Januar 2018 in Kraft treten soll. Im Gesetzentwurf vom 21. Dezember 2016 geht es um folgende Kerninhalte:

- ▶ Erhöhung der Höchstbeiträge auf sieben Prozent steuerfrei und vier Prozent sozialversicherungsfrei, bezogen auf die Beitragsbemessungsgrenze (BBG) bei den West-Renten,
- ▶ Einführung eines bAV-Förderbeitrages für Geringverdiener,
- ▶ Einführung von Freigrenzen bei der Anrechnung von Leistungen aus einer bAV auf die Grundsicherung und
- ▶ Leistungen aus einer Riester-bAV werden sozialversicherungsfrei gestellt.

Zusätzlich zu diesen Neuerungen, die für jede bAV gelten sollen, ist eine „bAV II" geplant, das Sozialpartnermodell. Das Sozialpartnermodell stellt zwar keinen eigenen Durchführungsweg dar, tritt aber als eigenes Konstrukt neben die bisher bekannte betrieblichen Altersversorgung.

Das Sozialpartnermodell erhält im Betriebsrentengesetz einen eigenen Abschnitt VII („Betriebliche Altersversorgung und Tarifvertrag", §§ 21 bis 25 BetrAVG-E), denn diese Regelungen sollen nur Anwendung finden, wenn die Sozialpartner das in einem Tarifvertrag vereinbaren. Daher spricht man auch von der sogenannten Tarifrente.

b) bAV in Apotheken

Wer Apothekentüren nicht mit Sach-Themen öffnen möchte, dem bietet sich ein ebenso weites Betätigungsfeld. Wegen der Kammerversorgung ist in Apotheken gerade bei Leben-Themen viel Glaube und weniger Wissen im Spiel.

Praxistipp

Da kleinere Unternehmen wie unsere Apotheken üblicherweise nicht über Tarifverträge verfügen, ist zu erwarten, dass in der vertrieblichen Praxis das Sozialpartnermodell kaum eine Rolle spielen wird und die bisherige bAV durch die Einführung des Förderbeitrages und der Freigrenze auf Anrechnung bei Grundsicherung für bisherige ‚Altersvorsorgeverweigerer' eine Überlegung wert sein wird. (Götz Wache, bAV-Spezialist, bfh Finanzhaus Berlin GmbH)

Die meisten selbstständigen und angestellten Apotheker vertrauen stark auf die gute berufsständische Versorgung. Doch die Leistungen aus der Kammerversorgung greifen de facto erst ab 100 Prozent Berufsunfähigkeit statt wie sonst üblich ab 50 Prozent. Die berufliche Tätigkeit gilt nämlich so lange nicht als eingestellt, wie das Mitglied Arbeitsentgelt bezieht oder die Apotheke unter seiner Verantwortung geleitet wird.

Ob die Leistungen des Versorgungswerkes im Fall der Fälle auch dem konkreten Bedarf der Apothekerfamilie entsprechen, haben sicher die wenigsten potenziellen Leistungsempfänger jemals nachgerechnet. Wer sich hier fachlich sicher einarbeitet – am besten im Praxistest bei einem Bestandsapotheker – kann vielen anderen Apothekern willkommene Aufklärung in Bezug auf das Versorgungswerk, dessen Regelungen und Absicherungsdetails anbieten.

Trotz der ApothekenRente ist die betriebliche Altersversorgung noch nicht endgültig angekommen in Apotheken, die fast komplett zur Gruppe der Unternehmen mit weniger als zehn (Vollzeit-) Mitarbeitern zählen. Viel zu viele Apothekenmitarbeiter sind noch ohne oder zumindest ohne hinreichend beratene und ausreichend ausgestattete betriebliche Altersversorgung.

Praxistipp

Es gibt neun Versorgungswerke für Apotheker mit regionaler Zuständigkeit, die sich jeweils im Detail unterscheiden. Einmal eingetreten, verbleibt der Apotheker bei „seinem" Versorgungswerk, auch wenn er in den Bereich eines anderen Versorgungswerkes umzieht.

Die Frage, bei welchem Versorgungswerk er Mitglied ist, zeugt vor diesem Hintergrund von Kompetenz. Eine Fundgrube zum Thema stellen die Seiten der Arbeitsgemeinschaft berufsständischer Versorgungseinrichtungen e. V. (ABV) unter www. abv.de dar.

Bis 2011 war die bAV-Beratung in Apotheken eine Seltenheit. Da in Apotheken oft ältere oder sehr junge Mitarbeiter beschäftigt sind, diese meist noch mit hohem Teilzeitanteil, hat sich die bAV dort traditionell schwer getan. Das ist auch einer der Hauptgründe, warum der Tarifvertrag von 1. Januar 2012 Apothekeninhabern so stringente Durchführungsvorgaben vorschreibt.

Unbestritten ist die betriebliche Altersversorgung nach wie vor eine große Chance, die es Vermittlern erlaubt, gemeinsam mit den Versicherungsnehmern – den Apothekeninhabern – qualifizierte Mitarbeiter in Zeiten des Fachkräftemangels an die Apotheke zu binden. Auf das komplexe bAV-Thema spezialisierte Kollegen wissen genau, wie man der Personalfluktuation und der damit einhergehenden

Unruhe im Team oder gar einer gefährdeten Präsenzpflicht wirksam entgegentreten kann. Von den Kosten mal ganz abgesehen, die sind auch wichtig, aber in Apotheken eher nachrangig. Durch geschickte Erweiterungen der betrieblichen Altersversorgung für „Keymen" wie Filialleiter, Pharmazieingenieure oder Vorexaminierte können sogar gezielt Wettbewerbsvorteile geschaffen werden.

Buch mit sieben Siegeln

Für alle Apothekenmitarbeiter lässt sich durch richtige Gestaltung ein eigener Aufwand von 50 Cent zu einem Altersversorgungsbetrag von einem Euro verdoppeln. Über große Zeiträume lohnt sich das für jeden. Doch bAV ist leider häufig vom Wissen her ein Buch mit sieben Siegeln, dessen monetärer und sozialpolitischer Nutzen wird oft nicht erkannt wird. Das liegt sicher nicht an den Apothekenmitarbeitern, sondern vor allem an der – vermeintlichen – Kompliziertheit durch drei Zulagearten, fünf Durchführungswege und unzählige gesetzliche Schranken und Vorgaben.

Auch die Wirkung der „veröffentlichten Meinung" sollte nicht unterschätzt werden. Vor allem aber liegt es an uns – den Vermittlern. Die Fehler, die wir zum Thema bAV begangen haben, sind Legion.

Sie reichen von handwerklichen Fehlern über angewandte Ausbildungsversuche zum bAV-Experten bis zu unsäglichen Leistungsversprechen und vor allem immer wieder: mangelhaftem Service. In Apotheken kommt aber noch ein weiterer Punkt hinzu, der die bAV immer wieder ins Abseits stellt: fehlende Kenntnis der Apothekenabläufe.

Um jedem Einzelnen die Einsicht zu vermitteln, wie sich die bAV auf sein Gehalt auswirkt sowie durch Entgeltumwandlung Steuer- und Sozialversicherungsabgaben einsparen und für die eigene Alterszusatzrente verwenden lassen, ist fachliche Beratung erforderlich, die Apothekeninhaber nicht leisten können. Sie brauchen also Hilfe, aber die muss eben – wie in Kapitel V., Abschnitt 2.3. bereits beschrieben – in den Apothekenalltag passen.

Aus Inhabersicht kommt es dabei u. a. darauf an, dass alle Mitarbeiter den großen Vorteil, der ihnen durch eine gute Arbeitgeberbeteiligung gewährt wird, erkennen. Nur so wird der gewünschte Bindungseffekt auch realisiert.

Und natürlich erwarten die Arbeitnehmer, dass ihre bAV-Lösung zu ihrem individuellen Background und den eventuell bereits vorhandenen Sparplänen für das Alter passt. Daher ist es wichtig, einzeln zu beraten, und alle Fragen, die im Einzelfall entstehen können, zu beantworten.

Keiner bekommt gerne ein fertiges Produkt wie die Apotheken-Rente (siehe auch den nachfolgenden Abschnitt) als einziges Allheilmittel präsentiert. Daher erscheint es absolut notwendig, einen Vergleich der ApothekenRente (Garantierente / Überschussrente) mit anderen in Frage kommenden Versicherungsprodukten mit dem Inhaber einer Apotheke zu besprechen und, je nach Lage, zwei oder drei unterschiedliche Lösungen anzubieten.

Praxistipp

Argumentieren Sie in Apotheken immer zunächst mit der Bedeutung der bAV für die Laufruhe und Qualitätssicherung im Arbeitsalltag. Das ist den meisten Inhabern noch wichtiger als mögliche Einsparungen.

Einige Apothekeninhaber müssen in Sachen betriebliche Altersversorgung noch umdenken, da viele es bisher ihren Mitarbeitern freigestellt haben, ob und wenn ja, wie sie die Möglichkeiten der bAV nutzen. Das führte dann unweigerlich zur parallelen Existenz unterschiedlicher Durchführungswege, zu diversen Ansprechpartnern und allgemeiner Intransparenz. Kurzum: zu der allseits zu hörenden Einschätzung, bAV in Apotheken sei eher ein Ärgernis denn eine Chance.

Um den Apothekeninhaber tatsächlich nachhaltig zu entlasten, ist es absolut notwendig, die Zusammenarbeit von Makler und Apothekeninhaber in einem Maklermandat festzuschreiben und dies auch gegenüber den Mitarbeitern klar zu kommunizieren. Die gesamte Beratung, Beantragung, Dokumentation sowie die Umsetzung inklusive An- und Abmeldung erfolgen direkt über das Maklerbüro. Ebenso die Lieferung der erforderlichen Kennzahlen für das umsetzende Lohnbüro, in der Arbeitgeberanteil und Entgelt getrennt aufgeführt werden.

Sehr wichtig ist auch der Informationsfluss: Nicht nur der Apothekeninhaber, sondern alle Mitarbeiter müssen sich jederzeit direkt an den Makler wenden können. Sei es beispielsweise bezüglich eines Namenswechsels oder zur Meldung von Elternzeiten.

Maklermandat

Mit dem Maklermandat steht es nur dem beauftragten Makler zu, den Apothekeninhaber in bAV-Fragen zu vertreten. Dazu hilft es sehr, wenn der Chef verinnerlicht hat, dass sein Makler ihm gegenüber für diese Arbeit haftet.

Die Mitarbeiter wiederum müssen auf die Besonderheit dieses Mandates bei der Umsetzung der betrieblichen Altersversorgung hingewiesen werden. Viele denken, dass irgendwer diese Aufgabe für sie erledigen könnte. In Zukunft neu eingestellte Mitarbeiter werden, auch wenn sie mit einer bereits bestehenden bAV in die Apotheke wechseln, von dem beauftragten Makler des Apothekers beraten und vertreten. Genau das stellt einen echten Wert- und Qualitätszuwachs für Arbeitgeber wie auch Arbeitnehmer dar.

Praxistipp von Götz Wache: Es hat sich bewährt, bAV in Apotheken mit Versicherungsgesellschaften zu gestalten, die neben dem Angebot von guten Tarifen dem Makler bei der Erstellung der Versorgungsordnung helfend zur Seite stehen Und es dem Makler ermöglichen, die meisten Verwaltungsvorgänge rund um die eingerichtete bAV online zu erledigen.

c) Die ApothekenRente

Der Arbeitgeberverband Deutscher Apotheken (ADA) und die Apothekengewerkschaft (ADEXA) haben auf den demografischen Wandel reagiert und zur Verbesserung der Altersbezüge von Apothekenmitarbeitern den „Tarifvertrag zur betrieblichen Altersvorsorge für Mitarbeiter und Auszubildende zur pharmazeutisch-kaufmännischen Angestellten in Apotheken" vereinbart."[136]

Hinter dem Modell der ApothekenRente stehen die R+V Lebensversicherung AG sowie die Condor Lebensversicherungs-AG als einhundertprozentige Tochter der R+V Versicherung. Zunächst waren auch die Axa Lebensversicherung AG und Leipziger Lebensversicherung a. G. mit im Konsortium vertreten, beide haben sich jedoch nach kürzester Zeit wieder zurückgezogen.

Vertragspartner der ApothekenRente ist die ARB Apotheken-Rente Beratungsgesellschaft mbH, hinter der ein Münchener Versicherungsmakler nach § 34d Gewerbeordnung steht. Seine Aufgaben umfassen u. a. die verpflichtende Beratung aller Mitarbeiter über die Inhalte des Tarifvertrages und die Möglichkeiten der betrieblichen Altersversorgung.

Der bAV kommt seit der Überarbeitung des Tarifvertrages zwischen ADA und ADEXA eine ganz neue Bedeutung zu. In diesem wurde nämlich festgelegt, dass neben einem festen Arbeitgeberanteil, gestaffelt nach Arbeitsstunden, weitere 20 Prozent des vom Mitarbeiter umgewandelten Betrages quasi durchgereicht werden und so die Höhe des Beitrages deutlich erhöhen.

Beispiel: Möchte eine Mitarbeiterin 100 Euro ihres Brutto-Einkommens zurücklegen, liegt der Arbeitgeberanteil (Arbeitszeit über 30 Stunden) bei 27,50 Euro fix plus 20 Prozent (Sozialversicherungsersparnis des Arbeitgebers). Das ergibt 20 Euro. Insgesamt beläuft sich somit der Beitrag zur betrieblichen Altersversorgung auf 147,50 Euro.

---

136 Siehe www.apothekenrente.info.

Die im Tarifvertrag festgelegten Eckpunkte gelten auch dann, wenn der Vermittler dem Apothekeninhaber aus gutem Grund andere bAV-Lösungen als die ApothekenRente anbietet und er sich für eine davon entscheidet.

Fazit: Die Rente, selbst wenn sie vom Versorgungswerk kommt (was nur für die Approbierten gilt), wird aufgrund des demografischen Wandels garantiert nicht steigen. Und letztendlich ist die bAV eines der wenigen verbliebenen Versicherungskonzepte, die sich trotz niedriger Garantiezinsen über den Hebel des Differenzsteuersatzes noch ordentlich rechnen.

Deshalb lohnt es sich, in bAV-Sachen mit Spezialisten zu arbeiten. So wird der „leidige" Versicherungsbereich ein echter Mehrwert ohne weitere Belastung für den Apothekeninhaber.[137]

d) Die eigene Apo-Bank

Im Bereich der betrieblichen Altersvorsorge [wurde] für die beiden bestehenden Apotheken ein eigenes Versorgungswerk eingerichtet. Dadurch konnte ich einerseits Liquidität gewinnen und bankenunabhängiger agieren, aber auch meine Mitarbeiter motivieren.

Zudem habe ich ein echtes Argument bei der Gewinnung von neuem Personal. Völlig losgelöst von Versicherungen, kann ich das Versorgungswerk oder auch ‚Profit Center der Zukunft' wirklich jedem Unternehmer nur empfehlen." (Dr. Thomas Weeber, Apotheker, Königstein im Taunus, zitiert aus einer Referenz für Vermittler, Sören Nell, Gesellschaft für Honorarberatung, www.hb-hessen.de)

---

137 Vgl. Birgit Kolb, unabhängige Versicherungsmaklerin und Spezialistin für betriebliche Altersvorsorge (DMA), Berlin.

Das Thema Finanzierung ist für Mittelständler derart akut, dass Medien Sonderausgaben hierzu herausbringen. Der Tenor klingt überall ähnlich: Bankkredite allein reichten nicht mehr aus, um jederzeit Unternehmensliquidität zu sichern. „Dieses Finanzierungsinstrument hat Konkurrenz bekommen."[138]

Der als Clash of Clans in Kapitel III., Abschnitt 2.3. beschriebene Kampf darum, welche Apothekendynastie in einer Region dominiert, ist nicht zuletzt deswegen neu entflammt. Diesmal wird jedoch nicht um Gebiete gestritten, sondern um Köpfe. In Zeiten des signifikant steigenden Fachkräftemangels gewinnen Mitarbeitergewinnung und -bindung zunehmend an Bedeutung.

Längst sind PTA Mangelware und gute PKA werden aktiv abgeworben, wo immer es geht. Die unternehmerische Devise lautet heute: „Wie wird meine Apotheke für die besten Fachkräfte der attraktivste Arbeitgeber in der ganzen Region?" Dieser Ansatz liefert bekanntermaßen das überzeugendste Argument für jede im vorangegangenen Abschnitt beschriebene bAV-Terminierung.

Das Hauptproblem der bAV liegt jedoch in ihrer Rückdeckung mit Lebensversicherungen. Deren Anbieter haben aktuell Sorge, selbst die früher garantierte Verzinsung zu erwirtschaften – von den versprochenen Erträgen spricht längst niemand mehr.

Heute liegt der Garantiezins bei 0,9 Prozent. Dies allerdings nicht auf die eingezahlten Beiträge, sondern nur auf einen Sparanteil in Höhe von 65 bis 70 Prozent Einzahlungen. Wahrlich keine sonderlich attraktive Marke, um darauf die eigene Altersvorsorge aufzubauen.

Aus Sicht des Unternehmers noch problematischer ist jedoch die Tatsache, dass das bAV-Kapital, das Mitarbeiter für sich zurücklegen und Arbeitgeber für ihre Mitarbeiter zuzahlen, für die Apotheke unweigerlich verloren ist. Es liegt bis zur Auszahlung an den ehemaligen Apothekenmitarbeiter bei der Versicherung und ist damit aus Unternehmersicht weg.

---

138 Vgl. die Publikation „Zeit Spezial: Mittelstandsfinanzierung" vom 23. April 2015 und 15. Oktober 2015.

▶ Pauschaldotierte Unterstützungskassen funktionieren wie kleine Banken innerhalb der Apotheke. Das Geld steht für wertbildende Investitionen zur Verfügung, an denen alle Arbeitnehmer partizipieren.

Was jedoch im Unternehmen verbleibt, ist die Haftung. Garantiert wäre es dem Inhaber andersherum viel lieber. Lediglich beim Sozialpartnermodell (Stichwort Tarif-Rente) des kommenden Betriebsrentenstärkungsgesetzes sollen Garantien sowie Mindestrenten wegfallen – und damit die Haftung der Arbeitgeber. Inwieweit dieses Modell, falls es so beschlossen wird, dann noch für Arbeitnehmer interessant sein kann, ist eine andere Frage.

Modell Unterstützungskasse

Doch es gibt schon heute Lösungen, die für Apothekeninhaber günstig sind. Die Formel, auf die Makler, Vermittler und Berater der betrieblichen Altersversorgung gerade umschwenken, heißt PDUK, die auf § 4D EStG und dem Betriebsrentengesetz basierte pauschaldotierte Unterstützungskasse.

Sie ist für größere Apotheken ab zehn Mitarbeitern aufwärts und insbesondere bei Mehrbesitz interessant. Für die vielen immer noch existierenden Apothekerdynastien mit zusammen zehn, 20 oder mehr Apotheken im Familienbesitz sowieso. Und selbst bis zu fünf lediglich befreundete Apotheker können sich dafür zusammenschließen.

Die pauschaldotierte Unterstützungskasse funktioniert wie eine kleine Apo-Bank im eigenen Unternehmen. Das in die betriebliche Altersversorgung investierte Geld verlässt das Unternehmen nicht, es steht vielmehr für unternehmerische Zwecke wie Investitionen, Expansion oder Tilgung von Verbindlichkeiten in vollem Umfang zur Verfügung.

Im Gegenzug ist die Haftungsfrage geklärt, denn die Einlagen sind über den Pensions-Sicherungs-Verein (PSVaG), einer Einrichtung der deutschen Wirtschaft zum gesetzlichen Schutz der betrieblichen Altersversorgung, bei Insolvenz des Arbeitgebers geschützt. So kann Wertschöpfung im Unternehmen stattfinden, die dann letzten Endes wieder den Arbeitnehmern zugutekommt, da sie später mehr Rente erhalten, als ihnen die ApothekenRente oder andere konventionelle Durchführungswege der betrieblichen Altersversorgung bieten können.

Es kann im Normalfall mit einer doppelt so hohen Betriebsrente gerechnet werden, als andere Durchführungswege üblicherweise bieten können. Für die Apotheke ergeben sich demgegenüber je Jahr und Mitarbeiter durchschnittlich etwa 1.500 bis 2.500 Euro mehr an Liquidität.

Bislang ist die PDUK eher eine Domäne der Großunternehmen gewesen. Bei den bekannten Gesellschaften im Aktienindex DAX bis hin zu Krankenhäusern, die sich in privater Trägerschaft befinden, steuern pauschaldotierte Unterstützungskassen einen signifikanten Anteil zur Unternehmensliquidität bei.

Eine auf bAV-Modelle spezialisierte Nürnberger Kanzlei hat nun diesen – angesichts der aktuellen Finanzmarktlage und bei Finanzierungsfragen zugeknöpften Banken – interessanten Durchführungsweg auch für Apothekeninhaber geöffnet. Damit ist ein neues Netzwerkangebot für Vermittler entstanden. Im F.E.L.S Institut für moderne Vergütungssysteme, um ein aktuell in den Medien sehr präsentes Beispiel zu nennen, beschäftigten sich Juristen, Wirtschaftsprüfer und Steuerberater mit der Ausgestaltung solcher Mini-Apo-Banken für Apothekeninhaber.

e) Die biometrischen Risiken

Dass die Absicherung von biometrischen Risiken sinnvoll ist, braucht man einem Fachpublikum nicht mehr nahezubringen. Mein persönlicher Favorit ist die betriebliche Krankenversicherung (bKV), die hohen Nutzen für alle Beteiligten stiften kann und vor allem beim Arbeitnehmer auf große Akzeptanz stößt. Denn ihr Nutzen ist im Gegensatz zur bAV in der Gegenwart angesiedelt und kann unmittelbar nachvollzogen werden.

Der Primärnutzen ist aus Apothekersicht neben der Mitarbeiterbindung und dem Zeigen von sozialem Engagement die Aussicht auf Senkung des Krankenstandes. Zumal in einer Apotheke die bestmögliche Erhaltung der Gesundheit schon aus beruflichem Standesanspruch verpflichtend erscheint.

Krankentagegeld

In diesem Zusammenhang bedeutsam ist das Krankentagegeld ab dem 43. Tag. Nur drei Prozent aller gesetzlich krankenversicherten Menschen haben die beim Übergang auf das gesetzliche Krankengeld entstehende Lücke abgesichert.

Der Vermittler scheut in der Regel den mit dem Abschluss eines Krankentaggeldes verbundenen Aufwand aus betriebswirtschaftlichen Gründen. Denn der Aufwand einer Risikoprüfung liegt nahe an dem einer Krankenvollversicherung, birgt jedoch durch die niedrigen Beiträge kaum Aussicht auf Ertrag.

Hier bietet die bKV eine Lösung in Form der Kollektivbildung: Meist wird ab zehn versicherten Personen auf die Gesundheitsprüfung verzichtet. Außerdem gibt es Gesellschaften, die auch die Familienangehörigen der Arbeitnehmer zum versicherbaren Personenkreis zählen, was die bKV für alle Beteiligten noch interessanter macht.

Die Möglichkeit, mit geringem Aufwand weitere, gern gesehene Leistungen wie Sehhilfen, Heilpraktiker, Zahnersatz und zielgerichtete Vorsorgeuntersuchungen abzusichern, erhöht die Attraktivität.

Das muss aber noch nicht das Ende der Beratung sein, wie Götz Wache betont: „Wenn Sie zunächst mit dem Arbeitnehmer über das Krankentagegeld gesprochen haben, ist der Schritt zur Berufsunfähigkeitsabsicherung winzig klein. Auch hier gilt, dass die Kollektivbildung das Nadelöhr der Gesundheitsprüfung meist deutlich erweitert. Sprich, Sie können Schutz mit abgeschwächten und/oder deutlich verringerten Gesundheitsfragen anbieten und gegebenenfalls zu einem günstigeren Preis als bei einer individuellen Lösung."

f) Betriebsunterbrechungs-Schutz

In Arztpraxen stellt die Betriebsunterbrechung ein größeres Risiko dar, weil der Ausfall des Arztes oft nur schwer zu kompensieren ist und Patienten meist keine Ersatzperson konsultieren wollen.

Dieses Risiko tritt in Apotheken eher selten auf, denn es bezieht sich meist nur auf äußere Auslöser wie Seuchen, Epidemien, Pandemien oder behördliche Anordnungen. So mussten beispielsweise im Winter 2009/2010, während die Schweinegrippe in Deutschland wütete, eine größere Anzahl Apotheken geschlossen bleiben.

Selbiges drohte 2014 bei Ausbruch der sogenannten Vogelgrippe. Auch Apotheken, die z. B. wegen Bombenalarm im Gebiet von Feuerwehr- oder Polizeiabsperrungen liegen, müssten schließen. Diese Risiken sind ebenfalls mit speziellen Betriebsunterbrechungspolicen abzusichern. Die bei Heilberuflern verbreitetsten Adressen für solche Absicherungen wie auch den Vertreterkostenschutz dürften die Basler Versicherungen und Mannheimer Versicherungen sein.

f) Keymen-Absicherung

Vor schweren Erkrankungen oder Unfällen sind auch Apotheker nicht gefeit. Werden sie als Inhaber plötzlich und unerwartet aus der Bahn geworfen oder es trifft eine unverzichtbare Schlüsselkraft, die sogenannten Keymen wie Pharmazie-Ingenieure, Vorexaminierte oder die Erste Dame bzw. den Ersten Herren, dann bleibt kurzfristig nur der Ersatz der eigenen Arbeitskraft durch einen angestellten Apotheker mit Führungserfahrung beziehungsweise der Ersatz des apothekeninternen Experten durch einen externen Vertreter.

Den ersten Fall löst man am besten mit einer Vertreterkostenschutz-Police, die die Apotheke auf die Arbeitskraft des Inhabers abschließt (die bitte nicht durch das Krankentagegeld angehen). Doch auch der plötzliche Ausfall von Führungskräften kostet Geld. Einen personellen Notstand kann ein Apothekeninhaber nicht ohne Weiteres stemmen. Hier bieten sich Keymen-Policen an, die den Großteil der Mehrkosten tragen.

Gerade für junge Apotheker, die obendrein die volle Finanzierungsbelastung für ihre neue Apotheke zu tragen haben, ist eine Vorsorgepolice für schwere Krankheiten naheliegend. Solche Dread-Disease-Policen gibt es als eigenständigen Schutz oder als Zusatzpolice bei einigen wenigen Anbietern in Deutschland.

Da die Versicherungssumme in aller Regel bereits nach der Diagnose zur Auszahlung kommt, verschaffen diese Policen den betroffenen Apothekern die nötige finanzielle Freiheit, um sich mit der Zukunftsplanung für ihre Apotheke etwas mehr Zeit zu lassen.

Das bedeutet für Apothekeninhaber einen großen Mehrwert. Und da sie in der Regel sehr gesund leben – im Berufsunfähigkeits-Ranking der gesündesten Berufe finden sich Apotheker regelmäßig unter den Top Ten –, dürfte auch die Annahmequote überdurchschnittlich positiv ausfallen.[139]

g) Gruppenunfallversicherung

Ein weiterer interessanter Ansatz zur Absicherung biometrischer Risiken bei der Zielgruppe kann ein apothekeninterner Rahmenvertrag

---

139 Vgl. VersicherungsJournal.de, Ausgabe vom 23. September 2011.

für eine Gruppenunfallversicherung sein. Die durch den möglichen Ausfall von Mitarbeitern bedingten Kostenrisiken sind immer ein guter Gesprächsanlass, weil so gut wie jeder Apotheker schon mindestens einmal in der Situation war, eine Arbeitskraft ersetzen zu müssen.

Er weiß also genau, wie teuer das für seine Apotheke werden kann. Die inhaltliche Ausgestaltung dieses Gruppentarifes lässt sich mit dem ausgewählten Produktpartner beliebig gestalten.

Praxistipp

Einige Anbieter von Risikolebensversicherungen haben auch technisch einjährig kalkulierte Tarife im Angebot. Die Beitragssumme ist über die Laufzeit hinweg nahezu identisch mit konventionell kalkulierten Tarifen, doch die Beitragsverteilung folgt hier dem versicherungstechnischen Risiko.

Damit können gerade junge Apotheker mit geringer Liquidität hohe Absicherungssummen zu zunächst sehr niedrigen Beiträgen realisieren. Die im Laufe der Zeit steigenden Versicherungsbeiträge werden über die parallel steigenden Einnahmen des Apothekers in aller Regel mehr als kompensiert.

---

h) Risikoleben-Policen

Gerade junge Apotheker, die erstmals eine eigene Apotheke übernehmen, brauchen zur Kreditrückdeckung höhere Besicherungen durch eine Risikolebensversicherung. Meistens haben Banken recht klare Vorstellungen, welche Police zu zeichnen ist.

In manchen Fällen aber kann man als Vermittler recht gut punkten. Und sei es nur, indem Sie dem Inhaber ex post aufzeigen, wie viel weniger es bei Ihnen gekostet hätte, wenn ihn seine Bank nicht verhaftet hätte. Das bringt zwar keinen zusätzlichen Vertrag in den Bestand, steigert aber die Neugier auf andere Lösungen erheblich.

i) Das „heilig Blechle"

„Auto" – so geht ein Branchenkalauer – fängt mit „Auu" an und hört mit „ohh" auf. Auch in Apotheken kommen wir ums „heilig Blechle" nicht herum.

Aber wenn schon, dann richtig: Oft lassen sich in der Apothekerfamilie recht leicht neben dem apothekeneigenen Lieferfahrzeug noch weitere zwei bis drei Gefährte versichern. Damit wird die Mini-Flotte zur ersten Wahl. Und selbst wenn sich auf diese Weise keine monetären Vorteile ergeben, vereinfacht es zumindest die apotheken- und familieninterne Verwaltung. Was für Apothekeninhaber meist schon ein attraktiver Mehrwert an sich ist.

4. Services, die ankommen

4.1. Marktpräsenz: Expertenstatus muss sichtbar sein

Der Aufstieg zum Expertentum führt über eine erfolgreiche „Großwildjagd". Gemäß dem Lehrsatz von Alexander Christiani, dass Experten immer Experten kennen, färbt auf den Makler, der die bekanntesten Top-Leute einer Zielgruppe berät, stets etwas von deren Expertenstatus ab.[140]

Zusätzlich hilfreich sind ein paar „Big Shots", deren Strahlkraft das Image des Beraters erhellt, denn generell gilt: Wer bekannte Namen und große Kunden berät, bekommt höhere Kompetenz

---

140 Vgl. Christiani: Magnet Marketing.

zugeschrieben. Schließlich wird auch „die Erfolgstreppe von oben gekehrt". Sie sollten also genau planen, wen Sie zuerst angehen. Wer sind die informellen Führer, an denen sich andere orientieren? Welcher Apotheker bekleidet ein Ehrenamt, wer wirbt sichtbar im Stadtbild, besitzt mehrere Apotheken oder hält eigene Vorträge?

Von denen sollten Sie einen oder besser mehrere als Kunden gewinnen. Berater mit vielen unbekannten Kunden kommen nicht in den Genuss möglicher Vorteile. Sofern es also in Ihrem „Jagdrevier" namhafte Apotheker gibt, sollten Sie den einen oder anderen ansprechen.[141]

Neben der sicher entscheidenden Partnerauswahl im Versicherungsbereich gibt es noch weitere Faktoren, mit denen Versicherungsvermittler bei der Betreuung von Apotheken und übrigens auch Arztpraxen ganz besonders punkten können. Hierzu gehören zunächst einmal eine klare Positionierung und ein angemessener Betreuungsservice.

Die Antwort darauf, wie jemand sich positionieren sollte, liegt in drei einfachen Fragen, die beim Blick die Perspektive schärfen: „Wofür brenne ich, mit wem kann ich?", den Bestand analysieren: „Wen habe ich?", die Umgebung beachten: „Wie viele sind da?". Denn alles drei muss passen, sonst geht die Sache nicht auf.

Angemessen, das heißt im Wesentlichen: Da sein, wenn Sie gebraucht werden, also insbesondere im Schadenfall und zur Hauptfälligkeit der Sachversicherungen beziehungsweise zum Jahresgespräch im Leben-Bereich. Wem es dann noch gelingt, sich auch für weitere Servicethemen interessant zu machen, kann schnell mit einer breiten Palette von in Apotheken benötigten Leistungen und Lösungen auftreten, die ihm eine Alleinstellung bringen, die andere Vermittler nicht toppen können.

Ansonsten sollte man lediglich erreichbar sein und den Kunden ungestört seine Apotheke oder Praxis führen lassen. Heilberufler kann man langfristig nur auf Augenhöhe beraten und betreuen.

---

141 Vgl. www.pfefferminzia.de/vertrieb-so-koennen-sich-makler-als-experte-in-einer-zielgruppe-positionieren-1480063648/?page=2.

Zeigen und beweisen Sie Ihren Apothekern, dass Sie für Ihre Kunden so etwas wie ein ausgelagertes Kompetenzzentrum sind; eine Art Abteilungsleiter für Absicherung und Vorsorge, ebenso wichtig wie ein Pharmazie-Ingenieur.

Apotheker üben einen hochspezialisierten akademischen Beruf aus und erachten nicht selten das Versicherungsthema als wenig dringlich. Mit dem Thema Sicherheit als solchem jedoch rennt man offene Türen ein. Deshalb erweisen sich die in diesem Kapitel beschriebenen heilwesengerechten Services schon bei der Erstansprache als wertvoll.

▶ Eine solide Kundenbindung ist bei homogenen Zielgruppen entscheidend. Darum sollten sofort erkennbare Services im Schadenfall dazukommen. Über weitere Zusatzleistungen kann man sich im Netzwerk mit anderen Experten und Gewerken die Alleinstellung sichern, die den Kitt jeder langfristigen Kundenbeziehung bildet.

Bewährt hat sich auch, wenn Sie beim Termin, in dem der Kunde Ihnen das Maklermandat erteilt, kurz Ihr Leistungsbild, besser jedoch Ihr gesamtes regionales Netzwerk vorstellen. Dazu bietet sich eine einfache Spiegelstrichaufzählung an (siehe hierzu das auf der nachfolgenden Seite aufgeführte Muster-Leistungsbild).

Bewährt hat sich auch eine kurze Reflexion über den Maklerberuf an sich und die Beraterhaftung im Besonderen, denn die Traditionen

Apothekenabsicherung auch nach Kammerrecht

- Alle Versicherungen in einer Police gebündelt – auch bei Mehrbesitz
- Hohe Versicherungssummen in allen Haftpflichten
- Einschluss aller versicherbaren apothekenspezifischen Risiken
- Ergänzend: Rechtsschutz inkl. Apotheken-Spezial-Strafrechtsschutz
- Vertreterkosten-Schutz, Cyber-Risiken und Dienstreisekaskoschutz
- Schadenregulierung und sämtlicher Schriftverkehr durch uns

Vor-Ort Service:

- Eigener Handwerkerservice, 24-Stunden-Notdienst-Service für Hygienerisiken
- bAV-Pflichtberatung inkl. Dokumentation durch eigene Experten
- Zertifizierung und Qualifizierung durch unserer Expertennetzwerk
- Beratung und Hilfe in allen sicherheitsrelevanten Themen

Netzwerk-Dienstleistungen:

- Hilfe bei Vermittlung von Apothekenabgaben und -übernahmen
- Beratung und Unterstützung bei Apothekenfinanzierung
- Praxiserprobte Partner für: Heimbelieferung, Rechnungscontrolling, Kreditprüfung, Rezeptabrechnungsstelle
- Auf Apotheken spezialisierte Steuerberater und Rechtsanwälte
- Tipps für Apotheken: Umsatzsteigerung, Marketing, Werbung

als Ehrenberufler reichen für beide Professionen bis weit ins Mittelalter zurück.[142]

Das Ziel muss sein, für jeden Kunden mindestens ein spannendes, relevantes Absicherungsthema im Portefeuille zu haben. Die Versicherungsfragen im engeren Sinne sollten je nach Ausrichtung der Maklertätigkeit entweder ausschließlich auf die Apothekenthemen oder als vollständiges Maklermandat ausgelegt sein. Oft ist Ersteres zunächst nicht nur aus umsetzungs- und haftungstechnischer Sicht, sondern auch vertrieblich der sicherere Weg zum Erfolg.

Heilberufler sind es gewohnt, ihre Spezialgebiete mittels Zusatzbezeichnung auf dem Firmenschild, durch Info-Flyer im Wartezimmer oder am HV sowie im Internet zu präsentieren. Dasselbe sollte für jeden Vermittler gelten, wenn er sich auf diese Zielgruppe oder ihre Kommunikationsgemeinschaften spezialisiert.

Als Mindestanforderung an eine apothekentaugliche Geschäftsausstattung gelten deshalb eine entsprechend zielgruppengerechte Visitenkarte und ein auf den Apothekenbedarf ausgerichteter Flyer, wie das auf der nachfolgenden Seite aufgeführte Beispiel. Dieser wird von uns als wesentliches Akquisemedium für die Erstansprache, den Absicherungsvergleich und auch die Beratungsdokumentation eingesetzt:

Nehmen Sie bitte kein Standard-Infoblatt nach dem Muster „von A wie Auto bis Z wie Zahnzusatz für den Privatkunden".

Für Ihre Zielgruppen-Webseite nutzen Sie am besten eine eigene Webadresse. Mit den neuen Top-Level-Domains nach dem Muster von dot.versicherung oder dot.hamburg etc. lassen sich perfekte Zielgruppenadressen wie www.apotheke-hessen.versicherung, www.sichere-apotheke.koeln oder www.sylt-praxis.versicherung gestalten. Und schon haben Sie Ihren regionalen Expertenstatus im Netz untermauert.[143]

---

142 Vgl. Kommunikate GmbH: Wir schaffen Werte, 2008, www.kommunikate.de.

143 Für weitergehende Informationen siehe Asscompact, Heft 12/2009, Seite 54f.
     Finanzwelt, Heft 03/2010, Seite 120f.

Alles, was Apotheker brauchen. In einer einzigen Police.

Kurz-Revision Apothekenschutz:

✓ Zeit gewinnen
✓ Stress vermeiden
✓ Arbeit sparen

Werte: ideal: 1,5 Mio. € pauschal

Haftung: ideal: 10 Mio. €

Offizin & Apotheke

Jederzeit garantierter Neuwertersatz unabhängig von Alter und Zustand (bei Wiederbeschaffung)
○ ja ● teilweise ○ nein ○ zu prüfen

Deutlich mehr als Einbruch-Diebstahl: auch „Klauen" in der Freiwahl und Vandalismus in der Apotheke

Alles. Auch außerhalb der Apotheke: Ware, Technik, Schleuse, Werbung etc.

Komplette Elektronik inklusive Leasing, Daten und Automatikturen. Basisschutz gegen Cyber-Risiken

Großer Betriebsunterbrechungs-Schutz mit Bilanzsicherungsgarantie

Eigenschaden allein auf Inhaber beschränkt. Schaden durch Mitarbeiter sind mitversichert.

Reduzierte Mitwirkungspflichten ohne Zeitvorgaben, die Versorgung der Kunden ist immer vor.

Bundesweites Experten-Netzwerk:
Einbruchsicherung · Schadenservice · Ertragsoptimierung

Lager & Abgabe

Pharmazierat-Klauseln für die Medikamente und auch die Betriebsunterbrechung
○ ja ● teilweise ○ nein ○ zu prüfen

Jederzeit voller Versicherungs-Schutz unabhängig vom Lagerbestand

Um Hauslieferungen und Verblisterung erweiterte Außenversicherung

Arzneimittelverderb im Medikamentenkühlschrank nach DIN 58345 (€ 50.000 oder mehr)

Extra-Schutz bei Fehlabgabe Contraceptiva

Service & Expertise

Totaler Verzicht auf Unterversicherungsprüfung, deshalb keine Wertaufstellung der Apotheke.

Vor-Ort-Schadensregulierung durch uns. Sie kümmern sich um Ihre Kunden und Mitarbeiter.

Regionaler Handwerkerservice für Berlin und Brandenburg:
Glaser · Schlosser · Safelieferant · Alarmanlagen · EDV

Inhaberin & Inhaber

Große Betriebshaftpflicht ohne Sterbetafel-Risiko
○ ja ● teilweise ○ nein ○ zu prüfen

Erweiterte Feuerhaftung in exponierten Lagen und Umweltschaden-Zusatz für das Eigentum

AMG-Vorsorgedeckung nach Kammervorgaben

Einschluss von mitgenutzter Medizintechnik, auch in der Aus- und Weiterbildung

10 Jahre kostenfreie Nachhaftung für abgebende Apothekeninhaber

Keine Vertragsbindung über den Tag hinaus. Tägliches Kündigungsrecht mit Geld-zurück-Garantie.

Wir honorieren jedes Wachstum. Mitarbeiter- und Mehrbesitz-Rabatt in einer einzigen Police.

Zusatzbezeichnung: zertifizierter Berater Heilwesen (IHK), Fachbuchautor für Apothekenschutz: tinyurl.com/Apo-Schutz

4.2. Assistance: Schadenmanagement für Apotheker

Gerade im Schadenfall geraten Heilberufler schnell an die Grenzen ihrer Organisationsfähigkeit, denn der Betrieb von Apotheke und Praxis geht immer vor. Tritt der Schaden ein, wird sich der Apotheker erst zwei Fragen stellen, bevor er sich den Obliegenheiten des Bedingungswerkes widmet: 1. Was muss ich tun, um meine Betriebserlaubnis nicht zu gefährden, und 2. wie kann ich trotz des Schadens meine Kunden bedienen? Beides geht einer geordneten Schadenmeldung vor.

Wenn der Versicherungsvermittler – wie wir es konsequent bei jedem Schaden tun – seinen Kunden die Schadenbearbeitung abnimmt und wenn diesem dadurch ein Anruf genügt, um alle Obliegenheiten und die damit verbundenen Fristen zu erfüllen, dann erlebt der Apotheker einen nicht selbstverständlichen Mehrwert, den sogar er gern im Kollegenkreis lobend erwähnt. Das ist dann jeweils eine 1a-Empfehlung.

Wie ein solcher Service organisiert werden kann, hängt zunächst vom Maklerbüro ab. Wie ist dort das Schadenmanagement organisiert und vor allem wie wird Erreichbarkeit sichergestellt? Denn Achtung: Gerade ED-Schäden z. B. haben es an sich, grundsätzlich außerhalb der Geschäftszeiten anzufallen.

Weiterhin gibt es bei Serviceleistungen einen großen Unterschied zwischen Land und Stadt, allein schon wegen der Wegezeiten. In Großstädten können sowohl Handwerker wie Vermittler in kürzester Zeit bei so gut wie jedem Kunden sein. Woanders sind oft weite Strecken erforderlich.

In Städten ist Apothekern meist egal, welcher Handwerker kommt. Hauptsache er kommt und löst das Problem ohne große Behinderung des Apothekenalltags. Auf dem Land und in Kleinstädten jedoch möchten die Inhaber meist, dass einer ihrer Stammkunden aus dem Ort die Sache erledigt, und rufen diesen auch selbst an.

Deswegen lohnt es sich, in Städten einen „eigenen" Handwerkerservice zu organisieren. In allen weiteren Fällen wäre es sinnvoll, für den jeweils beauftragten Handwerksbetrieb eine kleine Checkliste vorbereitet zu haben, die nötige Kontaktdaten und die wichtigsten Stichworte zum Regulierungsprozess beinhaltet.

Solche Listen stellen natürlich auch Versicherungsgesellschaften zur Verfügung, doch leider sind sie für gewöhnlich nie apothekengerecht gestaltet. So fehlen bspw. die entscheidenden Informationen zu den Stichworten Medikamentensicherheit (müssen sicher verschließbar sein), Hygiene (Gutachten nach Wasserschäden), Klima (niemals über 24 Grad Celsius), Kühlschrank (einhalten der Lagertemperaturen) ebenso, wie Hinweise zu den Dokumentations-, Diskretions- und Revisionsnormen, die in Apotheken bestehen. Wünschenswert wären auch noch einige Hinweise zum allgemeinen Verhalten in Apotheken (aber wir wollen es mit unseren Wünschen nicht übertreiben).

Praxistipp

Eine solche Handwerker-Checkliste für Schadenfälle in Apotheken haben die Kollegen der IAP, einer Maklergruppe im Heilwesennetzwerk, zusammengestellt. Sie ist als Muster für den eignen Gebrauch auf www.iap-schutz. de zu finden.

Meiner Ansicht nach stellt unser Handwerkerservice für Berlin und Brandenburg seit Jahren diejenige Maßnahme dar, die den größten Zulauf interessierter Apothekern gebracht hat. Um ein derartiges Angebot zu machen, können alteingesessene Vermittler z. B. eigene Handwerkerkunden einbinden. Das wirkt sich dann auch als bestandsbindende Maßnahme aus.

Doch selbst Neueinsteigern fällt der Aufbau eines solchen Netzwerkes relativ leicht. Denn geeignete Unternehmen kristallisieren sich im konkreten Schadenfall schnell heraus.

Einige Kriterien müssen erfüllt sein: Wer hat einen fairen Kostenvoranschlag (ohne Apothekenrabatt, also mit 15 bis 20 Prozent Aufschlag) eingereicht, wer war pünktlich, hat seine Arbeit ordentlich abgeliefert? Wer wirbt im Internet mit Erfahrungen mit Heilberuflern und insbesondere den dort geltenden Hygienestandards? Und sind darunter Dienstleister, die eventuell sogar über entsprechende Speziallösungen oder Zertifizierungen verfügen? Und vor allem: Wer hat dabei nicht den Apothekenalltag behindert?

Betriebe, die all das leisten können, sind für Ihr Netzwerk grundsätzlich interessant. Doch welche Gewerke werden für die Betreuung von Apotheken benötigt? Nach meiner Erfahrung im Apotheken-Absicherungsmarkt und der Bearbeitung einer Vielzahl von Schäden sind uns die Prioritäten klar geworden.

▶ Glasschäden kommen in Apotheken immer wieder vor. Obendrein sind häufig die Automatiktüren oder die Schleuse betroffen. Glaser, Schlosser sowie Alarm- und Fachfirmen für Türanlagen bieten also einen stark gefragten Service.

a) Glaser

Schauen Sie sich nach einem Glaserbetrieb um, der bzw. besser dessen Besitzer quasi rund um die Uhr erreichbar und abrufbar ist. Denn bei einem Apothekeneinbruch geht so gut wie immer auch eine

Glasscheibe zu Bruch. Wie Sie wissen, heißt das dann: Der Inhaber oder ein anderer Approbierter muss so lange in der Apotheke bleiben, bis die Apotheke wieder ordnungsgemäß geschlossen werden kann. Es ist also fast immer der Glaser, der Apothekern im konkreten Schadenfall am schnellsten aus der Patsche helfen kann.

Meine Erfahrung ist, dass die großen Glaser-Franchisefirmen mit ihren Notfall-Hotlines die entscheidende Anforderung, sofort reagieren zu können, gerade nicht erfüllen. „Mein" Glaser in Berlin hat einen kleinen Betrieb mit weniger als zehn Mitarbeitern. Aber er ist über Handy und WhatsApp so gut erreichbar, dass ich ihn immer sofort zu fassen bekomme. Er hat verstanden, dass er, wenn er unverzüglich reagiert, über mich neue Kunden gewinnt, die ihn sonst niemals finden würden.

Mittlerweile sind es jährlich 30 bis 40 Aufträge, die er so ohne jeden Akquiseaufwand erhält. Dafür liefert Glasermeister Budack, da eh am Schadentag zur Notverglasung vor Ort, die nötigen Vorher-Nachher-Fotos, das polizeiliche Aktenzeichen und sonstige erforderliche Schadendokumente gleich mit.

Praxistipp

Wenn Apothekenscheiben ausgetauscht werden, sind meistens auch Aufkleber betroffen. Daher sollte der Glaser immer auch schauen, ob es „nur" ein Apotheken-A ist, das über interne Bezugswege leicht zu beschaffen ist, oder ob individuelle Werbung neu erstellt werden muss. Dafür schadet es nicht, einen Grafiker zur Hand zu haben.

---

b) Schlosser

Zur Erweiterung Ihres Netzwerkes sollten Sie einen engagierten Experten in Verschlussfragen finden, am besten einen Schmied, Schweißer,

Schlosser und Bastler in Einem. Hier bieten sich Inhaber von Schlüsseldiensten an, denn sie sind jederzeit erreichbar und darauf eingestellt, jedwede Tür auf- und irgendwie auch wieder zuzubekommen. Dem Apotheker hilft's aus den oben genannten Gründen.

c) Automatiktür-Firma

In den meisten Fällen versuchen Einbrecher entweder durch die Schleuse oder durch die Automatiktür in eine Apotheke hineinzugelangen. Die automatische Eingangstür ist dann meist defekt und muss schnellstmöglich repariert werden.

Die Fähigkeiten eines Glasers reichen in einem solchen Schadenfall nicht aus, denn meist bereitet der beschädigte Öffnungsmechanismus Probleme. Apotheken haben zwar oft Wartungsverträge mit den Lieferanten; diese kommen jedoch erstens nicht immer und zweitens in aller Regel nicht sofort. Die Tür muss aber zu sein – Sie wissen inzwischen, warum.

d) Hygiene-Reinigung: ein Kernthema für Apotheken

Jede Verschmutzung in Apotheken, gerade nach einem Schadenfall, birgt die latente Gefahr, dass es zu einer Betriebsunterbrechung kommt. Das kann nur vermieden oder – tritt diese ein – verkürzt werden, wenn schnell und unbürokratisch ein professioneller Schadensanierer eingebunden wird.

Hier kennt man aus den technischen Regeln des Verbandes der Sachversicherer (z. B. *VdS 3151*)[144] genau, was sogenannte Schwarz-/Weißbereiche sind. Es geht darum, eine Kontamination von Gebäude und Inventar zu vermeiden. Im Schadenfall gilt somit, die genaue Beprobung einer etwaigen Streuung von Schmutz und Sporen

---

144 Vgl. www.ifs-ev.org/die-neue-vds-richtlinie-3151-ist-ein-schritt-zum-einheitlichen-qualitaetsstandard/.

als Grundlage für die nachfolgende Feinreinigung vorzunehmen. Eine mögliche Streuung von Verschmutzungen wird bspw. mit dem ATP-Test (Proteingehalt) gleich klar definiert.

Aber Achtung: Nicht spezialisierte Firmen verschlimmern den Schaden für Ihre Apotheken-Kunden manchmal sogar noch. Denn die üblichen Abläufe und Techniken, die von Bausanierern, Gebäudereinigern oder ähnlichen Gewerken angewendet werden, führen oft zu Konflikten mit den Pharmazieräten oder Amtsapothekern, die die Revision vorzunehmen haben.

„Beliebt" sind hier besonders deutlich verlängerte Betriebsunterbrechungen wegen zu hoher Feuchtigkeitswerte oder fehlender Hygienegutachten. Am besten eignen sich deshalb zur Durchführung der Reinigungsarbeiten Firmen, die bereits mit der Betreuung von Krankenhäusern oder sonstigen hygienekritischen Kunden vertraut sind. Der schnelle Einsatz klappt erfahrungsgemäß nur nach vorheriger Absprache mit deren Inhaber und im Schadenfall direkt über diesen oder seinen Einsatzplaner. Sie brauchen also die persönlichen Handynummern von beiden.

e) Trocknungsfirma

Bei Wasserschäden in Apotheken droht immer die Gefahr eines Schimmelpilzbefalls, nach einem Schmutzwassereintritt aber auch die Verkeimung mit Coli-Bakterien. Umsicht zu wahren bei der erforderlichen schnellen Trocknung mit genügend leistungsstarken Geräten, ist deshalb das Gebot der Stunde.

Und genau das ist oft der Engpass, denn viel zu viele Unternehmen halten zu wenige entsprechende Abschottungssysteme, Schleusen und Trocknungsgeräte, die im Unterdruckverfahren arbeiten sollten, vor. Und wenn der Starkregen zuschlägt, sind die meistens schon irgendwo anders im Einsatz.

Bei der Trocknung ist ein weiteres gravierendes Problem zu lösen, denn der mit den Arbeiten einhergehende Lärm belastet zu

Öffnungszeiten die Kundenberatung erheblich. Sie sollten also eine Firma zur Hand haben, die flexibel genug ist, die Trocknungsarbeiten nachts und am Wochenende durchzuführen.[145]

f) Land unter

Manchmal allerdings reicht der Einsatz der genannten Fachkräfte nicht aus. Dann müssen Experten her, die jeden Tag mit Hygieneschäden zu tun haben. Letztes Jahr traf es auch eine „meiner" Apotheken: „Apotheke mit Abwasser geflutet", titelte diesbezüglich am 3. August 2016 der Infodienst Apotheke Adhoc.[146]

Schmutzwasser in den eigenen vier Wänden ist für jeden eine Katastrophe. Für eine Apotheke, die peinlich auf Sauberkeit und Ordnung halten muss, um die Betriebserlaubnis zu behalten, ist die Flutung ein Super-GAU.

Schnelle Hilfe ist daher mehr als nur angesagt. Und da Sie als Vermittler sowieso umgehend von Ihrem Kunden, der gerade mit Gummistiefeln in der stinkenden Brühe steht, herbeigerufen werden, um den Schaden aufzunehmen, wird er Ihnen auf ewig dankbar sein, wenn Sie auch noch eine auf solche Großschadenslagen mit Hygienerisiken spezialisierte Reinemachfirma aus dem Hut zaubern können. Diese sollte dann umgehend und professionell ans Werk gehen.

Die entsprechenden Kontakte aufzubauen, ist übrigens recht einfach, denn natürlich sind hierzulande auch solche Firmen organisiert. So beispielsweise alle diejenigen Betriebe, die selbst die extrem hohen Hygienestandards von Kindergarten bis Pflegeeinrichtung erfüllen.

---

145 Für mehr Informationen siehe Schadendienst24. Kundeninformation. Leistungsverzeichnis LW 2017 und Performance, Heft 12/2013. Seite 32 f.

146 Vgl. www.apotheke-adhoc.de/nachrichten/apothekenpraxis/nachricht-detail-apothekenpraxis/unwetter-apotheke-mit-abwasser-geflutet/?L=%3Ft%3D1%3Ft%3D1&cHash=c044d84b321a44ca0b2656008978f340.

▶ Jahrhundertkatastrophe ist eine irreführende Bezeichnung dafür, was die Stadtapotheke Königstein in Sachsen im Elbhochwasser 2002 erlebt hat. Schon 2013 folgte die nächste „Jahrhundertflut" und 2016 wieder eine (Passau, Simbach). Hinzu kommen noch Stürme wie Vivian und Wiebke im Jahr 1990.

„Im Schadenfall muss es schnell gehen […] sonst wird es aufwendig. Es gilt, sofort zu handeln, um Keimen und Sporen keine Chance zu lassen. Hierauf sind unsere Techniker spezialisiert, um Kosten und Auswirkungen gering zu halten", heißt es auf der Webseite des Netzwerks Schadendienst24, dem mit schon über einhundert auf Gebäudeschäden spezialisierten Mitgliedsunternehmen deutschlandweit größten Verbund.[147]

Wie oben bereits erwähnt, die Bedeutung einer solchen Kooperation haben wir quasi am eigenen Leib erlebt. Das Fallbeispiel in aller Kürze: Am Nachmittag hatte es in Berlin „wie aus Eimern gegossen". Der Anruf kam um 18.00 Uhr – Keller vollgelaufen mit stinkender Brühe. Zehn Minuten später hatte ich den Chef von Schadendienst24 Berlin alarmiert und der trommelte sofort sein Team zusammen.

Gegen 21.00 Uhr kam die Feuerwehr und begann mit dem Abpumpen der Jauche. Eine halbe Stunde später war der Schadendienst vor Ort und übernahm die Apotheke von der Feuerwehr, die an dem Tag quasi überall gebraucht wurde.

---

147 Siehe unter www.schadendienst24.de.

Der Dienstleister schaffte es bis Mitternacht, das Wasser abzu-
transportieren; alles, was nicht nass geworden ist, war in Sicherheit
gebracht. Damit es am nächsten Morgen in der Apotheke nicht nach
Kloake stank, wurde der Keller mit einer Unterdruckentlüftung
durch den Schornstein ausgestattet. Insgesamt fünf Trockner waren
im Einsatz und arbeiteten dann ununterbrochen die nächsten fünf
Wochen lang.

Am Folgetag nach der Flutung begann das weitere Ausräumen,
denn alles, was nass war, musste eingepackt oder abgebaut, für die
Regulierung erfasst und dann entsorgt werden. Bei einem Abwasser-
stand von 1,20 Meter betraf das eigentlich so gut wie alles: Labor-
möbel, Kühlschränke und natürlich alle Regale, dicht bestückt mit
Medikamenten und Kosmetik, Werbemitteln und Ordnern. Klar
war, dass die gesamte Ware nach den üblichen Vorgaben vernichtet
werden musste.[148]

Danach wurde der gesamte Keller der Apotheke mehrfach desin-
fiziert und mit einem speziellen antibakteriellen Anstrich behandelt,
der auch die letzten Keime in den tiefsten Ritzen neutralisierte. Fachleute prüften Elektroleitungen und Heizungsanlage. All das wurde
exakt dokumentiert. Parallel wurde mit der Inhaberin die Neuaus-
stattung der Apotheke mit Mobiliar und Technik besprochen, entsprechende Bestellungen und Beauftragungen wurden ausgelöst.

Nach drei Monaten war der Spuk ohne einen einzigen Tag Betriebsunterbrechung vorbei. Eine vollständige Dokumentation inklusive Feuchtigkeits-, Bakterien-, Pilz- und Sporengutachten lag
vor. Der Versicherer konnte innerhalb von Stunden zahlen und selbst
der Pharmazierat war sehr zufrieden.

Entscheidend für den Schadenverlauf war die schnelle Reaktion.
Das Wasser musste sofort raus! Wäre da kein Profi am Werk gewesen, hätte diese Apotheke auch Weihnachten 2016 noch nicht wieder
öffnen können. Im schlimmsten Fall, bei einem Verstoß gegen Hygienevorschriften, könnte die Betriebsunterbrechung noch viel länger

---

148 Vgl. ebd.

dauern. Ursache für den Schlamassel war übrigens ein defektes Rückhalteventil der Kanalisation.

Es ist also für jeden Makler, der Gesundheitsberufe betreut, ratsam, ein Unternehmen an der Hand zu haben, das die hohen Hygieneanforderungen der Heilberufe nicht nur kennt, sondern auch sicher erfüllt. Im Idealfall sind die Fachkräfte – inklusive Haustechniker – TÜV-geprüft und die beauftragte Firma erfüllt Qualitätskriterien gemäß der DIN EN ISO 9001.

g) Rezeptsammelstellen und Rezeptsicherheit

Retax ärgert jeden Apotheker ähnlich wie uns Vermittler ein Frühstorno. Bei Formfehlern droht der Totalverlust durch Null-Retax.[149] Deshalb haben die sogenannten Rezeptsammelstellen seit Jahren das höchst komplexe Thema Rezeptsicherheit ganz oben auf der Agenda.

Praxistipp

Die Klagerisiken in Zusammenhang mit Retax sind Grund genug, um über Rechtsschutz insgesamt und Spezial-Strafrechtsschutz im Besonderen zu reden. Ein weiteres Thema ist aber auch der Rezeptersatz als solches. Denn wenn der Safe samt Rezepten geklaut wurde oder die Rezepte verbrannt sind, ist es sehr aufwendig, diese für die Regulierung zu dokumentieren.

Wenn die Rezeptsammelstelle sie jedoch per Scan-Dialog dokumentiert hat, geht die Regulierung einfach und schnell. Aber Achtung, nicht vergessen: Ein Datentransfer hat immer auch das Thema Cyberrisk im Gepäck!

---

149 Vgl. Kapitel IV., Abschnitt 3.3., Seite 99.

Mittlerweile haben die großen Rezeptabrechnungsdienstleister diverse Prüfstufen zum Auffinden von Rezeptfehlern installiert, die Retaxationen möglichst vermeiden sollen. Denn eins ist klar:

Ob falsche PZN-Nummer, doch kein Reimport oder ein Autidem-Irrtum, eine fehlende Arztunterschrift, kein Stempel oder sonstige Ungereimtheiten – ist ein (auch vermeintlich nur) zu beanstandendes Rezept erst einmal zur Krankenkasse gelangt, wird diese in aller Regal von ihrem Retax-Recht Gebrauch machen. Schließlich ist Sparen bereits seit Jahren der heilige Gral im Gesundheitswesen.

h) Safelieferanten

Ein funktionierender Safe und ein safeähnlicher BTM-Schrank gehören zur Pflichtausstattung jeder Apotheke. Wurde der alte Schrank entwendet oder beschädigt, gilt es, schnell Ersatz zu organisieren. Denn länger als drei Tage darf eine Apotheke eigentlich (ausnahmsweise wird das meist nicht ganz so eng gesehen) nicht ohne Safe sein.

Eine schnelle Lieferung setzt jedoch immer eine gute Vorbereitung voraus, insbesondere was die Sicherheitsklasse des Safes angeht. Dies weiß natürlich kaum ein Apotheker, wie ebenso wenig, welchen Safe-Typ er bei sich stehen hat.

Die Lösung ist jedoch einfach: Jeder Makler sollte bei der Policenübergabe daran denken, den Safe zu besichtigen und das Typenschild zu fotografieren. Am besten wirft er bei dieser Gelegenheit auch gleich einen Blick auf den Medikamentenkühlschrank! Beides zu fotografieren und zu den Kundenakten zu nehmen, kann später übrigens sehr hilfreich sein.

Wie wohl überall, gibt es auch unter den Safehändlern einige besonders interessante Partner. Wir in Berlin beispielsweise haben mit dem Unternehmen Geldschrank-Krause eine Art Gebrauchtsafehändler gefunden, der kostengünstige Wertschränke aller Sicherheitsstufen auf Lager hat. Diese liefert er auch sofort und montiert sie so, dass künftige „Interessenten" wohl oder übel die ganze Wand mitnehmen müssten.

Alles, was wir im Bedarfsfall tun, ist Meister Krause eine Mail mit den Fotos vom Safe zu schicken. Dann weiß er sofort, welche Größe und Sicherheitsklasse er mindestens liefern soll. So können wir quasi über Nacht das nötige Pflichtinventar wiederbeschaffen, ohne dass der Inhaber einen Finger rühren muss. Und das zu einem Preis, der jeden ersatzpflichtigen Inhaltsversicherer überzeugt.

Praxistipp

Natürlich sind auch die Safe-Lieferanten vernetzt. So gehört unser Servicepartner einer Gruppe an, die deutschlandweit mit gebrauchten Safes handelt. Gebrauchtsafes bieten mehr Sicherheit zu günstigerem Preis, denn man kann seinen Kunden oft sogar höhere Sicherheitsklassen liefern und liegt dennoch unter dem Neuwertersatz.

4.3. Apothekensicherheit: Alarm! Schon wieder!

a) Unerwünschte Gäste: Einbrecher & Co.

Kommen wir zu Einbrüchen, einem aktuellen Thema der Kriminalitätsbekämpfung. Laut Polizeilicher Kriminalstatistik ist die Zahl der Wohnungseinbrüche im Jahr 2015 um fast zehn Prozent gestiegen – und 2014 war in dieser Disziplin schon ein Spitzenjahr.

Die Zahlen sprechen Bände: 167.000 Wohnungseinbrüche haben 2015 Versicherungsleistungen von einer halben Milliarde Euro verursacht. Und wir alle wissen: Das ist nur ein Teil des Schadens, die psychischen Folgen kommen noch hinzu.[150] Zusammen mit den

---

150 Siehe hierzu die Berliner Morgenpost: „Wirksamer Schutz vor Einbrechern", 7. Dezember 2016.

sonstigen Einbrüchen von Firma bis Laube dürfte da eine Milliardensumme zusammenkommen. Und eben auch in Apotheken, die unter den Gewerben in der Begehrlichkeitsliste der Langfinger voraussichtlich gleich hinter Zigarettenkiosken, Tankstellen oder Juwelieren kommen dürften.

Einbrecher finden Apotheken hauptsächlich wegen zwei Dingen attraktiv: Geld und/oder Betäubungsmittel.[151] Das Schadenbild ist immer ähnlich. Man trifft auf aufgehebelte oder eingeschlagene Fenster oder Automatiktüren, geplünderte Kassen, geknackte Tresore und BTM-Schränke.

Echte Profi-Einbrecher gehen gezielt vor: Sie nehmen das, was sie brauchen und lassen den Rest in Ruhe. Seltener ist der Diebstahl von Frei- oder Sichtwahlartikeln. Auch sinnlose Vandalismusschäden halten sich in Grenzen. Solche Einbruchbilder sprechen eher dafür, dass diese Besucher nur zufällig in der Apotheke aktiv waren.

Dennoch bringt es auch das übliche Einbruchszenario auf erhebliche Schadenhöhen. Verlockend ist zudem die Aussicht auf weitere Medikamente und technische Geräte, die – gesetzt den Fall die Zeit reicht – auch gerne mitgenommen werden. Kein Wunder, dass mittlerweile 58 Prozent aller Apotheken eine Alarmanlage haben und 45 Prozent auf eine Videoüberwachung setzen.[152]

In Apotheken kommt es nicht auf irgendeine Alarmsicherung an, es geht vielmehr um eine apothekengerechte Anlage. Das sind nur solche, die den Zeitraum zwischen Alarmauslösung und Eintreffen der Polizei auf ein Minimum reduzieren.

Von normalen Alarmanlagen, das zeigt die Praxis, lassen sich gut geschulte ED-Profis nicht mehr abschrecken. Und erfahrene Profi-Einbrecher können minutengenau berechnen, wie lange sie noch Zeit haben, wenn das Blinklicht an der Hauswand angeht. Deshalb wird zunächst seelenruhig weitergearbeitet, die Täter wissen genau,

---

151 Siehe hierzu auch den Abschnitt IV.2.3., Seite 93f.

152 Vgl. www.apotheke-adhoc.de/nachrichten/apothekenpraxis/nachricht-detail-apothekenpraxis/live-einbruchsicherung-in-apotheken-sicherungskonzepte/?L=&cHash=cce67cf8eac67d84b183bde3b5819c58.

dass ihnen fast überall 20 bis 30 Minuten Zeit dazu bleiben. In ländlichen Gebieten auch gerne länger als eine Stunde. Denn handelt es sich um eine aufgeschaltete Alarmanlage, fährt zunächst ein Fahrzeug des Sicherheitsdienstes zur Apotheke und prüft die Lage.

Da es sich bei Sicherheitsdienstmitarbeitern nicht um eine Ansammlung von Sebastian Vettels, Schwarzeneggers oder Rambos handelt, sondern meist um ältere Herren in untermotorisierten Kraftfahrzeugen, die sich an die Straßenverkehrsordnung zu halten haben, führt dies zu den genannten zeitlichen Verzögerungen.

„Unsere langjährige Erfahrung zeigt: Einbrecher lassen sich von herkömmlichen Alarmanlagen nicht mehr abschrecken." (Christoph Schwitulla, 180° Sicherheit GmbH, Mitglied im Heilwesennetzwerk RM eG)

Der Sicherheitsdienst wiederum kommt auch nur, um sich zu vergewissern, dass kein Fehlalarm vorliegt. Und nicht etwa, um die Täter an ihrem Tun zu hindern.

Die darauf folgende weitere Verzögerung geht auf das Konto der Ordnungshüter, die erst dann einem Einbruchalarm nachgehen, wenn dieser von einem Menschen dem Anschein nach überprüft wurde. Das ist einerseits verständlich, weil die Polizei sonst nur noch unterwegs wäre, aber für die Täter bedeutet das einen Zeitgewinn fast ohne Ende.

Im günstigsten, aber gleichzeitig auch seltensten Fall kommt Ein-brechern ein engagierter Nachbar in die Quere, der den Lärm ernstnimmt und die Polizei anruft. Diese Alarmoptimierung kann man heute getrost als „Lösung Land" bezeichnen. Denn andernorts führen Alarme leider meist nur zu meckernder Nachbarschaft, bei nächtlichen Auslösungen sogar zu Anzeigen wegen Ruhestörung.

Nur einmal in meiner bunten Einbruchregulierungs-Karriere haben sich die Herren vertan: Denn eine Polizeistreife kam zufällig unmittelbar nach der Alarmauslösung um die Ecke. Trotzdem reichte es für die nächtlichen Besucher dazu, mit je einer Flasche Klosterfrau das Weite zu suchen. Der Schaden betrug rund 1.000 Euro für die eingedrückte Automatiktüren und zweimal 12,99 Euro für die beiden heilsamen Flaschen Melissengeist – EK, versteht sich.

b) Arbeit sparen und Schadensummen reduzieren

Wenn Sie bei Ihren Apothekenkunden auf das Thema Sicherheit und Einbrüche zu sprechen kommen, sollten Sie auf dem Gebiet der Apothekensicherheit gut vorbereitet sein. Mechanischer Einbruchschutz an Fenstern und Türen ist die erste sinnvolle und notwendige Hürde, um ungebetene Gäste aufzuhalten.

Doch wer rein will, kommt immer rein. Besonders anfällig sind Automatiktüren mit einfachem Bodenschloss. Da reicht es oft schon, sich fest dagegen zu lehnen oder die Tür leicht anzuhebeln. Deshalb sind diese Türen mit Abstand die beliebteste Einflugschneise, gefolgt von Schleusen- und Kellertüren sowie Fenstern und Dachluken. Einmal drin, können Einbrecher ungestört das Geschäft plündern und verwüsten. Diese Schäden sind für die Inhaber die schlimmsten und die teuersten für den Versicherer.

Darum sollten Apotheken über eine zusätzliche Alarmsicherung verfügen. Unzählige Web-Einträge über Apothekeneinbrüche belegen, wie notwendig dies für alle ist. Laut einer Studie von Aposcope[153] haben 13 Prozent der dafür Befragten in ihrer Apotheke einen Einbruch erlebt. Knapp sechs Prozent der Betroffenen erhielten innerhalb von zwei Jahren sogar mehrfach unliebsamen Besuch.[154]

153 Aposcope ist ein Online-Portal, das von Apotheke Adhoc entwickelt worden ist. Im Rahmen der Marktforschung führt es Online-Umfragen durch. Hierfür wurde ein Panel formiert, das sich aus Apothekern und PTA zusammengesetzt ist. Vgl. www.aposcope.de.

154 Vgl. www.apotheke-adhoc.de/nachrichten/apothekenpraxis/nachricht-detail-apothekenpraxis/live-einbruchsicherung-in-apotheken-sicherungskonzepte/?L=&cHash=cce67cf8eac67d84b183bde3b5819c58.

Für Berlin zumindest kann ich diese Zahlen nicht bestätigen: Meine Statistik liegt deutlich über dem Doppelten. In 82 von aktuell rund 250 bei mir versicherten Apotheken hat es in den letzten fünf Jahren einen Einbruchdiebstahl und in weiterer 63 eine ED-Versuch mit Sachschaden gegeben. In über 50 Apotheken ist das mehrfach vorgekommen.

Spitzenreiter ist eine Apotheke in Neukölln mit insgesamt fünf Einbrüchen innerhalb eines halben Jahres. Der unerwünschte Besucher hielt die Apotheke wohl für seine Bankfiliale. Allerdings ist er einer der wenigen, die auch geschnappt wurden.

Die Zahlen aus der Aposcope-Studie kann man aber auch aus einem anderen Grunde anzweifeln: Fehlalarme!

In Apotheken höre ich immer wieder, dass man zwar eine Alarmanlage habe, diese aber seit Längerem abgeschaltet sei. Das liegt entweder daran, dass die Inhaber zigmal nachts anrücken mussten, weil (warum auch immer) wieder einmal ein falscher Alarm ausgelöst wurde. Oder dass sie hinterher hohe Rechnungen des Sicherheitsdienstes, die jede Kontrollfahrt extra in Rechnung stellen, begleichen mussten.

Drittens haben Apotheker die Erfahrung gemacht, dass Diebe trotz Alarmanlage ihren Shoppingzettel in aller Ruhe abgearbeitet haben und samt Beute unbehelligt von dannen gingen.

Irgendwann, so scheint es, hat es fast jeder Leid. Die meisten verbauten Alarmanlagen sind eben nicht so perfekt, wie sie eigentlich sein müssten. Das Angebot an Alarmanlagen ist zudem unübersichtlich. Deshalb sollten Apotheker gerade hier auf professionelle Beratung setzen. Da bietet sich für die mechanische Sicherung die Polizei mit ihren Sicherheitsberatern an. Geht es um Alarmanlagen, ist es jedoch besser, einen auf Apotheken spezialisierten Dienstleister eine maßgeschneiderte Lösung ausarbeiten zu lassen.

Dieser unterscheidet vier Alarmanlagen-Arten, von denen allerdings zwei generell und die dritte zumindest in Städten tagtäglich unter Beweis stellt, dass sie für Apotheken nicht geeignet ist. Diese drei Möglichkeiten sind:

- örtliche Alarmierungen mit Blinklicht und/oder Sirene ohne weitere Intervention, denn die setzt interessierte, und engagierte Nachbarn voraus. Das funktioniert fast nur in Dörfern und Kleinstädten. In Großstädten haben solche Anlagen bestenfalls Anzeigen wegen Lärmbelästigung zur Folge.
- Alarmsysteme, die eine Warnung auf das Handy des Inhabers übertragen. Befindet sich der jedoch in einem Funkloch, im Urlaub oder unter der Dusche, funktioniert der Alarm nicht. Und wenn die Warnung doch ankommt, muss der Inhaber ausrücken und selber nachsehen, ob da jemand sein Unwesen treibt. Kein schöner Gedanke, in Anbetracht der Gefahrensituation.
- Alarmanlagen mit Aufschaltung auf einen Wachdienst, der vor Ort prüfen muss, ob es sich um einen Notfall handelt. Denn erst dann kann die Polizei hinzugezogen werden.

Das einzige rundum apothekengerechte Alarmsystem ist die vierte Option, eine Anlage mit Live-Intervention. Sie ist auf eine Leitstelle geschaltet, von der aus direkt via Bild und Ton der Zustand der Apotheke überprüft werden und die Polizei unmittelbar alarmiert werden kann. So schließen die Controller des Sicherheitsdienstleisters Fehlalarme zuverlässig aus und können mögliche Täter direkt aus der Ferne ansprechen.

Um nicht etwa den Apothekeninhaber selbst bei einem nächtlichen Besuch als Einbrecher festzusetzen, wird üblicherweise von den Beobachtern zur Legitimation des Besuchers mit Nachdruck ein vereinbartes Kennwort abgefragt. Kann dieses von der verdächtigen Person nicht genannt werden, wird sofort die Polizei verständigt. Die Ordnungshüter reagieren mit höchster Priorität, weil sie wissen, dass sie diesmal einen Täter auf frischer Tat am Objekt festnehmen können.

Viele dieser interaktiven Alarmanlagen lassen sich um weitere Funktionen wie Videoüberwachung oder Brandfrüherkennung erweitern.

Die Versionen, die dem Apothekenbedarf am ehesten gerecht werden, erkennt man übrigens daran, dass sie auch einen Überfallnotruf, die Temperaturüberwachung des Medikamentenkühlschanks und – wenn vorhanden – auch des Reinraumes ermöglichen. Damit ist sowohl während der täglichen Betriebszeiten, als auch außerhalb dieser ein hohes Maß an Schutz gewährleistet.

▶ Ob schon bei der Annäherung oder spätestens mit Einschlagen der Scheibe: Laute Ansprache bei der ersten Aktion hilft am meisten. Denn jeder Täter flieht i. d. R., wenn er weiß, dass er gerade beobachtet wird. So werden Geld und Waren effektiv gesichert und sinnloser Vandalismus vermieden.

Auch bei diesen Anlagen gibt es also erhebliche Unterschiede. Entscheidend ist, dass sie immer und überall funktionieren. Damit kommt ihrer Störanfälligkeit große Bedeutung zu. Generell sind kabelgebundene Anlagen weniger anfällig als solche, die per Funk verbunden sind.

Auch eine gesicherte Energiezufuhr ist entscheidend. In einer meiner Apotheken war eine sündhaft teure Alarmanlage verbaut, die ihren Strom mit einem roten Stecker aus der Steckdose direkt neben der Schleusentür bezog. Daneben ein selbstgebasteltes Warnschild für die Mitarbeiter: „Alarmanlage. Stecken lassen!". Jeder Einbrecher wird für diesen wertvollen Hinweis ganz besonders dankbar sein.

4.4. QM als Servicepartner und Schadenvermeider

Die Pflicht von Apothekern, ein Qualitätsmanagement (QM) zu betreiben, hat für den Versicherer nur Vorteile: Die Apotheke wird sicherer, die Abläufe standardisierter und eine regelmäßige Kontrolle verhindert, dass sich Schlendrian einschleicht.

Für Apotheken ist es hingegen zunächst ein heftiger Eingriff in den Arbeitsalltag, oft sogar eine hohe Anforderung an die Veränderungsbereitschaft aller Mitarbeiter.

Generell scheint das QM eher zu nerven, als dass sein Nutzen wirklich gesehen oder gar zur Ertragssteigerung der Apotheke gehoben würde. Kurzum: Das Thema ist gewöhnlich zumindest delikat und kommt deswegen ziemlich bald nach AGG,[155] Retax, EuGH oder Fremdbesitz.

Jeder Apothekeninhaber steht vor die Wahl, welches QM-System (QMS) er übernehmen soll: ABDA-Richtlinien oder DIN ISO. Grundsätzlich muss ein QMS die Anforderungen der Apothekenbetriebsordnung erfüllen. Neben der Darstellung pharmazeutischer Prozesse wie Beratung, Herstellung, Prüfung von Arzneimitteln, Verhalten bei Rückrufen der Pharmaindustrie etc. muss es auch Selbstinspektionen (Audits), eine jährliche Managementbewertung und eine Eigenrevision der Pflichtbestandteile enthalten.

Über die Pflichtbestandteile hinaus macht es betriebswirtschaftlich Sinn, individuelle, organisatorische und kaufmännische Bestandteile wie Konditionen, Lieferanten- und Preisfindungsbewertungen in das QMS aufzunehmen, denn das offenbart meist neue Wege zu mehr Ertrag. „Damit wenigstens irgendetwas Nützliches dabei herauskommt", wie einer meiner größeren Kunden anmerkte, nachdem er das QMS mit meinem Netzwerkpartner in insgesamt sechs Apotheken im Familienbesitz durchgeführt hatte.

Und in der Tat eröffnen die breiter angelegten QM-Systeme in aller Regel erhebliche Renditeoptimierung, die einfache Systeme nicht

---

155 Allgemeines Gleichbehandlungsgesetz.

ergeben, wie der Magdeburger QM-Experte und Apothekenberater Ralf Kellner erklärt.[156]

Derart erweitere Qualifizierungen bieten das aufwendigere QMS nach DIN ISO und das etwas weniger zeitintensive nach den ABDA-Richtlinien. Sie unterscheiden sich lediglich noch in der Gliederung des Managementhandbuches und der DIN-ISO-Verpflichtung einer Risikobewertung.

Sind jedoch spezielle Bereiche wie Zytostatika-Herstellung, häufige Defekturen, Versandhandel oder Eigenmarken sowie Heim- oder Krankenhausversorgung bzw. die Belieferung von Betriebsärzten einzubeziehen, kommt der Inhaber an einer Entscheidung für ein System nach DIN ISO nicht herum, da Krankenkassen, Pflegeheime und andere Leitungserbringer das immer öfter fordern.

Bereits seit ca. 2005 sind etliche Dienstleister in Sachen QMS in Apotheken unterwegs. Deren Zahl ist im letzten Jahr jedoch deutlich gesunken, weil seit der Novelle der ApBetrO umfangreiche Kenntnisse der Apothekenabläufe und apothekeninternen Prozesse zur Beratung vorhanden sein müssen.

Es ist davon auszugehen, dass die Anbieterzahl ab 2017 nochmals sinkt, wenn mit der DIN ISO 9008:2015 eine komplette Überarbeitung des QMS nach DIN ISO erforderlich wird. Spätestens dann bleiben nur noch die ausgewiesenen Apothekenexperten übrig.

Eine QM-Zertifizierung gilt drei Jahre und kostet die Apotheke inklusive der jährlichen Audits zwischen 4.500 und 6.000 Euro an reinen Zertifizierungskosten. Hinzu kommen meist noch die Kosten für Pflege und Instandhaltung, da die QMS mittlerweile sehr komplex geworden sind. Dafür erwarten Apotheker von ihrem QM-Dienstleister meist auch die Überprüfung oder Herstellung der Revisionsfähigkeit der Apotheke – also zukünftig reibungslos ablaufende Kontrollbesuche des zuständigen Pharmazierates.

Neben der Verpflichtung zur Risikobewertung und Absicherung nach DIN ISO existiert für alle Apotheken noch die Verpflichtung,

---

156 Vgl. www.big-beratung.de.

bei einer Präqualifizierungsstelle eine *Präqualifizierung* durchzuführen. Diese ist erforderlich, um neben Arzneimitteln auch Medizinprodukte abgeben zu dürfen, und ist nicht mit der Zertifizierung nach DIN ISO oder ABDA-Richtlinien zu verwechseln.

Für diese Präqualifizierung ist jeweils ein Versicherungsnachweis (Betriebshaftpflicht für Personen-, Sach- und Vermögensschäden, nicht älter als zwölf Monate) nötig. Eine Präqualifizierung ist fünf Jahre gültig.

Im Rahmen einer Apothekenrevision wird der Versicherungsnachweis ebenfalls gefordert. In der Praxis fällt immer erst dann auf, dass eine solche Bestätigung fehlt, wenn der PhR danach fragt. Der Apotheker wird daraufhin sofort bei Ihnen anfragen, ob Sie ihm den Versicherungsstatus möglichst bald bestätigen könnten.

Praxistipp

Bringen Sie den Versicherungsnachweis jährlich persönlich vorbei mit dem Hinweis auf die Vorgaben der Apothekenbetriebsordnung. Am besten gleich in doppelter Ausführung auch für den Revisionsordner. Der Apotheker wird sich darüber freuen und Sie haben eine wunderbare Gelegenheit mehr, ein sinnvolles Cross-Selling-Thema anzusprechen. Und wenn das Schreiben für die Präqualifizierung fehlt, punktet jeder Vermittler, wenn er seinen Apothekenkunden das Schreiben noch während der andauernden Revision zur Verfügung stellen kann.

4.5. Weitere nützliche Netzwerkpartner

Wer sich vornimmt, hinreichend Bestandsapotheken zu gewinnen, wird sehr schnell feststellen, wie viele weitere Experten sich im Umfeld von Apotheken bewegen. Einige davon können sich als sehr hilfreich für Ihr Geschäft herausstellen. Sie zu kennen, lohnt sich meist für beide Seiten. Dies beginnt bei den Apothekern am nächsten stehenden Institutionen, das sind die Kammern, Verbände, Vereine und Weiterbildungsanbieter. Diese werden allesamt zwar von Kooperationsangeboten regelrecht umzingelt, doch das sollte uns Versicherungsvermittler nicht davor abschrecken, die eigene Chance zu suchen.

> „Die richtigen Netzwerkpartner machen jede Apothekenbetreuung einfacher. Insbesondere dann, wenn eine Apotheke umgebaut werden soll oder ihren Besitzer wechselt, kann man mit spezialisierten Apothekeneinrichtern, Lichtoptimierung und Energieeffizienz bei fast jedem Kunden mächtig punkten.
>
> Empfehlungen von QM-Fachleuten, Schadensanierern oder Absicherungsexperten werden besonders nach Schadenfällen auf offene Ohren treffen. Immer jedoch gilt: Der empfohlene Dienstleister muss ebenfalls ein „Apothekenversteher" sein." (Karsten Winkelmann, zertifizierter Berater Heilwesen (IHK) aus Magdeburg)

An zweiter Stelle stehen die Zahlen-Partner, also allen voran die Ärzte- und Apothekerbank, der Steuerberater – bei Apothekern ist die Treuhand Hannover traditionell stark vertreten – sowie die Rezeptabrechnungsstelle wie die bereits erwähnten VSA oder ALG mit ihren ScanDialog-Lösungen.

Auch Apothekenmanagement- und Marketingberater wie bspw. in Berlin die Eigens.net, ein Spezialist für Großhandelsverhandlungen und Einkaufsoptimierung für Apotheken, die es bundesweit für regionale Märkte gibt, eignen sich für eine Kooperation. In Zusammenarbeit mit diesen Partnern können eventuell Vorträge gehalten oder Informationen gestreut werden.

Für Vermittler kann es auch sinnvoll sein, zu ausgewählten Themen die Apotheker-Informationsveranstaltungen der Apo-Bank zu
besuchen. Ebenso hilfreich kann es sein, den Gebietsverantwortlichen der Treuhand Hannover sowie den regionalen Repräsentanten der VSA oder ALG persönlich kennenzulernen. Denn alle diese
Dienstleister arbeiten mit Apothekern zusammen, die in aller Regel
gerade die Eröffnung neuer Apotheken planen.

An dritter Stelle kommen die Pharmareferenten. Sie bieten sich
besonders an, wenn in einer Region konzentriert Ärzte und/oder
Apotheker angesprochen werden sollen. Besonders erfolgversprechend ist es, solche „Türöffner auf zwei Beinen" fest ins Team zu
integrieren. Auch die sogenannten Apothekenbörsen im Internet
können von ähnlichem Interesse sein.

Hier gibt es diverse Anbieter, die abgabe- und übernahmewillige
Approbierte zusammenbringen. Insbesondere natürlich die Börse
der Apo-Bank, zu der wir freien Vermittler jedoch keinen Zugang
haben.

Hilfreicher ist hier die interne Vermittlungsbörse der Treuhand
Hannover. Sie ist zwar auch nicht einsehbar, dafür gibt es dort aber
vier Gründungsberater, die sich genau um solche Übernahmefälle kümmern und die man ja mal kontaktieren kann. Insbesondere
dann, wenn einer der „eigenen" Apotheker sich mit Abgabegedanken
trägt, sind diese Berater sofort interessiert.

Last but not least werden in Apotheken immer dann, wenn Umbauten oder Besitzerwechsel anstehen, einige Spezialisten benötigt,
denen jeder Vermittler in dieser Situation begegnet und die deshalb
als weitere Netzwerkpartner in Frage kommen.

Es tauchen zunächst Immobilienexperten auf, die sich auf Standorterschließungen von Praxen und Apotheken oder sogar auf ganze
Ärztehäuser spezialisiert haben. Ist ein neuer Standort gefunden, sind
weitere Profis vonnöten. So z. B. auf Praxis- und Apothekenbau spezialisierte Experten wie der Berliner Jörn Bathke, Hagen Brockhaus
aus Leipzig und Apothekenplaner wie Michael Hoeferlin und sein
Team aus Detmold.

a) IT-Doktoren

Ein aktuelles Problem, das Apotheker wie 20 Millionen weiterer Telefonkunden in Deutschland betrifft, ist die Umstellung analoger Telefonanschlüsse auf Voice over IP (VoIP). Auch wer die Probleme eigentlich kommen sieht, kann oft nicht vollständig durchschauen, wie Folgen mit nachfolgendem Muster zu vermeiden sind: „Ausgerechnet in der Woche vor Weihnachten wurde die Hildegardis-Apotheke in Krefeld von der Telekom lahmgelegt."[157] In den letzten zwei Jahren häufen sich ähnliche Hilferufe meiner Apotheker in Bezug auf Telekommunikation allgemein und VoIP im Besonderen.

Da solche Anrufe so gut wie immer eine Art letzter Hoffnung darstellen, hat der – natürlich nicht zuständige – Vermittler hier eine geniale Chance, sich unersetzlich zu machen. Alles was es braucht, ist ein möglichst pfiffiger IT-Troubleshooter, wie es ihn in jeder Stadt vielfach gibt.

Man findet diese Freaks in aller Regel entweder gezielt durch Internetrecherche und in Unternehmernetzwerken oder ganz zufällig, weil auf dem vor dem eigenen Wagen parkenden Auto ein riesiger Aufkleber den Computer-Doktor bewirbt.

Die letzten drei Fälle, in denen ein IT-Experte aus meinem Handwerkernetzwerk gebraucht wurde, waren allesamt Klassiker des „Technik kaputt": Die erste Apotheke war telefonisch nicht mehr erreichbar, in der nächsten funktionierte das Internet nicht und in der dritten ließ sich die Alarmanlage abends nicht mehr anstellen.

In allen drei Fällen konnten die Experten zwar selbst unmittelbar nicht viel tun. Aber – was am Ende viel wichtiger war – sie übernahmen für die betroffenen Apothekeninhaber den Fachdialog mit den Hotlines der Konzerne, die Laien so oft zur Verzweiflung bringen können. In allen drei Apotheken haben die IT-Experten danach sofort einen Beraterauftrag erhalten – und seitdem klappt es auch bei mir mit der Technik.

---

157 Vgl. www.apotheke-adhoc.de/nachrichten/nachricht-detail/voip-umstellung-
telekom-apotheke-vor-weihnachten-lahmgelegt/.

Noch wichtiger als die reine Netzwerkadministration wird zukünftig jedoch die Datensicherheit werden. Zunächst müssten die fast überall vorhandenen internen Risikolücken im Bereich der IT identifiziert und geschlossen werden, um Angriffe aus dem Netz bestmöglich abzuwehren. Dann sollte das Apothekenpersonal im sicheren Umgang mit E-Mails, Links oder anhängenden Dateien geschult werden. Sobald ein Virus im System aktiv wird, liegt in aller Regel die komplette Apotheken-IT lahm.

Deshalb eröffnet sich hier gerade ein ganz neues Betätigungsfeld für smarte IT-Experten, die willig sind, mit Versicherungsmaklern zu kooperieren.

Praxistipp

Die Kollegen der IAP haben im Jahr 2017 zwei Gutschein-Aktionen mit Netzwerkpartnern gestartet: eine für Alarmsicherung und eine für Cyberschutz. Da Apotheker eigentlich nie wirklich wissen, wie sicher die Apotheke und ihre Daten sind, kommen diese Angebote für einen entsprechenden Check durch Fachleute sehr gut an.

Umsatzeinbußen, Reparatur und Verbesserung der künftigen IT-Sicherheit kosten allein schon viel Zeit und Geld – ganz abgesehen von möglichen Haftpflicht- und Schadenersatzansprüchen Dritter. Hier hilft nur ein individuell angepasster Versicherungsschutz für Apotheken.

Für den Versicherungsbetreuer wie Apothekeninhaber ist dabei wichtig, den vorhandenen Versicherungsschutz nach möglichen Deckungslücken zu überprüfen und – Stichwort elektronische Gesundheitskarte – jeder technischen wie apothekenrechtlichen Risikoänderung anzupassen.

b) Apotheken schön diskret

„Wissen Sie, wie das anzuwenden ist?" Unfreiwilliges Mithören in der Schlange vor dem HV ist oft unvermeidlich. Ebenso wie dadurch ausgelöste Assoziationen: Alka-Selzer, Aspirin – wohl zu heftig gefeiert; Rennie, Talcid, Maaloxan (zu fett gegessen).

Buscopan, Remifemin, Canesten oder gar ellaOne – jetzt wird es endgültig eng. Denn niemand möchte gesundheitliche Fragen quasi öffentlich erörtern. Deshalb ist Diskretion in Apotheken keine Kür, sondern primäre Pflicht, die selbstredend in der ApBetrO vorgeschrieben und bei Revisionen überprüft wird.[158]

Das betrifft den Diskretionsbereich am HV sowie selbstredend den Datenschutz. Zudem erwarten Pharmazieräte und Amtsapotheker in vielen Bundesländern, insbesondere in den „fünf neuen", eigene Beratungsräume, während solche anderenorts nur für Neueröffnungen und nach größeren Umbauten vorzuhalten sind. Für alte Apotheken werden auch abgetrennte Beratungsecken akzeptiert, wenn diese ausreichenden Sicht- und Schallschutz gewährleisten, wie Apotheke Adhoc schreibt.[159]

Wirklich erfolgsrelevant ist Diskretion aber erst dann, wenn sie für jeden Kunden spürbar und angenehm erlebbar wird. Deshalb reichen die üblichen Hilfsmaßnamen wie Schilder und Diskretionsaufkleber auf dem Boden bei Weitem nicht aus. Und längst nicht jede Offizin ist dafür geräumig genug, schließlich fordern Pharmazieräte üblicherweise zwei Meter Mindestabstand.

Falls es die Räumlichkeiten hergeben, helfen auch mehrere separate Abgabestellen, um den gewünschten Effekt zu erzielen. Manche Einrichtungsspezialisten haben deshalb innovative Handverkäufe entwickelt, die zugleich gestalterische Glanzpunkte in der Apotheke setzen.

---

158 Vgl. ApBetrO, Änderung von 1994, §4, Abs. 2 und www.pharmazeutische-zeitung.de/index.php?id=2851.

159 Vgl. www.apotheke-adhoc.de/nachrichten/apothekenpraxis/nachricht-detail-apothekenpraxis/apotheken-betriebs-ordnung-apbetro-pharmazie-raete-separater-beratungsraum-manchmal-pflicht/.

▶ Raumwunder für kleine Apotheken: Beratungszylinder bieten Diskretion immer dann, wenn sie gebraucht wird. Ansonsten fungieren sie als zusätzliche Präsentations- und Aktionsfläche.

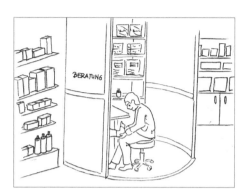

Für Apothekeninhaber, die das alles in einem lösen wollen, eignet sich der Beratungszylinder. Diese Raumsparwunder bieten im Normalbetrieb einen ganz normalen Handverkauf oder weitere Regalmeter für Waren oder aufmerksamkeitsstarke Aktionsflächen. Bei besonderem Diskretionsbedarf – also wenn Privatsphäre gewünscht wird – können die gerundeten Türen in Sekundenschnelle geschlossen werden. Dann bietet der Zylinder eine optische und akustische Trennung für ein diskretes Beratungsgespräch.

Für allgemeine Betreuungsbesuche in Bestandsapotheken bietet das Thema Diskretionsoptimierung viele Möglichkeiten zu interessanten Gespräche jenseits der Absicherung. Denn vielen Inhabern liegt das Thema sozusagen latent auf der Seele. Er oder sie würde da gerne etwas machen – aber ein Umbau würde gerade nicht passen, hört man oft.

Da in Apothekerkreisen innovative Themen, die nicht das unmittelbare Kerngeschäft betreffen, kaum oder eher langsam herumgehen, kann man mit solchen Anregungen oft eine große Wirkung erzielen. Und sei es „nur" die Anerkennung, dass man sich auch jenseits des Absicherungshorizontes für seinen Apothekenkunden Gedanken macht.

„Nur" in Anführungszeichen, weil solche Tipps beim Kunden wahre Wunder wirken: „Da denkt einer mit", „Der kennt sich in Apotheken aus", „Den kann man wohl alles fragen" und vor allem: „Solche Themen hat kein anderer Versicherungsheini angesprochen". Sie schaffen hier also Alleinstellung pur, den perfekten Empfehlungsturbo.

c) Es werde Licht!

An der Ringstraße in Lichterfelde-West in der Stadt Berlin gab es jahrelang eine alte Apotheke, deren Inhaber die Beleuchtung immer dann abschaltete, wenn keine Kunden in seiner Offizin waren. Das war meistens der Fall. Seit drei Jahren nun ist die Apotheke geschlossen.

Ein anderer Apotheker übernahm eine alte Kiez-Apotheke und investierte vor allem in Licht. Seine Leibniz-Apotheke erstrahlt Tag und Nacht hell in allen Farben. Dieses Jahr hat er sie zu sehr attraktiven Konditionen abgegeben.

Die Quintessenz: je weniger Beleuchtung, desto weniger Umsatz wird gemacht. Ganz so linear verläuft dies zwar nicht, aber die Richtung stimmt. Weil Menschen, die sich krank fühlen, nicht auch noch im Dämmlicht stehen wollen, und weil präzise beleuchtete Ware in der Frei- und Sichtwahl deutlich attraktiver aussieht.

Deshalb sollten gerade Inhaber von Apotheken mit älterer Einrichtung moderne Lichtkonzepte einsetzen. Das schafft gleich zwei Vorteile: Energiekosten sinken, während der Umsatz steigt. Um das gesamte Potenzial zu heben, bedarf es jedoch mehr als neuer Leuchtmittel.

„Das bringt selten die erhofften Effekte, denn oft hängen die Leuchten an sich falsch oder streuen ihr Licht nicht präzise genug", erklärt Michael Höferlin, einer der innovativsten Apothekenplaner Deutschlands. Da die Waren in Regalen liegen, müssen diese optimal ausgeleuchtet sein, während die Deckenbeleuchtung oft vernachlässigt

werden kann. Schließlich muss dort, wo keine Fußbodenbeläge verkauft werden, der Boden nicht erstrahlen.

Professionelle Planung berücksichtigt die Außenwirkung, um
Kunden anzulocken, und die gezielte Ausleuchtung der Offizin, um
die Ware ins rechte Licht zu setzen. Tatsächlich hängt beides zusammen, denn es gilt: Je auffälliger und angenehmer die Apotheke erstrahlt, desto eher wird sie gesehen und desto geringer ist die Hemm-
schwelle, diese dann auch zu betreten.

Praxistipp

Für uns Versicherungsberater bringt die Empfehlung
einer Investition in Licht gleich mehrere entscheidende
Nutzen: Die Mehrkosten für die bessere Apothekenabsicherung werden durch geringere Betriebskosten bei
steigendem Umsatz wieder hereingeholt.

Für unsere Apothekenkunden bewährt sich eine solche Empfehlung obendrein in attraktiveren Arbeitsplät-
zen und besserem Betriebsklima. Das ist in Apotheken
oft noch wertvoller.

---

d) Experten für alle Fälle

In Verbindung mit anderen modernen Energiesparkonzepten, wie
sie von spezialisierten Beratern angeboten werden, birgt der Posten
Strom in Apotheken oftmals höchst attraktive Chancen.

Doch der Experteneinsatz geht weiter bis zum Laboreinrichter
und zu den Vertretern von Firmen für Kommissionierautomaten. All
diese Multiplikatoren kennen Hunderte Apotheken und betreuen
viele davon persönlich. Die Letztgenannten lernt man übrigens meist
ohne weiteres Zutun kennen: Spätestens beim ersten Großschaden
trifft man sich vor Ort am defekten Kommissionierer.

Weiterhin interessant, aber nicht ganz so bedeutend sind Parkett-
und Teppichleger. Diese Handwerker müssen nach Bodenschäden
beauftragt werden, ebenso wie Maler und Trockenbauer, die mal
eben schnell die eingedrückte Rigips-Trennwand neu stellen oder
übermalen.

Obwohl von Schadenfällen seltener betroffen, werden immer
wieder auch Markisenbauer für die Schaufensterbeschattung, Kli-
maanlagentechniker zur Einstellung der Raumtemperatur, Werbefir-
men für die Gestaltung und Anbringung neuer Aufkleber, Schilder
oder Werbeleuchttafeln sowie günstige, aber zuverlässige Webseiten-
Gestalter und -Pfleger gebraucht.

4.6. Riskmanagement: Dem Kunden geholfen, der Vermittler sicher

„Ein wachsendes Problemfeld für den Arbeitgeber Apotheke
liegt im Kampf um – gutes – Personal. In einigen Regionen
Deutschlands ist es extrem schwer geworden, gut ausgebil-
detes und engagiertes Personal, sowohl Approbierte als auch
PTA/PKA, zu finden, sofern auf Anzeigen überhaupt Bewer-
bungen auf den Schreibtisch gelangen.

In einigen Apotheken führte diese Mangelsituation bereits zur Schließung der Apotheke." (Jürgen Frasch, Apotheker, erster Vorsitzender des FSA e.V.)

Die Beratungs- und Dokumentationspflichten, die für jeden Versicherungsvermittler gelten, sind seit dem 1. Januar 2008 klar und
deutlich geregelt und sicher jedem Makler bekannt. Wer bis hierher
gelesen hat, weiß nun auch, dass und vor allem warum Apotheker
spezifische Risiken tragen, die es in dieser Form in keinem anderen Beruf gibt. Deshalb können Standardbedingungswerke, von

welchem Versicherer auch immer, ohne berufsspezifische Abänderungen die Apothekenbedürfnisse nicht abbilden.

Wer als Makler seine Haftungsrisiken minimieren möchte, muss sich für Apothekerkunden deswegen am Markt nach geeigneten Konzepten umsehen und seine Auswahl entsprechend der breiten Risikostruktur exakt dokumentieren.

Die weitestgehend haftungsfreie Absicherung von Apotheken ist möglich. Insbesondere die apothekenspezifischen Risiken sollten in jeder Dokumentation benannt werden.

Hier stechen drei besondere Bedingungen besonders hervor: Wer für seine Kunden weder eine AMG-Deckung einschließt, noch den Zeitwertersatz abbedingt und auch die beiden Pharmazieratklauseln für nicht mehr abgebbare Medikamente sowie das Andauern der Betriebsunterbrechung nicht rechtsverbindlich vereinbart, der sollte sich das auf jeden Fall vom Apotheker gesondert unterschreiben lassen. Sonst ist im Schadenfall ganz sicher seine Vermögensschaden-Haftpflicht zu bemühen.

Wer jedoch seine Apothekerkunden wirklich dauerhaft im Bestand halten will, dem ist selbst mit der scharfsinnigsten Beratungsdokumentation nicht geholfen. Denn: „Tatsächlich interessieren sich nämlich Kunden kaum für solche Dinge."[160]

Sie wollen bereits im Alltag erlebbaren Nutzen durch ihren Berater sehen – nicht erst im Schadenfall. Maklern, die darauf Wert legen, bleibt kaum etwas anderes übrig, als ihr Serviceportfolio mit einigen der in diesem Kapitel angesprochenen Zusatznutzen aufzupeppen. Sie müssen ihr Zielgruppenexpertenwissen zum Kundenvorteil einsetzen und das in der Sprache und Lebenswelt des Apothekers erläutern.

So wird Versicherung zu Absicherung; aus Schadenaufnahme ein Handwerkerservice, aus Vertreterkostenschutz ein Vertreterpool und aus einem „Prämiensparberater" ein Berater für ein noch ertragreicheres Wirtschaftsunternehmen Apotheke.

---

160 Vgl. www.pfefferminzia.de/vertrieb-so-koennen-sich-makler-als-experte-in-einer-zielgruppe-positionieren-1480063648/?page=2.

Erst Apotheker, dann erst Unternehmer

Viele Inhaber öffentlicher Apotheken definieren sich nach wie vor zunächst als Pharmazeut und Gesundheitsexperten, den seine Kunden (fast) alles fragen können. Die Funktionen als Unternehmer, Mitarbeitermotivator, Statistiker, Organisator oder Qualitätsmanager werden nicht selten in den Mitarbeiterkreis delegiert oder nachrangig behandelt. Diese Aufgaben werden zähneknirschend den Vorgaben gemäß angegangen – wenn einmal Zeit dafür ist oder wenn die Revision danach fragt.

Wer häufig in Apotheken ein- und ausgeht, findet viel Gutes: qualifizierte Beratung, sehr engagiertes Personal, liebevoll eingerichtete Offizine, in denen man natürlich immer die aktuelle Apotheken-Umschau bekommt. Aber oft ist in den Messkategorien „Kunden- satt Bildschirmfokussierung", „Service- satt Ablauforientiertheit" oder „Beratung auf Zusatzangebote statt Rezeptabwicklung" noch deutlich Luft nach oben. In leider immer wieder vorkommenden Situationen könnte man als Kunde sicher das Gefühl bekommen: „ich werde abgearbeitet" oder gar „ich störe".

Selbstredend gibt es auch für diese Fragen auf den Apothekenmarkt spezialisierte Experten wie bspw. die Unternehmensberatung Hübsch & Thorn für Prozesse und Qualitätsthemen.[161] Im Einkauf liegt der Gewinn, lautet eine uralte Kaufmannsweisheit und genau dort sparen Einkaufsoptimierer und Großhandelverhandler wie Eigens.net den Apothekern bares Geld.

Für mehr Umsatz durch gezielten Kundendialog stehen die Apothekenkenner der Akademie für Kommunikation und Kompetenz im Gesundheitswesen.[162] Und mehr Netto vom Brutto bringen z. B. die Experten von Lohnwerk Berlin, die Lohnkosten so strukturieren, dass sie motivierend und mitarbeiterbindend wirken.[163]

---

161 Vgl. www.htu.de.

162 Vgl. www.akkg.org.

163 Vgl. www.lohnwerk.com.

All diese Apothekenexperten wissen, dass der weniger kaufmännisch als vielmehr „typisch apothekerisch-altruistisch" der Volksgesundheit verpflichtet arbeitende Inhaber in Zukunft mehr und mehr an Boden verlieren wird.

Jedenfalls werden die meisten Inhaber, sobald sie sich mit den obigen Anforderungen beschäftigen, schnell zu der Erkenntnis gelangen, dass durch lediglich vereinzelte Maßnahmen, wie ein zusätzliches Schild, eine neue Beleuchtung oder ein zusätzlicher Besuch bei den Ärzten in der Umgebung, keine deutlichen Erfolge zu erzielen sind.

Einzelmaßnahmen werden nur sehr selten zu nennenswerten wirtschaftlichen Erfolgen und zur Zufriedenheit führen. Nicht nur die oben beispielhaft genannten Experten, auch alle Apothekervereine und Apothekenverbünde wie Linda, Guten Tag Apotheke, Gesund ist bunt, der Großhandel sowie die Dienstleister im Heilwesennetzwerk wissen genau:

Nur eine systematische, in sich verzahnte Weiterentwicklung von Apotheken und deren Mitarbeitern inklusive Chef oder Chefin führt zu Ergebnissen, die ein Unternehmen am Ende auch ertragreich abgebbar machen.

Wer als Vertrauter seiner Kunden hierzu oder zu Fragen der besseren Absicherung, zu einer attraktiveren Einrichtung oder zu sonstigen Fragen einen guten Tipp geben, einen hilfreichen Namen fallen lassen oder sogar eine Erstberatung organisieren kann, der gewinnt ewig dankbare Kunden, die aus eigenem Antrieb höchst aktiv weiterempfehlen.

▶ **Fallbeispiel**

„Hallo Herr Jeinsen, in der Apotheke ist nun eingetreten, was ich befürchtet habe. Meine Mitarbeiterin mit der […] Diagnose, die eigentlich noch drei Monate weiterarbeiten wollte, kann es psychisch nicht schaffen und hat sich gestern für unbestimmte Zeit krankschreiben lassen. ·

Die PTA mit der […], hat sich noch nicht gemeldet, ob sie Montag wieder einsatzfähig ist, wovon ich erst einmal nicht ausgehe. Also stehe ich nun 60 Stunden die Woche am HV. Falls Sie was hören… Jemand für die nächsten sechs bis acht Wochen oder gerne auch drei Mal sechs Stunden oder eine PTA – bitte denken Sie an mich." (Quelle: Kundenmail vom 25. November 2016, 9.41 Uhr) ◂

Und wer lange genug „am Markt" aktiv ist, um auch „Schadenmeldungen" wie die obenstehende bearbeiten zu können, der ist dann endgültig als ein wertvoller Partner seiner Versicherungskunden angekommen.

Ich habe übrigens nach Erhalt dieser Nachricht postwendend meine vertretungswilligen Altkunden aus dem Reservoir ehemaliger Apothekeninhaber angemailt und gehofft, auch bei diesem Notfall meiner Kundin Hilfe leisten zu können. Die Entlastung kam dann zufällig kurz vor Weihnachten in Form eines Anrufs einer ehemaligen Kundin, die anfragte, ob wir eine nette Apotheke wüssten, in der sie im neuen Jahr arbeiten könne.

VII. „Tschaka" – Du schaffst es: ein Schlusswort

„Der gangbarste Weg, als Jungmakler effizient und erfolgreich zu werden, ist die Konzentration auf eine klar definierte Klientel. Am besten in Nischen, die andere Vermittler meiden, weil sie schwierig oder mühselig scheinen. Apotheker, das zeigt dieses Buch, gehören dazu. Sanitätsfachhäuser ebenso. Auch Fachärzte und Zahnärzte können eine solch attraktive Zielgruppen sein, wenn Mann oder Frau sich nur konsequent genug darauf einlassen." (Sandra Koll, zertifizierte Beraterin Heilwesen (IHK) aus Wegberg)

Als ich ziemlich exakt vor zwei Jahren das Schlusswort der ersten Auflage schrieb, war ich sicher, alles gesagt zu haben. Schließlich hatte ich nach bestem Wissen und Gewissen all mein Wissen und meine Erfahrungen aufgeschrieben:

„In diesem Buch sind alle relevanten und versicherbaren apothekenspezifischen Risiken vorgestellt, in den Apothekenalltag eingebunden und erklärt worden. Die damit verbundenen versicherungstechnischen Herausforderungen wurden beschrieben und ihnen aktuell mögliche Lösungen zugeordnet." Damals habe ich sogar noch einzelnen Apothekern namentlich danken können, das wären heute einfach zu viele Namen.

Für diese zweite überarbeitete Auflage bin ich durchgegangen, was ich damals alles noch nicht gesehen oder gewusst habe. Das Ergebnis sind viele neue Erkenntnisse, Herausforderungen, Konzepte Produkte und vor allem unendlich viele wichtige, weil kompetente Netzwerkpartner.

Es war vor allem das sich quasi von selbst aufbauende Netzwerk, das meine Arbeit in den letzten zwei Jahren deutlich vereinfacht und gleichzeitig nochmals signifikant vertieft hat.

Sowohl das Heilwesennetzwerk als auch die Kollegen der IAP sind seitdem deutlich enger zusammengerückt und haben gemeinsame Öffentlichkeitsarbeit betrieben, neue Akquiseansätze verfolgt, Spezialversicherungslösungen entwickelt und neue Zielgruppen wie bspw. die Sanitätsfachhäuser erschlossen.

Auf dem Hintergrund dieser Erfahrungen ist die „Zielgruppenanalyse Apotheker" viel praxisorientierter geworden und wird der Vermittler- und Apothekerschaft noch mehr Nutzen bringen. Die Masse aller Ergänzungen betrifft die letzten beiden Kapitel über Versicherungs- und Serviceleistungen für Apotheker.

Hier konnte ich durch Rückgriff auf die Kenntnisse, Erfahrungen und Kompetenzen der Netzwerkpartner aus dem Heilwesennetzwerk und darüber hinausgehend ganz neue Themen vorstellen. Jedem einzelnen von ihnen möchte ich hiermit ebenso kollektiv wie von Herzen Danke sagen!

Obendrein finden Sie in dieser Auflage natürlich auch die wichtigsten Trends und aktuellen Ereignisse aus der Apothekerwelt ergänzt und in den für Vermittler wichtigen Kontext gestellt. Damit sollte jeder Leser eine belastbare Wissensbasis und genügend Zielgruppenkenntnisse gewonnen haben, um in seinem Revier mehr Sicherheit in Apotheken zu schaffen und bessere Betreuung von Apothekern zu bieten.

Wer dieses Basiswissen noch versicherungsfachlich vertiefen möchte, dem empfehle ich den Besuch der PharmAssec-Akademie. Wem Apotheker nun doch nicht so sehr zusagen, der könnte seine Traumzielgruppe möglicherweise eher in dem Zielgruppenbuch über Zahnärzte von meiner Kollegin Nicole Gerwert, jüngst ebenfalls im VersicherungsJournal-Verlag erschienen, finden. Denn die Erfahrung lehrt, dass jemand, dem Apotheker nicht liegen, meist gut mit Zahnärzten kann.

Und wer seine Zukunft gar in den Heilwesenberufen insgesamt sieht, was sich wohl gerade für Kollegen aus dem ländlichen und kleinstädtischen Raum anbieten dürfte, der sollte sich für das Heilwesennetzwerk und die Fachausbildung zum zertifizierten Berater

▶ Seit sieben Jahren ist der
„Eilige Apotheker-Helfer"
im Dienst und fährt bei
seinen Kunden bis direkt
vor die Apothekentür.

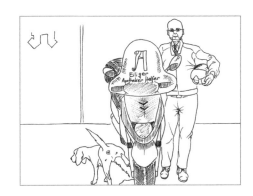

Heilwesen interessieren. Denn da werden dann alle Heilwesen-Ziel-gruppen „aufgetischt".

Doch trotz aller guten Intentionen sollte man realistisch bleiben: Dieses Buch allein wird in Apotheken weder viel ändern, noch wird es dort zur Pflichtlektüre werden. Es kann auch Apothekentüren nicht allein öffnen und sein Wissen selbst zum Kunden tragen. Das können nur Sie, liebe Leserin und lieber Leser. Wenn diese Lektüre Ihnen den Weg auch nur etwas schmackhafter gemacht oder ihn im günstigsten Fall sogar erleichtert hat, dann ist der Zweck des Buches erfüllt. Gehen Sie es einfach an.

Ich selbst habe meinen Weg 2010 mit der Ausbildung zum Ver-sicherungsfachmann und im November dieses Jahres mit der Grün-dung meiner Spezialmaklerei begonnen. Ich hatte mir fest vorge-nommen, ausschließlich Apotheker zu versichern. Gestartet bin ich in Berlin, das den Vorteil hat, über sehr viel Apotheken auf engstem Raum zu verfügen – damals genau 867 an der Zahl. Ich hatte in jener Zeit genau drei Dinge zur Hand: einen leeren Terminkalender, ein Apotheken-Spezialkonzept und ein einziges Argument, von dem ich annahm, dass es mich schnell zum Ziel führen wird: Nachhaftung.

Ich habe mir gezielt die ältesten Apotheker Berlins ausgesucht, weil ich ahnte, dass niemand von denen noch große Lust hatte, überhaupt mit Vertretern zu reden, geschweige denn mit Versicherungsheinis. Ich wollte nämlich mit denen anfangen, die möglichst schon seit Jahren jeden verbissen haben. Denn damit war bereits vor dem ersten Offizinbesuch klar, wie das Standardverkaufsgespräch verlaufen würde.

▶ **Fallbeispiel**

„Es geht um ein Thema, das Sie bestimmt ebenso langweilig finden, wie es für Sie wichtig ist … *Fragenden Blick kurz abwarten* … Ja, es geht um Versicherungen – da haben Sie doch sicher keine Lust mehr drauf, nicht wahr? … *Heftige Zustimmung* … Genau deshalb bin ich heute hier … *Die Antwort dürfte lautmalerisch immer ein „Häää?" sein* … Na, Sie wollen doch gelegentlich abgeben, oder? … *Zustimmung registrieren* … Und genau deswegen bin ich da, wegen der Nachhaftung … *Lange Pause aushalten lernen* … Wieso? – Naja, Mit Übergabe ist doch die Betriebshaftpflicht auch weg. Alles, was dann noch käme, ginge auf Ihre Kosten. Hat Ihnen mein Kollege das nicht schon erklärt? … *Ganz lange Pause …*" ◀

Ergebnis: acht solcher Vorträge am Tag, drei Rausschmisse, viermal vertröstet, einmal nach hinten gebeten worden und in absehbarem Zeitraum abgeschlossen. Passte für den Anfang.

In den ersten fünf Jahren kamen so rund 175 Mandate in Apotheken und bei ihnen kooperierenden Ärzten zusammen. Das sind rund drei Neukunden pro Monat mit einer Durchdringung von 100 Prozent Sach, 40 Prozent bAV und 25 Prozent Leben bei einem Storno von drei Mandaten (zwei wegen Betriebsaufgabe und einem wegen Besitzerwechsel mit bestem Freund mit Maklerbüro).

Jetzt, zwei weitere Jahre später, sind es insgesamt schon über 250 Heilwesenkunden, davon sind aber immer noch über 200 Inhaber öffentlicher Apotheken.

Letztens habe ich nach langer Zeit mal wieder einen Apotheker verloren, einen der nettesten zudem. Sein neuer Freund, der bei einem Versicherer dient, betreut ihn nun – da kann man nichts machen…

Und trotzdem lohnt sich die Arbeit am eigenen Ruf und für eine unverwechselbare Marke! Zeigen Sie sich im Markt. Nutzen Sie jeden verfügbaren Kommunikationskanal. Entscheidend ist, ein wahrnehmbarer Teil der Kommunikationsgemeinschaft Ihrer Zielgruppe zu werden. Da Bekanntheit dem Expertenstatus vorangeht, sollte Ihr Name dort zum Begriff werden.

Ziel sollte sein, mit dem Mandanten auf Augenhöhe zu kommunizieren. Damit Ihre Kernkompetenz zur qualitativen Empfehlung werden kann, bedarf es an Alleinstellungsmerkmalen wie besonderen Services oder an Konzepten, die es nicht an jeder Ecke gibt.[164]

Starten Sie also durch – jetzt, nicht morgen! Und wenn die Apotheken nicht passen, dann schauen Sie bei Ärzten oder Zahnärzten vorbei. Irgendwo ist eine Nische frei. Mit Sicherheit!

Denn in der überwältigenden Mehrheit aller Policen von Gesundheitsdienstleistern schlummern weiterhin unbekannte, eklatante Risiken, von denen der aktuelle Vermittler nichts weiß. Finden Sie die tickenden Zeitbomben, schützen Sie Ihre Zielgruppe spürbar besser und sichern Sie sich so den unangefochtenen Expertenstatus in Ihrem Revier. Denn versichern kann ebenso einfach wie spannend sein.

Mit kollegialen Grüßen
Ihr

---

164 Vgl. Jeinsen, Michael; Gerwert, Nicole und Schmitz, Horst-Peter: Warum Kunden vernetzte Spezialisten suchen. In: Der Neue Finanzberater. Mai 2017.

VIII. Anhang

1. Auszug aus dem Wörterbuch der Apothekersprache

Abgeben/Abgabe: „Verkaufen" in der Apothekersprache. Waren werden abgegeben wie auch Apotheken, wenn der Inhaber verkauft.

Freiwahl: Umfasst die Produkte einer Apotheke, die für Kunden zugänglich sind. Im Bereich der Freiwahl dürfen sich keine Arzneien befinden, sondern nur apothekenübliche Waren – z. B. Hustenbonbons und Kosmetika.

Handverkauf(stisch): HV. Früher Rezepturtisch. Der HV trennt die Offizin in einen öffentlichen Teil für Freiwahlartikel und einen nur dem Fachpersonal vorbehaltenen hinteren Teil mit der Sichtwahl. In den HV sind die Abgabeplätze mit den Kassen integriert.

Offizin: die Offizin. Kundenraum einer Apotheke mit Freiwahl, Sichtwahl, Aktionsfläche, Diskretions-, Beratungsbereich sowie HV.

Pharmazierat: Ein Titel, der an Apotheker vergeben werden kann und eine Amtsbezeichnung für Beamte des Eingangsamtes im höheren Dienst als Apotheker ist. In einigen Bundesländern ist der Pharmazierat auch ein ehrenamtlicher Sachverständiger, der bei der Apothekenüberwachung hilft.

Retaxation: Auch Retax genannt. Ein besonderes Regressverfahren der gesetzlichen Krankenkassen gegen Apotheker. Wenn eine Krankenkasse einen Fehler bei der Abgabe eines verordneten Arzneimittels vermutet oder die Abgabe eines Generikums oder Reimports beanstandet wird, verweigert sie die Zahlung – teilweise oder komplett (= Null-Retax).

Rezept: Eine Verordnung eines Arztes, in der steht, welches Medikament in welcher Menge vom Apotheker an den Patienten abzugeben ist. Rezepte dürfen nicht verändert werden, sonst droht die Retax. Apotheker müssen also bei Kontraindikationen oder sonstigen Änderungswünschen mit dem Arzt Rücksprache halten.

Hinweis ────────────────────

Das vollständige, rund 130 Stichwörter umfassende „Apotheker-Lexikon" steht als Download auf der Webseite des VersicherungsJournal-Verlags zur Verfügung.

Neben dem „Kleinen Generalalphabet von Aaa bis Zzz" finden sich dort auch eine Checkliste zur Versichererauswahl, geordnet nach dem Leistungsspektrum von apothekengeeigneten Versicherungsunternehmen, sowie ein umfangreiches Literaturverzeichnus und weiterführrende Weblinks.

Die Dateien sind unter den Links www.versicherungsjournal.de/download/apotheker/lexikon.php, www.versicherungsjournal.de/download/apotheker/checkliste.php und www.versicherungsjournal.de/download/apotheker/literaturliste.php abzurufen.

Nur wenn das Aut-idem-Feld nicht angekreuzt ist, dürfen – ja, müssen sie – gleiche Wirkstoffe andere Hersteller anbieten. Diese müssen jedoch billiger als das verordnete Medikament und aus dem unteren Preisdrittel des Arzneimittelkataloges sein.

Sichtwahl: Auslage meist gängiger apothekenpflichtiger, aber nicht rezeptpflichtiger Arzneimittel. Diese werden hinter dem HV für Kunden sichtbar präsentiert, dürfen jedoch nur von Mitarbeitern einer Apotheke ausgehändigt werden.

2. Mehr Neugier wagen: Links

www.abda.de – Bundesapothekerkammer (BAK), Gemeinsame Geschäftsstelle der ABDA, der BAK und des DAV.
www.deutsche-apotheker-zeitung.de
www.apotheke-adhoc.de

IX. Viele Köche verbessern den Brei: Danksagungen

Ganz vorn steht der VersicherungsJournal-Verlag, ohne den es dieses Buch nicht gäbe. Meine besondere Hochachtung für die drei Persönlichkeiten, die mich in meinem beruflichen Leben am meisten inspiriert haben, habe ich dem Buch vorangestellt.

Das Werk basiert auf den Erfahrungen vieler Kolleginnen und Kollegen, die – meist u. a. auch – Apotheken und Apotheker versichern. Einige treffen sich regelmäßig zur fachlichen Schulung und zum Gedankenaustausch in der sogenannten PharmAssec-Akademie in Tannheim (Tirol), auch eine Art Erfa-Gruppe. Andere haben sich auf Genossenschaftsebene zusammengefunden, um Apothekern und Ärzten zukünftig weitere maßgeschneiderte Pakete anzubieten. Allen diesen Kollegen gebührt mein besonderer Dank für ihren impliziten oder expliziten Input.

Ganz besonders dankbar bin ich allen Apothekerinnen und Apothekern, die mit ihren fachlichen Hinweisen verhindert haben, dass mir in einzelnen Absätzen zu apothekenspezifischen Themen trotz nunmehr schon über zwölfjähriger Tätigkeit im Apothekenbereich immer noch gravierende Fehler unterlaufen wären. Namentlich herauszuheben und zu danken ist insbesondere Apothekerin Karin Wahl; nicht nur für die Bereitschaft, diesem Buch ein Vorwort voranzustellen, sondern auch für Tage voller akribischer Durchsicht mit wertvollen fachlichen Ratschlägen und Hinweisen, die so nur Apotheker und Apothekerinnen geben können.

Zweitens sei allen IAP-Kollegen und vielen Netzwerkpartnern aus dem Heilwesennetzwerk herzlich Danke gesagt für die Unterstützung dieser zweiten Auflage mit ihrem wertvollen individuellen Wissen und speziellen Know-how.

Den beiden „Susis" gebührt eine besondere Nennung: Susanne Schubert für ihre wunderbaren Illustrationen und Susanne Hau für die akribische Durchsicht. Weiter danke ich Heiko Beckert für seine brillanten Recherchen, den Kollegen der Trust AG für Rat und Tat in allen „nichtapothekerischen" Versicherungsfragen sowie Bernd Teschner für seinen unermüdlichen Einsatz in der Kundenbetreuung, nicht nur während dieses Buch entstand.

▶ Apothekerin Karin Wahl gilt ein besonderer Dank. Sie hat die Entstehung des Manuskripts kritisch begleitet und den Autor mit ihrem fachlichen Rat unterstützt.

Zu guter Letzt gilt mein abschließender Dank den Ratgebern, Korrektoren, Unterstützern und Freunden, die die Entstehungsgeschichte aktiv begleitet haben, sowie meiner Lektorin Myrto Anna Rieger, die meinen zu forschen Schreibstil und die etwas laxe Grammatik erfolgreich aber schmerzfrei redigiert hat.

Über den Autor

Michael Jeinsen, Jahrgang 1961, hat Erziehungswissenschaften und Politologie in Hamburg, El Paso (Texas, USA) und Frankfurt am Main studiert.

Erste Erfahrungen mit dem Gesundheitswesen hat er als Pressesprecher im Zentralverband der Augenoptiker (ZVA) gesammelt.

Von 1994 bis 1999 leitete er die Bereiche Pressearbeit und Verkaufsförderung beim britischen Versicherer Axa Equity & Law (später Axa Leben, dann Gerling E&L) in Wiesbaden.

Zur Jahrtausendwende wechselte Michael Jeinsen in die Selbstständigkeit als Marketingtrainer, u. a. für die DMA, und Vertriebscoach in der Finanzdienstleistungsbranche, seit 2016 auch als akkreditierter BVK-Unternehmensberater.

Im Oktober 2011 legte Jeinsen die Sachkundeprüfung für Versicherungsmakler mit Erlaubnis nach § 34d Absatz 1 GewO bei der Industrie- und Handelskammer Berlin ab. Im Folgemonat ließ er sich als Spezialmakler für Apotheken in der Hauptstadt nieder.

Jeinsen gehört zu den Gründungsmitgliedern der Spezialmaklervereinigung IAP und ist 2015 zum Vorstand für Apotheken und Weiterbildung im Heilwesennetzwerk RM eG berufen wurden.

Weitere Informationen finden sich auf folgenden Webseiten: www.apotheke-versicherung.de; www.hwnw.de; www.kommunikate.de und www.IAP-Schutz.de.

Nicole Gerwert

Zielgruppenanalyse Zahnärzte

Status, Bedarf und Lösungen: Chancen zur Spezialisierung

Gehen Sie gern zum Zahnarzt? Als Patient wahrscheinlich nicht. Und als Versicherungsvermittler?

Zahnärzte sind eine potente, aber anspruchsvolle Kundengruppe. In der Beratung werden sie meist mit Humanmedizinern „in einen Topf geworfen". Dabei werden jedoch Risiken verkannt und falsche Lösungen empfohlen. Passgenaue Konzepte stellt diese Zielgruppenanalyse vor.

Deren Autorin, die Versicherungsmaklerin Nicole Gerwert, hat sich vor mehreren Jahren auf Zahnmediziner spezialisiert. Ihre Leser erfahren sachkundig und kompakt, worauf es bei dieser Zielgruppe ankommt. Dies beginnt mit dem Bedarf an flexiblem Berufsunfähigkeits-Schutz und umfassenden Haftungsfragen und reicht bis zur komplexen Praxisinhalts-Versicherung

Die Darstellung wird ergänzt durch zahlreiche praktische Tipps, Checklisten und statistische Daten zur Berufswelt der Dentisten. Mit Blick auf den Beratungsalltag und anwendungsorientiert liefert Nicole Gerwert damit das konkrete Expertenwissen, das für die Spezialisierung auf Zahnmediziner erforderlich ist.

Die Zielgruppenanalyse ist im Januar 2017 erschienen und als gedruckte Papierversion (ISBN 978-3-938226-46-9) oder als E-Book (ISBN 978-3-938226-47-6) über www.versicherungsjournal.de/buch/-366 zu beziehen.